Heiger Ostertag

Tod im Sud
Ein Aalenkrimi

Verlag

Umwelthinweis:
Dieses Buch wurde auf chlor- und
säurefreiem Papier gedruckt

1. Auflage 2009

© 2009 SWB-Verlag, Stuttgart

Lektorat und Korrektorat: Catrin Stankov, Bernau

Titelfoto: Frank Regnet, Besucherbergwerk Tiefer Stollen
Titelgestaltung: Julia Karl, www.juka-satzschmie.de

Satz: Heinz Kasper, www.printundweb.com

Druck und Verarbeitung: E. Kurz + Co., Druck und
Medientechnik GmbH, Stuttgart www.e-kurz.de
Printed in Germany
ISBN: 978-3-938719-26-8

www.swb-verlag.de

Nicht in düsteren Stunden zu lesen!

Inhaltsverzeichnis

1. Kapitel – Aalen Airport, Touch down

„Aalen Airport, can you hear me?" „This is Elchingen, Aalen Airport, hear you five. What's your flight number and request?" „This is Aircraft Delta-Echo-Lima-Tango-Charly, flight nine-zero-nine-two. We're approaching from Friedrichshafen …"

Der Pilot zog die Maschine aus Richtung Sonne nach vorn. Ein strahlend blauer Himmel, steter Wind aus Südost mit einer Geschwindigkeit von 20 Knoten, ein ideales Flugwetter. Vor ihm, im Nordwesten, befand sich der Flugplatz Elchingen. Er drehte sich zu seinem Passagier um, der auf der Rückbank saß und in Papieren blätterte.

„Eine Stunde Flugzeit, wir haben mit dem Wind Glück gehabt. Unten sehen Sie den Härtsfeldsee, rechts das Dorf Iggenhausen. Und über dem Hügel drüben befindet sich das Kloster Neresheim, noch eine gute Minute, dann sind wir in Elchingen." Der andere legte die Papiere zur Seite und spähte nach draußen.

„Das Kloster Neresheim, interessant. Können wir näher ran?"

„Ich drehe einen Threesixty, dann bekommen Sie einen guten Gesamteindruck."

Der Pilot lenkte die Cessna in eine Rechtskurve und drehte eine Runde über der Anlage. Unter ihnen die barocke Klosterkirche, die Konventgebäude und die Klostergärten.

„Genug gesehen?" „Fürs Erste, alles andere später, ich muss dem Kloster ohnehin einen Besuch abstatten." „Gut, dann nach Elchingen."

Der Pilot drehte ab in Richtung Flugplatz. Über Dossingen ging er auf Kurs 270°, legte kurz danach die Maschine schräg nach rechts. Jetzt glitt die Cessna in den Landeanflug über. Der Pilot nahm langsam das Gas weg und stellte die Flaps auf zehn Grad. Er drückte die Nase der Maschine leicht nach unten. Wartete, bis die Sinkrate sich eingependelt hatte, und stellte nun die Landeklappen auf zwanzig Grad. Die Geschwindigkeit lag aktuell bei 75 Knoten, er würde noch auf 70 Knoten runtergehen.

Jörg Melcher beobachtete aufmerksam den Horizont. Es war ein herrlicher Tag, ideal für eine Flugschau. Etliche Oldtimermaschinen waren gelandet, von denen er gute Aufnahmen geschossen hatte. Eine *Bücker Jungmann* von 1937, eine *Focke-Wulf Fw 44 Stieglitz* von 1932 und eine britische *de Havilland DH 82 Tiger Moth*, ein Doppeldecker aus dem Jahre 1931. Die *Focke-Wulf* hatte einen astreinen *Roll off the Top*, auf gut „deutsch" einen *Immelmann Turn* hingelegt. Aus der Horizontalen kommend, war der Pilot nach oben bis zur Rückenlage geflogen und mit einer halben Rolle wieder in die Normalfluglage gerollt. Eine tolle Sache, Melcher hatte den Auslöser auf Serie gestellt.

Jetzt war eine Pause für den normalen Flugverkehr angesagt. Zeit für ein Helles, Jörg Melcher wandte sich um – und stoppte in der Bewegung. Dort hinten, direkt aus der Sonne, erschien ein weiteres Flugzeug. Die Maschine kam ziemlich tief rein, quer durch die Bäume, fast ein echter *Low-Approach*. Ein packendes Motiv, rechts oben das Kloster, dann die Baumreihen und die gespreizten Flügel der Cessna. Jörg Melcher hob die Kamera, visierte die Maschine an und zoomte auf sie zu.

Die Sinkrate wies 350 bis 400 Feet pro Minute auf und der Drehzahlmesser zeigte 2000 rpm. Die Maschine sank rascher, jetzt rutschte sie über die Bäume. Weiter vorne sah der Pilot bereits die Piste. Etwas Seitenwind, er würde gegensteuern.

Jetzt war die Maschine mitten im Visier.

Plötzlich erschütterte ein schwerer Schlag die Kanzel. Es krachte, Glas flog dem Mann am Steuer mitten ins Gesicht und ein großer, scharfer Splitter traf direkt seine Schläfe. Er schrie auf und zog den Knüppel mit einem Ruck an sich. Die Maschine schoss in die Höhe. Der Pilot fiel zur Seite und sackte dann in den Gurten zusammen. Ein Luftstoß warf die Maschine halb auf den Rücken und in die Schräge. Der Mann von der Rückbank versuchte verzweifelt nach vorn zu gelangen, um – da kippte die trudelnde Cessna scharf nach rechts ab und raste nahezu senkrecht in die Tiefe.

Melcher drückte ab – und im gleichen Augenblick brach das Cockpit auf! Die Maschine zog überraschend in die Höhe, schwankte. Sie drehte sich um sich selbst, kippte ab, raste zu Boden und schlug in rund zweihundert Meter Entfernung kurz vor den Strommasten nahe der Straße in einer gewaltigen Detonation auf – eine rotgelbe Feuerlohe schoss in den Himmel! Unwillkürlich fotografierte Melcher weiter, dann rannte er mit den anderen Zuschauern los, um zu helfen. Aber er spürte instinktiv, dass jede Hilfe zu spät kommen würde.

Sirenen heulten, die Feuerwehr schoss vorbei, gefolgt von einem Krankenfahrzeug. Die Wagen stoppten beim Flugzeug. Sofort begannen die Feuerwehrleute mit der Bekämpfung der lodernden Flammen. Jetzt erreichten Melcher und ein Dutzend anderer Personen ebenfalls den Unfallort. Doch die Hitze war zu groß, um irgendetwas tun zu können, geschweige denn zu helfen. Also zückte Melcher die Kamera und fotografierte das Geschehen, das war nun mal sein Geschäft. Sein Blick fiel dabei auf einen hellen Sandplatz auf der anderen Straßenseite vor einer Buschgruppe, etwa hundertfünfzig Meter rechts von der Aufschlagstelle entfernt. Vor dem Grün der Büsche glaubte er, etwas Dunkles zu erkennen. Melcher lief zu den Sanitätern. Er wies auf den Fleck in den Büschen.

„Da drüben liegt jemand, rasch!"

Die Männer schauten in die von Melcher gezeigte Richtung.

„Mein Gott, Sie haben Recht!" Sie hechteten ins Krankenfahrzeug, Melcher schloss sich an, und der Wagen raste hinüber zu den Büschen.

Direkt vor dem Buschwerk lag auf dem Sandboden die verkrümmte Gestalt eines Mannes. Das Gesicht war blutüberströmt und sein linkes Bein schien fast rechtwinklig abgebogen. Der Notarzt beugte sich über den Mann und untersuchte ihn vorsichtig.

„Er lebt noch, schnell, vielleicht gibt es eine Chance."

Sie hoben den Verletzten behutsam auf eine Tragbahre und brachten ihn zum Fahrzeug. Melcher folgte. Die Bahre wurde hineingeschoben, Melcher stand direkt daneben. Da hob der Mann auf einmal den Kopf und blickte zu Melcher; er schien ihm etwas mitteilen zu wollen. Melcher beugte sich zu ihm. „Rosenstolz", flüsterte der Mann, „Rosenstolz", dann sank der Verunglückte matt auf die Bahre zurück. Die Türen wurden geschlossen und der Wagen schoss mit Blaulicht davon.

Jörg Melcher blickte ihnen nach. Hoffentlich schaffte es der Wagen, rechtzeitig die Klinik zu erreichen. Es kam auf jede Minute an. Wie schwer die Verletzungen wohl waren?

Melcher ging zurück zu den Büschen und machte weitere Aufnahmen. Er blickte zur Absturzstelle. Dort stiegen Dampfwolken auf. Die Feuerwehr löschte noch immer.

Zweihundert, vielleicht dreihundert Meter Abstand, schätzte er. Der Mann war offenbar aus dem Flugzeug geschleudert worden und hatte so den Absturz und den Aufprall hier überlebt. Ein unwahrscheinlicher Zufall. Vielleicht hatte er auch weiterhin Glück.

Was bedeutete *Rosenstolz,* das Wort, das der Mann ihm zugeflüstert hatte, überlegte Melcher. Ein merkwürdiges Wort.

Die Polizei traf am Absturzort ein und riegelte alles weiträumig ab. Melcher schoss schnell noch einige Fotos und lief dann zur Flugplatzanlage zurück. Eine Lautsprecheransage informierte das Publikum über den Abbruch des Flugtags und die Sperrung des Platzes. Melcher nickte. Das war zu erwarten gewesen, wahrscheinlich würde auch der morgige Flugtag abgesagt werden. Da konnte er eigentlich heute Abend nach Stuttgart zurückfahren, obwohl das Hotelzimmer bis morgen gebucht war. Er bewegte sich in Richtung der Parkplätze, wo er seinen Wagen abgestellt hatte. Eine junge Frau trat ihm in den Weg.

„Entschuldigen Sie, haben Sie Fotos von dem Unfall gemacht? Ich arbeite für die *Schwäbische Post.*" Dann stutzte sie.

„Moment, ich kenne Sie. Sie sind Herr Melcher!" Ein freudiges Lächeln überzog ihr Gesicht. „Wissen Sie noch, wer ich bin?"

Jörg betrachtete die junge Frau genauer. Sie mochte Mitte, Ende zwanzig sein. Sie war groß gewachsen, besaß ein hübsches Gesicht. Die dunkelblonden Haare trug sie hochgesteckt. Ihre Augen waren hell und strahlend. Eine Erinnerung kam hoch. Vor sechs oder sieben Jahren hatte er während des Sommers eine Praktikantin der *Stuttgarter Nachrichten* betreut. Ein nettes Mädchen, gerade mit der Schule fertig, hübsch und vor allem sehr

aktiv und voller Enthusiasmus. Carolin, hatte sie gehei-
ßen, Carolin Setlinger!

„Frau Setlinger, nicht wahr? Das ist eine Überraschung!
Arbeiten Sie jetzt in Aalen?" „Ja, das ist meine erste feste
Stelle." „Da wäre eine Reportage über den Absturz mit
entsprechendem Bildmaterial sicher hilfreich", ergänzte
Melcher. „Ich habe einige Bilder gemacht …", er hielt inne
und überlegte. Melcher war kein Hobbyfotograf, er war
Profi und lebte davon, als Erster vor allen anderen am Ort
eines Geschehens zu sein und im geeigneten Moment die
richtigen Fotos zu schießen. Für einen solchen Augenblick
und die richtigen Bilder hatte Jörg Melcher im Laufe der
Jahre eine Art sechsten Sinn entwickelt. In seinem Alter,
er war Mitte vierzig, und mit seiner Erfahrung machte
ihm in der Branche niemand mehr etwas vor. Ein eisernes
Gesetz war, nie etwas ohne Gegenleistung aus der Hand
zu geben. Andererseits, Carolin Setlinger war ihm sympa-
thisch gewesen und er fand es durchaus bedauerlich, als
sie das Praktikum beendet hatte.

„Ich muss erst mal das ganze Material sichten und aus-
werten. Und ich habe natürlich meine festen Abnehmer."
Melcher machte eine Pause.

„Aber bestimmt finde ich ein paar Bilder für Sie, die
ich Ihnen exklusiv überlasse", ergänzte er rasch, als er
Carolin Setlingers enttäuschten Gesichtsausdruck wahr-
nahm.

„Danke, Herr Melcher, das wäre echt nett!", strahlte
sie ihn an. „Und sagen Sie doch, wie früher, Carolin zu
mir!"

„Gut, Carolin. Ich werde mir heute Abend die
Aufnahmen anschauen und maile Ihnen dann Passendes
zu. Wie ist Ihre Mailadresse?"

„Hier meine Karte, ganz einfach: Carolin.Setlinger@
sdz-medien.de, Telefon 07361/594-171."

„Okay", Melcher blickte auf seine Uhr, es war gleich sieben. „Kennen Sie in der Nähe ein anständiges Lokal?"

„In der Nähe? Ich esse meist in Aalen. Da gibt es einen guten Italiener, bei mir um die Ecke, ziemlich im Zentrum. In zwanzig Minuten sind wir da."

„Wir?" Melcher grinste.

Carolin Setlinger wurde rot. „Ich wollte mich nicht selbst einladen, sondern nur den Weg zeigen."

„Nein, Sie kommen mit und erzählen mir von Ihrer neuen Stelle. Ich lade Sie natürlich ein. Ein wenig neugierig bin ich schon. Berufskrankheit."

Sie fuhren los, Carolin voran. Dass ihnen ein weiteres Fahrzeug folgte, bemerkten sie nicht. Eine halbe Stunde später saßen sie im *Ristorante Da Vito* in der Gmünder Straße. Ein Lokal mit einem besonderen Ambiente und dem eigenwilligen Hauch von Luxus. Sie bestellten, Melcher *Saltimbocca alla romana* und Carolin die *Gamberoni*.

„Erzählen Sie, Carolin, wie sind Sie nach Aalen gekommen?"

„Ganz einfach, da war eine Stelle frei und ich habe mich beworben. Nach dem Abi war ich als Praktikantin zuerst bei den *Stuttgarter Nachrichten* – Sie erinnern sich. Dann fing ich in Freiburg mit Germanistik und Kunstgeschichte an. Weitere Praktika bei der *Badischen Zeitung* und dem *Offenburger Tagblatt* in den Semesterferien folgten. Im dritten Semester wechselte ich die Uni und ging nach Mainz und schrieb mich für Publizistik ein. Es folgten Praktika bei unterschiedlichen Blättern. Einmal sogar vier Wochen bei der *TAZ* in Berlin!"

„Alle Achtung, da kommt nicht jeder hin."

Carolin nickte. „Stimmt, aber davon allein bekommt man keine Stelle. Die wirtschaftliche Situation ist derzeit einfach übel. Mein Volontariat habe ich beim SWR und in der *Schwäbischen Post* absolviert. Vor zwei Jahren war ich fertig und ging zunächst in Stuttgart für ein Wochenblättchen auf Interviewjagd."

„Und dann wurde die Stelle in Aalen ausgeschrieben?"

„Nein, natürlich nicht. So etwas läuft intern und unter der Hand", korrigierte Carolin. „Das kenne ich", stimmte Melcher zu, „überall stößt man auf Söhne oder Töchter leitender Redakteure."

„Ich hatte jedenfalls Glück. Ein Studienfreund kannte jemanden, der jemanden kannte. Ich schickte eine Bewerbung los, wurde eingeladen – und schon bekam ich die Stelle!" Carolin lachte. „Natürlich erst einmal nur als freier Mitarbeiter mit Pauschale. Seit anderthalb Jahren bin ich aber fest angestellt."

„Das kenne ich alles", wiederholte Melcher, „die journalistische Welt ist nicht besser, sondern eher schwieriger geworden."

Er nahm einen Schluck von seinem Bier.

„Und worüber schreiben Sie hier?"

„Über die Ereignisse im Ostalbkreis, Menschen und ihre Schicksale. Über die Flugschau und so weiter."

Sie unterhielten sich fast zwei Stunden und gingen im Laufe ihres Gesprächs wie beiläufig zum Du über. Melcher berichtete von Stuttgart und seinen Fotoaktivitäten und von den Erlebnissen im letzten Jahr, als er die Tote in Rot aufgefunden hatte. Carolin erzählte von ihrer Arbeit und den Besonderheiten der Region, die sie gerade zu entdecken begann. Regionalredakteur zu sein, sei unheimlich interessant. Sie müsse nur schauen, was sie wie über die Leute schreibe, denn schließlich lebe sie hier in der Stadt und habe vor, hier auch länger zu bleiben. Die Ostalb sei nicht übel und die Stadt gefalle ihr einfach. Heute habe sie über die Flugschau berichten wollen. Ein an sich harmloses Thema, da aber eine Startbahnverlängerung geplant sei, über die sehr kontrovers diskutiert werde, stecke mehr dahinter, als man zuerst meine. Doch leider sei ihr die falsche Uhrzeit genannt worden, weshalb sie zu spät gekommen sei. Dann spekulierten beide über die Ursachen des Flugzeugabsturzes.

„Ich hatte die Maschine im Objektiv und drückte ab, da zerbrach auf einmal die Cockpitscheibe!", berichtete Jörg Melcher.

„Ein Vogelschlag?", fragte Carolin.

„Ich weiß nicht, gesehen habe ich nichts. Aber was könnte es sonst gewesen sein?", überlegte er.

„Vielleicht ein Materialfehler?", schlug seine Begleiterin vor.

„Es wird eine Untersuchung geben, die das klärt", beendete Jörg die Spekulation. „Die wirklich packende Geschichte ist die des Überlebenden. Stell dir vor, Carolin. Der Mann wird aus dem Flugzeug geschleudert und überlebt dadurch den brennenden Absturz. Der Mann hatte wirklich Glück!"

„Wenn er tatsächlich überlebt!"

„Das wollen wir hoffen."

Dass der Überlebende zweimal das Wort *Rosenstolz* hervorgestoßen hatte, vergaß Jörg Melcher zu erzählen.

Gegen halb zehn wollte er schließlich aufbrechen, die Strecke nach Stuttgart zog sich wegen der Bauarbeiten in Schwäbisch Gmünd ziemlich hin.

„Du hattest doch vor, auch morgen in Aalen zu sein. Die Flugschau werden sie abbrechen, aber willst du nicht trotzdem bleiben? Ich könnte dir die Stadt und die nähere Umgebung zeigen. Morgen am Samstag ist Markttag, da ist in Aalen einiges los", schlug Carolin vor. Melcher überlegte. Bis er in Stuttgart ankam, war es halb zwölf.

Vor ihm lag ein langes, leeres Wochenende. Seit seine Freundin Mimi und er sich vor zwei Wochen im Streit getrennt hatten, gab es ohnehin zu viel Zeit, mit der er nichts anzufangen wusste. Dann lieber ein Wochenende in Begleitung. Mit einem Blick auf Carolins Gesicht entschloss sich Melcher, in Aalen zu bleiben.

„Die Bilder werde ich dir gleich mailen, im Hotel ist im Zimmer ein ISDN-Anschluss."

„Schön, ich werde versuchen, etwas über den Überlebenden herauszubekommen. Damit bezahle ich bei dir meine ‚Schulden'. Wir können uns morgen gegen zehn treffen. Komm doch rüber in die Redaktion der *SchwäPo*, Bahnhofstraße 65, das ist nicht weit", schlug Carolin vor.

Jörg Melcher stimmte zu und gab ihr seine Handynummer, falls irgendetwas dazwischen käme. Sie brachen auf. Er brachte Carolin das kurze Stück bis zu ihrer Haustür und lief dann zum Aalener *Ratshotel* in der Friedrichstraße. Die Straßen waren ziemlich leer, nur vereinzelt fuhren Autos die Straße entlang. Kaum ein Fußgänger war unterwegs. Jörg Melcher erreichte sein Hotel und trat ein. Der Mann am Empfang war eingenickt. Melcher nahm leise den Schlüssel seines Zimmers vom Haken und stieg die Treppe nach oben.

Es war geschehen, die Maschine fiel vom Himmel und begrub alle Hoffnungen und Wünsche und alle Fehler im feurigen Grab. Einer der beiden Insassen hatte jedoch überlebt, ein Schönheitsfehler. Nun, das konnte korrigiert werden. Das Geschehen würde allerdings ein gewisses Risiko beinhalten. Es bedurfte eines neuen Plans und dieser musste gut durchdacht sein. Eine nette Herausforderung für den Verstand, jenseits aller Emotionen, von denen man leider nie ganz frei war.

Dann gab es noch den Fotografen, der Bilder vom Absturz geschossen hatte. Auch um ihn sollte sich rasch gekümmert werden. Das Hotel des Mannes war jedenfalls bekannt. Also, am besten gleich ...

Ein anregender Tag. Melcher hatte packende Fotos geschossen und ein paar angenehme Stunden mit einer hübschen, jungen Frau verbracht. In seinem Zimmer schaltete er den Laptop ein, übertrug den Inhalt des Speicherchips der Kamera auf die Festplatte und machte sich daran, die Bilder zu sichten. Er scrollte sich durch die einzelnen Aufnahmen. Erst kam eine Serie von Flugplatzansichten. Der Segelflugplatz auf dem Härtsfeld und seine Umgebung. Bilder der Anlagen, verschiedene Besuchergruppen, ein paar hübsche Mädels im kurzen Sommeroutfit. Eine gute Aufnahme des Doppeldeckers mit Akrobaten auf den Flügeln. Dann die Serie der Oldtimermaschinen: eine Spitfire im Anflug, die Focke-Wulf beim *Immelmann Turn* und zwei weitere Maschinen, die Loopings demonstrierten. Schließlich der Unfall. Zuerst die Cessna im *Low-Approach*. Rechts oben war das Kloster zu sehen, optisch direkt davor lagen die Baumreihen. Dann kamen der Moment, als die Cockpitscheibe zerbrach, der folgende Absturz und schließlich die Detonation. Die Bilder vom brennenden Wrack am Boden, von der Feuerwehr und dem Überlebenden. Drei, vier Fotos aus dem Bodenbereich wählte er aus und sandte sie an Carolins Internetadresse. Versprochen war versprochen. Die Anflugserie hatte er ebenfalls hochgeladen, zögerte dann, sie an Carolin abzuschicken und speicherte sie vorerst als Entwurf ab. Bevor er sie Carolin zumailte, wollte er die Bilder genauer betrachten. Die letzten Fotos zeigten den Flugplatz und das Publikum. Darunter fanden sich zwei von Carolin selbst, unbemerkt aus der Hüfte aufgenommen. Tolle Beine hatte die Frau! Aber etwas anderes interessierte ihn mehr.

Melcher ließ die Bilder wieder am Bildschirm zu-rückwandern. Stopp, da waren die Fotos, welche er im Augenblick des Unfalls geschossen hatte. Fünf kurze Shoots hintereinander zeigten den Ablauf des Geschehens. Die Kamera war noch vom *Immelmann – Turn* auf Serie gestellt gewesen. Auf dem ersten Bild sah er die Maschine im Anflug, kurz bevor das Cockpitfenster zerbrach. Das zweite Foto der Cessna war das entscheidende. Das Bild zeigte die Frontscheibe unmittelbar beim Aufschlag des Objektes, das diese zum Platzen gebracht hatte. Links unten war ein kleiner, kaum erkennbarer dunkler Fleck, das aufprallende Objekt. Das Ding, welches auf die Scheibe schlug, war kein Vogel, wie er gedacht hatte! Melcher vergrößerte das Foto und zoomte ins Innere.

Da klingelte sein Handy.

Carolin Setlinger beendete ihr Telefonat. Sehr gesprä-chig war die Schwester im Ostalb-Klinikum nicht gewe-sen. Carolin sei keine Angehörige und daher könne sie prinzipiell keine Auskunft geben. Mit Mühe hatte Carolin aus ihr herauslocken können, dass es dem Flugunfallopfer *den Umständen entsprechend* ging, was alles und nichts bedeuten konnte. Jedenfalls lebte der Mann und schien Chancen zu haben, durchzukommen. Seinen Namen hat-te die Schwester nicht verraten und behauptet, sie wisse ihn nicht. Schade, dass nicht Andrea, die Schwester ihrer Freundin Lis, Dienst hatte. Die hätte ihr sicher weiterge-holfen. Carolin wählte eine neue Nummer, die der Zentrale der Polizeidirektion in der Böhmerwaldstraße: 5 80 – 0. Niemand nahm ab, natürlich, an einem Freitagabend war um diese Zeit kein Beamter mehr im Haus. Wo fand sie die Bereitschaft? Außerhalb der 110 musste die Polizei doch auch erreichbar sein. Im Behördenverzeichnis suchte sie vergeblich nach einer Kontaktmöglichkeit. Carolin entschloss sich, in der Redaktion der Zeitung anzurufen. Dort gab es sicher jemanden, der ihr einen Tipp geben würde. Zeitungsleute gingen spät schlafen. Sie drückte erneut die Tasten.

Melcher nahm das Handy. „Hallo?"

„Bist du es Jörg? Hier ist Klaus. Klaus Labrenz."

Melcher war überrascht und misstrauisch zugleich. Der Anrufer Klaus Labrenz war ein Kollege aus Melchers Zeit bei der *Rundschau*. Ein absoluter Profi, mit allen Wassern gewaschen, mit einem ausgeprägten Riecher für exklusive Stories und eiskalt, wenn es darum ging, diese vor allen anderen an Land zu ziehen. Alles Qualitäten, gegen die Melcher im Prinzip nichts hatte. Labrenz arbeitete heute in der Redaktion von BILD Stuttgart, was ihn ebenfalls nicht besonders störte. Aber mehrfach hatte Melcher Labrenz eine gute Story mit sattem Bildmaterial geliefert und dieser hatte ihn ewig auf das Honorar warten lassen bzw. den Preis im Nachhinein kräftig zu drücken versucht. Melcher reagierte entsprechend zurückhaltend.

„Ja?" „Mensch, Jörg, nicht so einsilbig. Ich habe eine Riesensache für dich. 150 Euro Cash sofort und weitere 200, wenn du lieferst."

„Um was geht es denn?", fragte Melcher etwas freundlicher nach. Zahlen weckten immer sein Interesse.

„Du warst doch heute bei der Flugschau in Elchingen?"

Aha, daher wehte der Wind. Labrenz musste, von wem auch immer, erfahren haben, dass Melcher dort fotografiert hatte. Ein Foto vom Absturz der Cessna war unter Umständen bestimmt einiges wert. Besonders, da er als Einziger fotografiert hatte. Melcher beschloss, den anderen erst einmal zappeln zu lassen.

„Stimmt, ich war in Elchingen. Und?"

„Hör mal, alter Knabe. Du weißt genau, was ich von dir will. Mir ist zu Ohren gekommen, dass du Bilder direkt vom Absturz hast. Und Fotos von dem Typen, der überlebt hat. Eine heiße Geschichte, gut fürs Titelblatt. *Sturz aus den Wolken* oder *Im fliegenden Fall,* irgend so etwas in dieser Art. Du lieferst die Bilder und einen *Unser-Reporter-war-vor-Ort-Bericht.* 150 Euro fürs erste Bild sofort und weitere 200, wenn du mir deinen Bericht plus Restbilder noch heute Abend zukommen lässt."

„Verstehe ich dich richtig, alles zusammen für 350 Euro?"

„350 und kein Cent weniger, ein Exklusivangebot, nur für dich!"

„Weißt du, Labrenz, ich kann mich nicht entscheiden, was mich an dir am meisten stört. Dein unverschämter Geiz, deine hinterhältige Art, einen über den Tisch ziehen zu wollen oder die Unverfrorenheit, mit der du glaubst, andere wären völlig verblödet! 350 Euro für eine Exklusivstory plus Bildmaterial. Soll ich lachen, oder was?"

„Mein Lieber, ich verstehe dich nicht", erwiderte Labrenz beleidigt. „Ganz ehrlich, ich bin mit meinem Angebot am oberen Limit. Schau dir mal die Tabelle der MFM Honorar-Richtlinien bzw. der gemeinsamen Vergütungsregeln für freie Bild-Journalistinnen und Bild-Journalisten an Tageszeitungen und Zeitschriften an. 80 Euro für ein Foto steht dort – und ich biete dir 150!"

„Hör mal, Labrenz, ich kenne die Tabelle genau. Bei der Auflagenhöhe von BILD Stuttgart bist du mit 800 Euro dabei. Also, mach ein faires Angebot, sonst ist das Gespräch im nächsten Augenblick zu Ende."

Am anderen Ende der Leitung war einen Augenblick lang Stille. Dann meldete sich der Anrufer erneut zu Wort.

„Gut. Für das Absturzfoto 400 Euro, für das Opferfoto 200, für Brand- und Rettungsfotos jeweils 75 und der Livebericht als Zugabe für 50 Euro. Paketpreis 800 Euro. Und das ist mein letztes Wort!"

„1600 – und im Übrigen, es ist gleich elf und ich bin in einem Hotel in Aalen!"

„Du bist in Aalen?" Labrenz ließ sich nicht beeindrucken. „Da finde ich schon eine Lösung, aber dein Preis … Mensch, Melcher, das ist nicht dein Ernst?"

„Ich denke doch!"

Melcher grinste vor sich hin. Labrenz war freiwillig auf 800 hochgegangen. Das heißt, sein Material war gut und gern die von ihm geforderten 1600 Euro wert. Mal schauen, wieweit er Klaus Labrenz noch treiben konnte.

Nach zehn Minuten zähen Verhandelns waren beide sich einig. Labrenz würde in der nächsten dreiviertel Stunde einen Boten aus der Lokalredaktion Ostalbkreis mit 500 Euro vorbeischicken und dafür einen Bilddatensatz von der Brandbekämpfung erhalten. Das Absturzfoto plus das Bild des Überlebenden und einen dazu passenden Bericht würde ihm Melcher bis 2 Uhr morgens zumailen – gegen die Überweisung der Restsumme von 800 Euro.

Das Gespräch endete.

Jörg Melcher holte sich aus der Minibar ein Bier und nahm einen tiefen Schluck aus der Flasche. Dann zog er eine Schachtel Lucky Strike hervor und zündete sich die erste Abendzigarette an. Zurzeit baute er seinen Nikotinkonsum ab. Diese Zigarette aber hatte er sich redlich verdient. Er inhalierte den ersten Zug und wandte sich wieder dem Bildschirm zu. Der Laptop hatte sich in den Ruhezustand geschaltet. Melcher fuhr ihn wieder hoch und ging ins Bildprogramm. Erneut scrollte er sich durch die Aufnahme der Flugschau, bis er die Anflugserie erreichte. Da, das zweite Bild, der Zoom zeigte es deutlich:

Das Objekt, welches auf die Scheibe des Cockpits aufgeprallt war und diese zum Zerbrechen gebracht hatte, war kein Vogel gewesen! Es schien eine Art walzenförmiges Gebilde zu sein. Melcher vergrößerte das Bild nochmals. Er holte tief Luft. Meine Güte, trotz aller Unschärfe, das Ding sah aus wie ein Projektil! Welch ein unglaublicher Zufall, er hatte den Augenblick eingefangen, in dem ein Projektil die Cockpitscheibe der Cessna im flachen Winkel durchdrang und den Absturz verursachte. Die Maschine war abgeschossen worden, daran gab es keinen Zweifel! Er hatte einen Mordanschlag entdeckt und seine Entdeckung würde Konsequenzen haben. Melcher setzte sich an den Laptop und fing an zu tippen.

Zehn Minuten später klopfte es an der Hoteltür. Das musste der Bote sein, Labrenz reagierte wirklich flott. Melcher öffnete. Draußen stand ein Mann in einem dunklen Mantel und mit tief ins Gesicht gezogenem Hut.

„Kommen Sie rein, ich bin gleich mit dem Artikel fertig!", forderte Melcher den Boten auf und wandte sich zum Laptop. Der Fremde trat in den Flur und schloss die Tür.

„Wenn Sie etwas trinken wollen, in der Minibar stehen Getränke. Bedienen Sie sich!", rief Melcher ihm zu.

Ein harter, schmerzhafter Schlag traf seinen Hinterkopf. Es war ihm, als explodiere sein Schädel und er fiel zu Boden. Es wurde dunkel um Jörg Melcher.

Nach vielem Hin und Her gelang es Carolin Setlinger, jemanden bei der Polizei zu erreichen, der vom Flugunfall Elchingen gehört hatte. Sie stellte sich vor und erklärte, es ginge um den Überlebenden des Absturzes.

„Und warum rufen Sie genau an, Frau Sattler?", fragte die schläfrige Stimme des am Freitagabend zuständigen Beamten. Wie kam der Mann auf *Sattler*? Offenbar ein Hörfehler. Carolin unterließ es aber, ihn zu korrigieren und antwortete, sie wolle die genauen Daten des Opfers erfahren.

„Sie waren beim Absturz vor Ort?"

„Natürlich, deswegen rufe ich an."

„Selbstverständlich, deswegen. Also, Frau Sattler", Carolin zuckte innerlich zusammen, „der Mann heißt Dr. Werner Bauer, wohnhaft im Max-Planck-Weg 17 in Friedrichshafen am Bodensee."

„In Friedrichshafen", wiederholte Carolin unwillkürlich. „Vielen Dank!"

„Keine Ursache, wir müssen alle unsere Berichte schreiben, eine unangenehme Arbeit, Frau Sattler", meinte der Beamte kryptisch. „Der Pilot war übrigens ein gewisser Felix Menckhoff." Carolin bedankte sich nochmals, verabschiedete sich rasch und beendete das Gespräch. Offenbar hatte ihr Gesprächspartner bei ihr eine offizielle Funktion vorausgesetzt. Ein Irrtum, der ihr etwas peinlich war, aber insgesamt durchaus zustattenkam.

Man muss immer die Wahrheit sagen, aber muss man wirklich?, hatte sie bei Tucholsky gelesen, und wenn einer etwas von Journalismus verstand, dann der Autor der *Weltbühne*. Gut, jetzt hatte sie den Namen, *Dr. Werner Bauer* aus Friedrichshafen. Mal schauen, was es im Internet über den Mann gab. Sie setzte sich an ihren PC und ging ins Netz. Es dauerte nicht lange und Carolin wurde fündig:

FINANCIAL CONSULTING GmbH.
*Batenkenweg 12, 88048 Friedrichshafen 07541-
404551 Fax: 07541-404552. E-Mail: mail@Bauer.finan-
cial.de, Page: http://www.Bauer.fincancial.de
FINANCIAL CONSULTING, Gesellschaft für Unternehmensberatung, Wirtschaftsberatung und Vermittlung
von Finanzierungen und Kapitalanlagen mbH, Register-
gericht: Amtsgericht Konstanz, Registernummer: HRB
222287 Umsatzsteueridentifikationsnummer gemäß § 27a
Umsatzsteuergesetz: keine. Inhaltlich Verantwortlicher
gemäß § 10 Absatz 3 MDStV: Dr. Werner Bauer*

Ein Wirtschafts- und Finanzberater, nicht gerade die
Sorte von Menschen, die Carolin besonders schätzte.
Aber der Hintergrund war nicht wichtig. Der Mann war
in Friedrichshafen mit der Cessna abgeflogen und hatte
in Elchingen einen Absturz überlebt – im Gegensatz zum
Piloten Felix Menckhoff. Nur das zählte, sonst nichts.

Carolin klickte auf ihren Account. Im Posteingang
fand sich eine neue Mail mit mehren Anhängen. Jörg
Melcher hatte ihr die versprochenen Bilder geschickt.
Wirklich verlässlich. Sie öffnete die Datei. Ein Bild von
der brennenden Maschine, eines von dem Überlebenden
Werner Bauer auf der Bahre. Die Feuerwehr im Einsatz,
eine Nahaufnahme der Sanitäter. Ach, ein Bild von ihr
mit ziemlich viel Bein. Melcher hatte sie heimlich fotografiert. Carolin schüttelte den Kopf. Jörg Melcher
schien Machoallüren zu haben. Nun, damit konnte sie umgehen. Aber, dass eine Aufnahme der Cessna
im Augenblick des Absturzes fehlte, fand sie ärgerlich.
Das wichtigste Bild hatte ihr Jörg vorenthalten! Diese
Tatsache musste er ihr erklären. Auch wenn es schon
halb zwölf war. Sie wählte seine Handynummer. Doch
Jörg Melcher nahm das Gespräch nicht an.

Die Gestalt im Mantel und Hut lief eilig durch die nächtlichen Straßen der Stadt. Über die Gmünder Straße, am Reichsstädter Markt vorbei auf die Jägerapotheke zu und weiter an Apollo und O2 vorbei. Am Brunnen blieb sie stehen, blickte sich kurz um und ließ etwas in das Wasser gleiten. Dann wandte sie sich nach links und lief an Kempfs Mode Eck vorüber weiter in Richtung Kornhaus. Dort verschwand die Gestalt in einem Hauseingang – eine Tür schloss sich lautlos.

Melcher saß im Cockpit der Cessna und blickte verzweifelt auf die Armaturen. Die Zeiger drehten sich wie wild, der Höhenmesser rauschte in die Tiefe. Ein Warnsignal begann zu schrillen. Er beugte sich vor, riss mit aller Gewalt am Steuerknüppel. Umsonst, die Maschine reagierte nicht und trudelte in Spiralen immer schneller abwärts. Angst packte ihn, dunkle, finstere Angst. Das Schrillen wurde lauter und gellender – und Jörg Melcher öffnete die Augen.

Er lag auf dem Boden und fühlte sich hundeelend. Sein Kopf schmerzte wie wahnsinnig und das Lärmen um ihn nahm kein Ende. Er öffnete vorsichtig die Augen. Oben die Decke, ein tristes Grau. Besser als der dunkle Abgrund, in den er eben noch gestürzt war. Langsam richtete er sich auf und sah sich um. Der Lärm kam vom Handy, das aber verstummte, bevor er es finden konnte. Dann begann es an der Tür zu klopfen! Taumelnd erhob sich Melcher und wankte zum Eingang.

„Wer ist da?"

„Stephanie Meyle", antwortete eine Frauenstimme.

„Meyle? Kenne ich nicht. Wer sind Sie und was wollen Sie?"

„Klaus Labrenz schickt mich wegen der Bilder und der 500 Euro."

Das musste der echte Labrenzbote bzw. die Botin sein. Mühsam schleppte sich Melcher zur Tür und öffnete. Dann lehnte er sich an die Wand. Ihm wurde übel und er merkte, wie seine Beine unter ihm wegsackten. Jörg Melcher rutschte zu Boden.

„Himmel, was ist los mit Ihnen?" Die junge Frau, die Labrenz geschickt hatte, kam rasch herein, kniete sich neben ihn und versuchte, Melcher aufzuhelfen. Mit einiger Mühe gelang es ihr, ihm wieder auf die Beine zu helfen und ihn aufs Bett zu bugsieren. Dort ließ er sich stöhnend fallen.

„Warten Sie, ich hole Ihnen Wasser." Die Frau blickte sich suchend um und lief dann in das Bad. Kurz darauf kehrte sie mit einem gefüllten Zahnbecher zurück. Sie hielt ihn Melcher an die Lippen und er nahm ein, zwei Schlucke. Sie stellte den Becher ab und betrachtete ihn aufmerksam.

„Sind Sie gestürzt? Sie haben ein böse Wunde am Kopf!" Melcher tastete nach seinen Schläfen. Au, das schmerzte! Er zog die Hand zurück. Sie war rot, rot von Blut!

Langsam kam seine Erinnerung wieder. Es hatte heute Abend schon einmal geklopft. Vor der Tür stand ein Mann im Mantel und Hut. Melcher hatte ihn für Labrenz' Boten gehalten. Ein Fehler, wie sich herausstellte.

„Nein, ich bin nicht gestürzt. Jemand hat mich niedergeschlagen."

„Ein Einbrecher?", fragte Stephanie Meyle. Sie schaute sich im Raum um. Melcher bemerkte jetzt erst das Chaos. Papiere waren im Zimmer verstreut. Seine Kamera lag zertrümmert auf dem Boden, daneben Kabelteile. Und sein Laptop, den er auf den Tisch gestellt hatte, war verschwunden. Der Eindringling hatte ganze Arbeit geleistet.

„Du meine Güte, da war wirklich ein Einbrecher am Werk! Sie müssen die Polizei rufen."

„Ja", meinte Jörg Melcher grimmig, „das müsste ich. Aber, ob das hilft?"

Stephanie Meyle zuckte die Achseln. „Das ist Ihre Entscheidung. Auf jeden Fall sollten Sie umgehend einen Arzt oder das Krankenhaus aufsuchen. Ich kann Sie rasch hinfahren, wenn Sie wollen."

Melcher überlegte kurz, dann nickte er.

„Mein Kopf geht vor. Das hier kann warten. Fahren wir!"

Zehn Minuten später war Melcher im Ostalb-Klinikum in der Notfallaufnahme, im gleichen Krankenhaus, in dem das Flugunfallopfer eingeliefert worden war. Aber das wusste er nicht. Er bedankte sich bei Stephanie Meyle, und diese fuhr ohne Bilder davon. Melchers Kopf wurde geröntgt. Doch außer der Platzwunde, die genäht werden musste, hatte er keine Verletzungen erlitten. Nach einer Stunde war Melcher zur Genüge verarztet und ließ sich mit einem Taxi zurück in sein Hotel bringen.

In seinem Zimmer besah er sich den Schaden genauer. Dem Einbrecher war es offenbar um seinen Laptop und die Kamera gegangen. Warum er aber den Laptop mitgenommen und die Kamera zerstört hatte, blieb Melcher unklar. Die Datenschäden hielten sich, Gott sei Dank, in Grenzen. Die wichtigsten Daten hatte er zu Hause gespeichert. Trotzdem, die zerstörte Kamera und der Verlust des Laptops waren ärgerlich genug.

Er nahm das Handy zur Hand. Damit die Versicherung zahlte, musste er die Polizei informieren und Anzeige erstatten. Der Hotelführung würde er morgen Bescheid geben. Er wählte die 110. Das Gespräch dauerte nur wenige Minuten. Der zuständige Beamte meinte, nachdem, was

Melcher berichte, sei der Schaden überschaubar. Und um einen Notfall handle es sich auch nicht, der Täter habe den Tatort schließlich längst verlassen. Sicher ein Junkie. Doch, die gäbe es auch auf der Ostalb. Zugereiste halt, von Stuttgart oder aus Ulm. Nein, im Augenblick könne die Polizei nichts tun. Er riete Melcher, alles im Bild festzuhalten. Morgen könne er vorbeikommen und man würde ein Protokoll aufnehmen.

Eine tolle Idee, alles zu fotografieren, wenn die Kamera auf dem Boden in Einzelteile zerlegt ist! Doch ihm fiel ein, dass er im Koffer noch eine alte Minolta und den dazu passenden Film als Reserve hatte.

Während Melcher den Apparat hervorsuchte, beschäftigte er sich in Gedanken weiterhin mit dem Überfall. Konnte es sein, dass es dem Dieb primär um die Fotos der Flugschau gegangen war? Oder war das eine zu wilde Reporterspekulation? In Anbetracht der Tatsache, dass auf das Flugzeug geschossen worden war, schienen seine Überlegungen gar nicht so weit hergeholt zu sein! Aber wer wusste, dass er die Fotos gemacht hatte? Unter anderem Klaus Labrenz. Und sonst? Carolin Setlinger zum Beispiel – und eigentlich jeder, der ihn am Flugplatz gesehen hatte. Er hatte sich offiziell bei den Veranstaltern angemeldet. Seinen Namen und dann das Hotel herauszubekommen, musste ein Kinderspiel gewesen sein. Carolin hatte hundertprozentig nichts mit dem Überfall zu tun. Schließlich hatte er ihr Bilder geschickt. Und dabei, fiel Melcher ein, war auch die Serie von der Cessna gewesen. Aber die hatte er als Entwurf in seinem E-Mail-Ordner abgespeichert. Das bedeutete, das Foto, welches den Abschuss des Flugzeugs bewiese, war nach wie vor existent!

Ein Mann in einem dunklen Mantel mit Hut, eine absolute Stereotype, wie aus einem billigen B-Movie. Da steckte etwas ganz anderes dahinter. Der Sache würde er nachgehen. Und er würde Mittel und Wege finden, sich für den Schlag auf seinen Schädel zu revanchieren. Jörg Melcher berührte den Kopf und zog die Hand rasch zurück. Vorsichtig ließ er sich aufs Bett sinken und schloss die Augen.

Samstagsfrüh fand Melcher nur mit Mühe aus dem Bett. Er wachte davon auf, dass sein Handy klingelte. Es war Carolin. Ihre Stimme klang ziemlich unterkühlt. „Morgen Jörg. Danke für die Bilder. Aber warum hast du mir nur zweite Ware geschickt? Die Fotos von der Cessna wären der wahre Renner. Alles andere ist Beigabe."

„Da gab es Probleme", antwortete Melcher.

„Welche Probleme? Hast du einen Kater, deine Stimme klingt so?"

„Ich bin überfallen und niedergeschlagen worden."

„Meine Güte, was ist passiert?", fragte Carolin erschrocken.

Melcher erzählte die Geschichte in groben Zügen. „Und alle Fotos sind weg?" „Nicht ganz", erklärte er. „Die Absturzserie habe ich als Mailentwurf gespeichert."

„Gespeichert, das ist gut!" Bei aller Betroffenheit blieb Carolin hartnäckig. „Das heißt, ich kann die Bilder bekommen?"

„Mal sehen", antwortete er vage. „Ich muss vorher noch einige Dinge klären. Wir treffen uns gleich bei dir in der Redaktion, dann sprechen wir darüber. Jetzt muss ich erst mal unter die Dusche."

Das Frühstück ließ er ausfallen. Er packte, dann informierte er die Hoteldirektion über den Raub. Der Manager war entsetzt und bat um Diskretion. Er versprach, alles so rasch wie möglich mit der Versicherung zu regeln.

Melcher checkte aus und stellte sein Auto im Parkhaus ab. Dann machte er sich auf den Weg zu Carolin. Er lief durch die Fußgängerzone zur Bahnhofstraße. Dabei durchquerte er verschiedene Gassen mit einer Anzahl kleiner, netter Geschäfte. Buchläden, ein Teeladen, kleine Cafés, die übliche Vielzahl von Mobilfunkanbietern. Ein breiter Platz mit hübschen Baumgruppen. Fachwerkhäuser. Die Bahnhofstraße, der Bahnhof, im Hintergrund ein grüner Gaskessel. Dann das Haus der *Schwäbischen Post*.

Carolin erwartete ihn am Eingang. Heute trug sie eine elegante Jeans, darüber ein gepunktetes rotes Top und eine längere Halskette. Das Haar war, wie gestern, hochgesteckt.

Sie fuhren hoch in das Redaktionsbüro im zweiten Stock. Carolin wies auf eine Abteilung am Fenster.

„Dort arbeite ich. Setz dich, willst du einen Kaffee?"

„Gern."

Sie brachte Kaffee, Milch und Zucker.

„Augenblick, ich muss noch kurz etwas klären." Sie setzte sich an ihren PC und tippte etwas ein.

Jörg sah sich um. Carolin Setlingers Schreibtisch stand im Winkel zum Fenster und war ziemlich angefüllt. Eine große Grünpflanze, ein CD-Player mit Kopfhörer, ein englisches Lexikon. Eine Uhr im Retrostil der 70er oder direkt aus der Zeit. Darüber das Bild der Zylinderdruckpresse, mit der die Times 1814 erstmals gedruckt wurde. Stifte im Glas, jede Menge Papiere, etliche Bücher und der obligate Bildschirm. Weiter hinten saßen andere Kollegen und waren ebenfalls am Tippen oder Telefonieren. Ein Großraumbüro mit erstaunlich viel Grün und offen nach allen Seiten. Jörg Melcher nahm eines der Bücher von Carolin Setlingers Ablage. Ein Thriller, wie der Titel verriet: *Wer Böses tut …*

Daneben weitere Krimis. „Rezensionsexemplare", erklärte Carolin, „meine tägliche Pflichtlektüre." „Passt zu unserer Thematik", antwortete Jörg und legte das Buch zu den anderen zurück. „Okay, fertig." Carolin fuhr den PC runter und drehte sich zu Melcher um.

„Bevor ich dir die Stadt zeige, müssen wir über die Fotos reden."

„Tja, da gibt es ein Problem, so einfach ist die Geschichte nicht." Jörg Melcher erzählte Carolin ausführlich von seiner Entdeckung.

„Die Cessna wurde abgeschossen? Das klingt unglaublich."

„Leider nicht, wenn ich den Fotos trauen darf. Aber als Beweis allein taugen die Aufnahmen nichts. Besonders nicht, nachdem die Kamera zerstört worden ist."

„Hast du schon eine Vermutung, wer oder was dahintersteckt?"

„Nein, aber ich denke, das Attentat galt den Insassen der Cessna. Entweder dem Piloten oder seinem Mitflieger. Oder beiden."

„Das klingt logisch. Also entweder sollte Dr. Bauer getötet werden oder Felix Menckhoff."

„Wer?", fragte Jörg Melcher verblüfft.

„Das sind die Namen der beiden Männer im Flugzeug." Carolin Setlinger genoss hörbar Melchers Überraschung.

„Ich habe ein wenig recherchiert. Ich bin, wie du weißt, zufällig in der gleichen Branche tätig". Sie lachte.

„Zur Sache. Über den Piloten Felix Menckhoff habe ich bislang nichts erfahren, dafür umso mehr über seinen Passagier, unseren Überlebenden. Der Mann heißt Dr. Werner Bauer, wohnhaft im Max-Planck-Weg 17 in Friedrichshafen am Bodensee. Er ist der Besitzer einer Firma namens Financial Consulting. Eine so genannte Gesellschaft für Unternehmensberatung, Wirtschaftsberatung und Vermittlung von Finanzierungen und Kapitalanlagen. In dieser Funktion hatte er offenbar in Aalen zu tun."

„Eine Geldgeschichte, das klingt passend", meinte Melcher nachdenklich. „Du weißt nicht zufällig, mit welchem Unternehmen Bauer in Verbindung stand?"

„Nein, in Aalen gibt es laut Auskunft der Stadtverwaltung 4.666 Unternehmen."

„Ich verstehe." Melcher überlegte. „Ich müsste länger vor Ort sein, um Genaueres zu erfahren."

„Willst du damit andeuten, ich würde nichts in Erfahrung bringen können?", erwiderte Carolin spitz.

„Nein, natürlich nicht. Ich … Ich …" Melcher machte eine Pause. „Also gut, wir würden natürlich zusammenarbeiten. Vorerst aber muss ich nach Stuttgart. Spätestens heute Abend sollte ich dort sein. Anfang der Woche habe ich einiges zu tun. Am Mittwoch oder Donnerstag könnte ich wieder herfahren. Ich überlege nur, wie ich einen längeren Aufenthalt in Aalen plausibel machen könnte. Weißt du, es sollte nicht gleich jeder merken, wonach wir suchen."

„In der nächsten Woche gibt es einige Veranstaltungen wegen der Hundertjahrfeier der *Aalener Nachrichten*."

„Ist das nicht die Konkurrenz!"

„Ja. Wenn du auf der Feier erscheinst, glaubt keiner, dass wir in Verbindung stehen. Unter anderem findet eine Führung durch die Löwenbräu Brauerei mit anschließendem Festumtrunk statt. Die *Nachrichten* haben sogar ein Extrabier für den Anlass brauen lassen."

„Das trifft sich gut. Trautmann von den *Stuttgarter Nachrichten* liegt mir seit Wochen in den Ohren, ob ich nicht einmal eine Reportage über die Privatbrauereien Baden-Württembergs machen wolle."

„Siehst du, schon haben wir einen Grund für dein Kommen."

„Wann ist die Veranstaltung in der Brauerei?", fragte Melcher.

„Nächste Woche am Donnerstag, da ist der Anstichtag."

„Gut, ich komme am Mittwoch. Vorher sollten wir versuchen, mehr über den Piloten zu erfahren. Ich werde meine Freunde von der Wirtschaftsredaktion auf diese Consulting Firma ansetzen."

„Und die Fotos?"

„Wir halten die Anflugserie am besten unter Verschluss. Erst, wenn wir wirklich etwas herausfinden und es sich tatsächlich um einen Abschuss, also um einen Mordanschlag handelt, gehen wir damit an die Öffentlichkeit."

„Wann bist du am Mittwoch in Aalen?", fragte Carolin.

„Im Laufe des Mittags. So gegen eins oder zwei werde ich hier sein."

„Den Treffpunkt machen wir noch aus. So und jetzt einige Infos zur Stadt."

Carolin setzte eine ernste Miene auf und begann ihren Kurzvortrag:

„Aalen hat in sieben Stadtbezirken 67.000 Einwohner und liegt zentral im Herzen Ostwürttembergs. Um das Jahr 1136 tritt das Dorf Alon erstmals in Erscheinung. 1241 vollziehen die Staufer die Stadtgründung und im Jahr 1360 erfolgt die Ernennung zur Freien Reichsstadt. 1803 endet die Reichsfreiheit, Aalen wird württembergische Oberamtsstadt. Natürlich kennst du auch die Geschichte des Spions von Aalen?"

Melcher grinste. „Du meinst: ‚Grüß Gott, Ihr werten Herren! Ich bin der Spion von Aalen!'"

„Genau, aufgrund des Lacherfolgs beendete der Kaiser die Belagerung seiner Reichsstadt. Gut, informiert bist du, dann machen wir jetzt einen Rundgang."

Sie liefen zum Aufzug, auf dem Gang noch mehr Grünzeug und ein metallisches Kunstwerk auf Holz, und fuhren ins Erdgeschoss. Sie verließen die *Schwäbische Post*, Carolin wandte sich nach rechts in die Schleifbrückenstraße.

„Müssen wir nicht am Bahnhof vorbei?", fragte Melcher.

„Durch den Stadtgarten ist es schöner."

Sie bogen in einen kleinen Park ein. Eine schmale, überdachte Holzbrücke führte über die Kocher, links und rechts hingen Zweige aufs Wasser. Der Weg führte auf einen Pavillon zu und weiter durch das dichte Grün des Parks. Rechts am Wasser ein Hinweis auf römische Reste eines Hafens für die Göttin Venus. Auf der breiten Rasenfläche in der Mitte spielten Kinder Ball. Sie kamen an einem Klettergerüst vorbei und verließen den Park in Richtung Weidenfelderstraße. Jörg deutete überrascht auf ein breites Trümmerfeld auf der linken Seite.

„Der letzte Krieg ist doch lange vorbei?"

„Da soll ein neues Einkaufszentrum hingebaut werden, ob das Projekt allerdings verwirklicht wird, halte ich bei der aktuellen Finanzlage für fraglich", erklärte Carolin. Sie wandten sich nach rechts in die Wienerstraße. Neue, elegante Häuser in bester Lage. Schließlich gelangten beide wieder an den Fluss. Sie folgten dem gewundenen Weg am Wasser entlang. Links lag das Jugendzentrum im Schlachthof, auf der anderen Straßenseite das Café *Samocca*. Endlich der *Reichsstädter Markt*.

„Dort liegt doch deine Wohnung", bemerkte Jörg. „Zu Fuß keine zehn Minuten von der Redaktion entfernt."

„Stimmt, aber manchmal bin ich ein wenig zu faul zum Laufen", antwortete Carolin. „Jetzt gehen wir ins Zentrum, direkt zum Markt. Das ist samstags ein Muss!"

Auf dem Markt herrschte Hochbetrieb. Alt wie Jung spazierte mit Taschen und Körben zwischen den Obst- und Gemüseständen umher. Überall standen bunte Schirme, Kisten, Kästen und Transporter. Das Marktgeschehen schien sich zwischen dem Brunnen vor dem Theater im alten Rathaus und dem schräg gegenüber liegenden älteren Rathaus mit Uhrentürmchen und Urgeschichtsmuseum besonders zu konzentrieren. Jörg blieb stehen und zog die Luft ein. Es duftete von irgendwoher nach frischen Brötchen.

„Du wirkst, als witterst du Beute", meinte Carolin lachend. „Hast du heute schon gefrühstückt?"

„Nur den Kaffee vorhin, sonst nichts."

„Dann gehen wir ins *Rambazamba*."

Das Lokal befand sich direkt an der Stadtkirche am alten Kirchplatz. Vor dem Lokal waren Sonnenschirme aufgespannt, Grünzeug rankte sich an der Ecke empor. Sie setzten sich. Die Bedienung kam.

„Ich nehme das kleine Frühstück mit Erdnussbutter", bestellte Carolin, „das kann ich dir nur empfehlen." Jörg Melcher schloss sich Carolins Bestellung an.

„Hier ist die Straße mit den besten Lokalen der Stadt. Drüben siehst du die Pizzeria *Amorelli*, sehr zu empfehlen. Daneben ist die *Reichsstädter Café Bar*, ein Stück weiter die *Brezga Blase*. Da gehen wir nachher vorbei."

Eine blonde Frau trat an ihren Tisch und begrüßte Carolin.

„Hallo, Carolin. Sehe ich dich morgen?", fragte sie und musterte Jörg unverhohlen. „Ich glaub schon", antwortete Carolin kurz. „Dann will ich euch nicht stören", sagte die Blonde, warf noch einen prüfenden Blick auf Melcher und lief weiter.

„Eine Freundin aus Schulzeiten, sie arbeitet in der *Jägerapotheke*", erklärte Carolin. „Keine Journalistin, aber ebenso neugierig. "

Sie widmeten sich ihrem Frühstück, was Carolin nicht abhielt, Jörg weiter über die Stadt und ihre Besonderheiten zu informieren.

„Im alten Rathaus ist Napoleon 1805 beinahe aus dem Fenster gestürzt ... Christian Friedrich Daniel Schubart lebte in seiner Jugend hier ... ab Juli stehen bis Oktober in der Stadt überall fotorealistische Skulpturen von Christel Lechner, *Alltagsmenschen* – Aalen schien ein schier unerschöpfliches Thema zu sein.

Dann besprachen sie das weitere Vorgehen. Carolin schlug vor, die Abschussbilder von einem Spezialisten in ihrer Redaktion untersuchen zu lassen.

„Peter ist ein absoluter Fotofreak und Selfmademan. Ohne ihn läuft im Bildbereich praktisch nichts." Sie nahm einen Schluck Kaffee. „Er kennt sich besonders mit Flugzeugen aus, hat gerade seinen PPL, den Pilotenschein, gemacht und weiß nahezu über jede Type Bescheid. "

„Das ist unser Mann – wenn er dichthalten kann. "

„Kein Problem, wenn ich Peter darum bitte, hilft er – und schweigt!"

Sie waren mit Frühstück fertig und brachen auf. Carolin führte Jörg Melcher weiter durch die Stadt. Die Radgasse mit ihren malerischen Fachwerkhäusern entlang, zum Bürgerspital und anschließend über ein kleines Teilstück der Mittelbachstraße zum Spritzenhausplatz. Durch die Rosstraße wieder zur Reichsstädterstraße und zum Markt. Alle paar Meter grüßte Carolin oder wurde von jemandem angesprochen.

„Du scheinst einen umfassenden Bekanntenkreis zu haben", bemerkte Melcher.

„Ach, hier kennt jeder jeden", antwortete Carolin leichthin. Sie zeigte auf ein Lokal links an der Ecke. „Wenn du einen guten Cappuccino trinken willst, geh in die *Lavazzabar.* "

„Oben residieren die *Aalener Nachrichten* und *Regio TV*! Stört dich die Konkurrenz nicht?", fragte Melcher.

„Das ist ein echter Infotreff", erklärte Carolin. „Wenn ich Aktuelles erfahren will oder die neusten Gerüchte hören möchte, gehe ich hierher beziehungsweise mittwochs und samstags auf den Markt. Infos bekommst du auch im Stadion des VFR Aalen. "

Von einem Stehplatz am Fenster winkte ihnen jemand zu. Carolin winkte zurück. „Noch ein Bekannter von dir, wer ist das?"

„Joachim Geissler, der Regionalleiter der Nachrichten. "

„Ihr kennt euch?"

„Klar, solange es nicht um Abonnentenwerbung geht, sitzen wir im gleichen Boot. Geissler ist ein hochkarätiger Mann. Er spricht Russisch, Spanisch und Französisch fließend, Englisch sowieso und war mehrere Jahre im Ausland. "

„Wie kommt der Mann nach Aalen?"

„Warum sollte er nicht in Aalen sein? Frag ihn am besten selbst. Alles weiß ich auch nicht. "

Inzwischen war es halb zwei. Jörg bedankte sich für die Führung, verabschiedete sich von Carolin und fuhr nach Stuttgart zurück.

Der Verkehr war sehr dicht, überall Lkws, Mautflüchter, besonders seit Dinkelsbühl gesperrt worden war. Ziemlich entnervt kam Melcher um halb vier in Stuttgart an.

Von zu Hause aus rief er die Polizei an. Ein Beamter

teilte ihm mit, er könne am Montag auf dem nächsten Revier seine Anzeige aufgeben. Ob das zu etwas führen würde, wisse er allerdings nicht. Die Polizei sei chronisch unterbesetzt und für Bagatellfälle habe im Hause keiner Zeit. Er möge dies bitte verstehen.

Kaum hatte Melcher aufgelegt, erhielt er einen Anruf von Klaus Labrenz. Labrenz hielt sich nicht mit langen Vorreden auf. Er fragte Melcher direkt und unverblümt, ob es stimme, was Stephanie Meyle ihm erzählt habe, dass er überfallen worden sei und die Flugfotos verschwunden wären. Jörg bestätigte Meyles Bericht, verfluchte aber innerlich deren Geschwätzigkeit. Ganz klar, Labrenz witterte eine Story.

„Der Raub ist kein Zufall gewesen. Dahinter steckt mehr, als du zugeben willst, Jörg!"

„Du vermutest hinter allem irgendwelche Verschwörungen", suchte Melcher abzulenken. „Pass auf, dass sich dein Argwohn nicht zu einer Manie auswächst!"

„Frotzle du nur, mich bringst du nicht so leicht von der Fährte ab." Labrenz lachte bellend. „Machen wir's kurz. Das gestern hat nicht geklappt, Schwamm drüber. Aber die Story, an der du ganz offenbar arbeitest, die bekomme ich. Wenn sie gut ist, brauchen wir über Geld nicht reden. Bei einer echten Story geizen wir hier nicht. Also, denk drüber nach. Ich hör von dir." Labrenz legte auf.

Jörg Melcher starrte auf den Hörer. Unglaublich, was der Kerl für ein Gespür hatte. Wenn die Geschichte wirklich gut war – gesetzt den Fall, es existierte überhaupt eine –, dann konnte er sie überall loswerden, nicht nur bei der Bildzeitung.

Der Blick in den Spiegel enthüllte Bekanntes. Alles schien wie immer, wäre da nicht diese Linie gewesen, die kleine, fast unmerkliche Falte auf der Stirn. Eine

40

Falte, ein erstes Anzeichen des Alters. Alter, ein übles Wort. Alter war Vergänglichkeit, war Verlust und die Angst davor. Alle würden einen verlassen, weiterziehen zu anderen, die nicht alt waren. Ein Anfang war schon gemacht worden ... Draußen dämmerte es. Der Abend kam. Und mit dem Abend die Angst vor dem Dunkel und der Düsternis einer lichtlosen Nacht. Die Gestalt wandte sich vom Spiegel ab und schloss die Augen.

Das Geschehen der letzten Tage berührte mehr, als vorher erwartet. Trotzdem, es musste weiter gehandelt werden, bevor einem der Mut abhandenkam, das zu tun, wozu man entschlossen war. Auch, wenn es schmerzte ...

Im Ostalb-Klinikum wurde im Laufe des Sonntags der Patient Werner Bauer in die Chirurgische Klinik 1 verlegt. Einen ersten operativen Eingriff hatte er gut überstanden, sein Gesundheitszustand war gleichbleibend stabil. Bauer war sogar für einige Minuten aus seiner Bewusstlosigkeit, in der er seit dem Absturz gelegen hatte, aufgewacht. Er schien jedoch verwirrt zu sein und schlief bald wieder ein. Der behandelnde Arzt Dr. Wildermuth studierte seine Werte. Die Temperatur war leicht erhöht, die Pulsfrequenz ebenfalls einen Tick zu hoch, sonst gab es keine Auffälligkeiten. Alles deutete darauf hin, dass der Mann wirklich unwahrscheinliches Glück gehabt hatte und in vierzehn Tagen, spätestens drei Wochen wieder völlig auf den Beinen sein würde.

Nun bereiteten die Pflegekräfte der Station 18 alles für die Nacht vor. 21:30 Uhr, die Flure lagen leer im grünen Nachtdämmerlicht, der Nachtdienst begann. Die Schwestern drehten ihre Runden. Infusionen wurden kontrolliert, Urinbeutel geleert und Medikamente gerichtet. Die Geräte in Bauers Zimmer summten vor sich hin. Die Messskalen zeigten weiterhin zufriedenstellende Werte.

Die Zeit verging. 22 Uhr, keine Besonderheiten, 22:30 Uhr.

Die Außentür der Station öffnete sich und eine schlanke, dunkel gekleidete Gestalt schlüpfte hinein. Vorsichtig schlich sie am Schwesternzimmer vorbei und bewegte sich lautlos weiter über den Gang, bis sie das Zimmer 203 erreichte. Geräuschlos stieß die Gestalt die Tür auf und glitt wie eine Schlange in den Raum. Dem Mann auf dem Bett widmete sie lediglich einen kurzen Kontrollblick. Dann griff eine Hand an den Ständer mit dem Infusionsbeutel. Eine schnelle Bewegung, und der Beutel wurde durch einen anderen ersetzt. Ein weiterer Blick auf das Bett und den schlafenden Mann. Dann wandte sich die Gestalt rasch zur Tür, öffnete diese sacht und spähte hinaus. Der Gang lag leer im grünen Licht. Der nächtliche Besucher verließ das Zimmer, schloss die Tür und eilte völlig lautlos davon.

Die Stationsschwester blickte kurz von ihren Akten hoch. War da nicht ein Schatten gewesen? Sie stand auf, ging auf den Flur und schaute sich um. Nichts, sie musste sich getäuscht haben.

Oberschwester Marianne kehrte in ihren Raum zurück.

Gegen 23 Uhr entdeckte Nachtschwester Andrea, dass sich der Zustand des Patienten in 203 drastisch verschlechtert hatte. Der Herzschlag kam völlig unregelmäßig, pausierte und setzte scheinbar völlig aus. Sofort verständigte sie Dr. Wildermuth. „Was ist mit dem Puls?" „Es ist kein Puls mehr tastbar." „Ich komme!" Eine halbe Minute später stand Wildermuth am Bett des Patienten. Er blickte auf die Geräte.

„Eindeutig, ein Kammerflimmern. Die Herzmuskelzellen zittern, sind aber zu keiner koordinierten Aktion fähig. Das Herz pumpt nicht mehr! Schnell, Schwester, den Defibrillator!"

Die Paddles des Defibrillators wurden mit dem Brustkorb des Patienten in Kontakt gebracht.

„Wir beginnen mit 200 Joule! Und los!" Nichts. Der Arzt erhöhte auf 250 Joule. Ohne Erfolg. Auch 300 Joule halfen nicht.

Alle Versuche, die Herzmuskelzellen zu depolarisieren, schlugen fehl. Um 23:13 Uhr gaben Dr. Wildermuth und sein Team die Defibrillation auf. Werner Bauer war tot!

Das Schicksal, das ihn zwei Tage zuvor aus einem abstürzenden Flugzeug ins Leben zu katapultieren schien, hatte Dr. Bauer lediglich 56 zusätzliche Stunden geschenkt.

2. Kapitel – Bilder im Kopf

Zwei Tote – der Tod kam selten allein. Wenn nur die Bilder nicht gewesen wären, die Bilder im Kopf. Die Maschine, die zur Erde raste und in Flammen aufging. Und wie Werner im Bett gelegen hatte. Gerade, als die Hand nach dem Beutel griff, öffnete er die Augen und starrte einem in das eigene Gesicht. Oder war es nur eine Einbildung gewesen? Wenn es dunkel wurde, kamen die Bilder und die Angst vor der Nacht ...

Der Sonntag verging, die neue Woche begann. Am Montagmittag gegen eins rief Carolin Setlinger bei Jörg Melcher an.

„Hallo?"

„Hier ist Carolin. Es ist etwas geschehen, Werner Bauer ist tot."

„Hat er den Absturz doch nicht überlebt. Das war leider zu vermuten."

„Nein, eben nicht. Ihm ging es bereits viel besser. Und plötzlich kam es zum Herzversagen."

„Ich bin kein Mediziner", sagte Melcher, „war das so unwahrscheinlich?"

„Darum geht es nicht. Bauers Tod hat keine natürlichen Ursachen. Jemand hat kräftig nachgeholfen."

„Nachgeholfen, du meinst, ihn ermordet? Was ist denn geschehen? Seid ihr von der Polizei informiert worden?"

„Offiziell ist nichts bekannt gegeben worden. Aber die Schwester einer Freundin, Andrea, arbeitet als Krankenschwester im Ostalb-Klinikum. Die hatte letzte Nacht auf der Station Dienst, in der Werner Bauer lag."

„Ein echter Zufall."

„Für Andrea wenig glücklich. Sie hat wegen des Todesfalls jede Menge Probleme."

„Was war dann los?", fragte Jörg Melcher erneut.

„Andrea und die ganze Station haben ziemlichen Ärger, denn es stellte sich heraus, dass Bauer mit einem falschen Infusionsbeutel verbunden war. Dieser enthielt Digitalis in besonderer Dosierung, was im Falle Bauer eine völlig falsche Medikation darstellte."

„Ein tragischer Irrtum, aber doch kein Mord."

„Das Mittel, das als Verursacher für die Störung gilt, wird im Ostalb-Klinikum nicht verwendet! Es ist also von außen in das Krankenhaus und dann in die Station gebracht worden."

„Verstehe ich dich richtig, jemand hat absichtlich den Infusionsbeutel durch einen anderen mit einem für den Überlebenden des Flugzeugabsturzes tödlichen Mittel vertauscht?"

„Genau, so ist es. Und es war niemand von der Station, darauf ist Andrea bereit, jeden Eid zu schwören. Und ich glaube Andrea."

„Also kann nur jemand von außen in Bauers Zimmer eingedrungen sein. Ist das möglich?", wollte Melcher wissen.

„Das habe ich Andrea auch gefragt", antwortete Carolin. „Sie meint, man müsse nur unten am Pförtner vorbeikommen und sich einen weißen Kittel anziehen, dann wäre das ein Kinderspiel. Die Oberschwester glaubt übrigens, gegen 22:30 Uhr ein Geräusch gehört und einen Schatten auf dem Gang bemerkt zu haben. Sie schaute gleich nach, sah aber niemanden und dachte, sie habe sich getäuscht."

Carolin schwieg, auch Melcher blieb stumm. Das Schweigen hielt fast eine halbe Minute an. Schließlich meldete sich wieder Carolin.

„Jörg, bist du noch dran?", fragte sie zaghaft.

„Ja – ich überlege, ob ich nicht bereits früher kommen

sollte. Würde es dir morgen schon passen? So gegen Mittag. Ich muss hier noch ein paar Dinge klären und mir eine neue Kamera besorgen. Wahrscheinlich brauche ich dazu den ganzen Vormittag. Aber am Mittag müsste ich loskommen."

Er bat Carolin, für ihn ein Zimmer zu buchen. Diesmal in einer einfachen Pension. Sie kenne sich in Aalen besser aus und wisse, welche preiswert und gut sei. Carolin versprach, sich darum zu kümmern. Sie beendeten das Gespräch.

Melcher verließ seine Wohnung, um in der Stadt nach einer neuen Kamera zu schauen. Von der Augustenstraße, wo er jetzt wohnte, war das ein kurzer Spaziergang. Er hatte bereits recherchiert und wusste, was er brauchte und wollte. Nachdem er drei örtliche Großhändler und etliche Fachgeschäfte aufgesucht hatte, fiel seine Entscheidung auf eine Canon EOS 1V – Spiegelreflexkamera, 35mm. Vor allem die Genauigkeit der kurzen Verschlusszeit von 1/8000 s sowie die X-Synchronzeit 1/250 s überzeugten ihn. Der Preis von rund 1950 Euro war auch kein Pappenstiel, da konnte er einiges erwarten. Den Laptopkauf stellte er, bis die Versicherung zahlte, zurück. Er rief seinen Freund Hans an und fragte, ob er dessen alten Laptop ausleihen könne. Der Freund hatte sich gerade einen neuen Mac gekauft und brauchte das Gerät vorerst nicht. Hans sagte zu und Jörg Melcher holte sich den Laptop direkt am Hölderlinplatz ab. Dann führte er noch einige Telefonate und briet sich zum Abendessen ein kleines Steak mit Ofenpommes.

Jörg aß sein frugales Mahl und zappte sich durch das TV-Programm. Wie erwartet gab es nur Blödsinn.

Allein zu Hause herumzusitzen hatte Jörg keine Lust und entschied, den Tag mit einem Grauburgunder in der

Weinstube Fröhlich abzurunden. Sein altes Revier im Leonardsviertel hatte er schon lange nicht mehr besucht. Und das Ambiente und die Atmosphäre im *Fröhlich* waren genau das, was er jetzt brauchte. Jörg saß keine zehn Minuten, da öffnete sich die Tür zum Lokal und Strauß-Kahn, der Verleger, kam herein. Strauß-Kahn war ein kräftig gebauter, mittelgroßer Mann, der immer geschäftig wirkte. Er trug den obligatorischen Armani-Anzug, sein Markenzeichen, und begrüßte Melcher mit einem Stahlhändedruck. Jörg lud ihn an seinen Tisch.

„Sie sind heute solo. Wo ist denn Ihre reizende Freundin?", forschte Strauß-Kahn. „Mimi hat zu tun und ich habe sozusagen frei", antwortete Melcher.

Die Bedienung kam und Strauß-Kahn bestellte ein Pils.

„Wie gehen die Geschäfte?", fragte Melcher.

„Hervorragend!" Strauß-Kahn erzählte von neuen Verlagsakquisitionen und von seinem letzten Fernsehauftritt im Südwestfunk und den Plänen für die Buchmessen in Leipzig und Frankfurt. Er plane da ein Projekt, über das er mit Melcher bei Gelegenheit unbedingt sprechen müsse.

„Warum nicht heute und hier?", hakte Melcher nach.

„Keine Zeit, mein Lieber, ich habe gleich einen wichtigen Termin."

Im selben Augenblick kam der „wichtige Termin" zur Lokaltür herein. Eine attraktive Dame in blond. Ein ansprechendes Gesicht und eine gute Figur, wie Melcher anerkennend feststellte. Er schätzte sie auf Mitte dreißig. Der Verleger lächelte entschuldigend, verabschiedete sich und eilte mit der Dame in blond zum nächsten Termin. Melcher wollte ebenfalls aufbrechen, als sein Freund Pit Liptis erschien. Der Maler hatte sein Atelier schräg gegenüber und kam gerade von einer Ausstellung zeitgenössischer Kunst, die nahe Zürich in Pfäffikon eröffnet worden war. Liptis war mit drei Exponaten, darunter sein letztjähriges Bild *Rosenrot – tot,* vertreten gewesen. Ein Bild hatte er verkauft, für die beiden anderen gab es betuchte Interessenten. Im August würde er in der Region ausstellen, bei Pagels auf den Fildern. Zur Feier des Verkaufs bestellte Liptis eine Flasche Riesling Kabinett trocken. Die beiden Männer tranken und tauschten Erinnerungen aus. Es blieb nicht bei einer Flasche.

Kurz nach halb zwölf machte sich Melcher auf den Heimweg, und es war fast Mitternacht, als er in der Augustenstraße ankam. Dass ihm jemand nachging, merkte Melcher nicht. Er schloss die Haustür auf und trat in den Flur. Die Tür schwang langsam hinter ihm zu. Die Gestalt, die im Schatten einer Toreinfahrt Melcher beobachtete, folgte ihm – und verharrte in der Bewegung. Ihre Augen glitten die Fassade empor zum dritten Stock. Aus einem der Fenster schien Licht. Die Schattengestalt zuckte die Schultern, drehte sich um und verschwand in der Nacht.

Jörg Melcher erreichte den 3.Stock. Er öffnete etwas unsicher die Etagentür und trat in seine Wohnung. Die Tür zum großen Zimmer stand halb offen und Licht fiel auf den Flur. Jörg spähte in den Raum. Drinnen lag auf dem Sofa eine zarte Gestalt in blond. Seine Freundin Mimi war zu ihm zurückgekehrt!

Mit Mimi war Jörg Melcher seit zweieinhalb Jahren zusammen. Sie hatten sich bei einem Medizinerkongress kennen gelernt. Sie saßen beim Mittagessen am gleichen Tisch und kamen ins Gespräch. Sie trafen sich dann abends – und irgendwie hatte es bei beiden gleichzeitig gefunkt. Von wegen gefunkt, Mimi hatte Jörg Melcher völlig umgehauen! Goldblondes, hüftlanges Haar, leuchtend helle, blaugrüne Augen. Ein klares Gesicht mit vollen Lippen und einem reizvollen Grübchen am Kinn. 1,79 m groß, mit unendlich langen Beinen und Traummaßen. Und sie war eine Frau, die denken konnte und die wusste, was sie wollte. Was Mimi an ihm fand, blieb Melcher schleierhaft. Er war stets aufs Neue erstaunt, was ihm da für ein bunter Paradiesvogel ins Nest geflattert war. Ihren Erziehungsversuchen hatte er allerdings stets widerstanden. Keine legte ihm Zügel an, auch nicht die reale Verkörperung seiner Traumfrau. Widerspruch konnte Mimi nicht ertragen, nach einer Grundsatzdiskussion verließ sie ihn kurzerhand. Heute war sie überraschend zurückgekehrt, hatte seit Stunden gewartet und war endlich eingeschlafen. Mist, das war offenbar ein Versöhnungsbesuch gewesen, und er musste mit Pit versacken!

Melcher trat näher ans Sofa und betrachtete die Schlafende. In ihrem leichten Sommerkleid, vom blonden Haar wie von einem Schleier umhüllt, wirkte sie wie eine Figur aus 1001 Nacht. Am liebsten hätte er sie geküsst, war sich aber bewusst, dass er aktuell kaum einem Prinzen ähnelte. Vorsichtig, damit er Mimi bloß nicht aufweckte, schlich er auf Zehenspitzen ins Schlafzimmer, um für sie eine Decke zu holen. Etwas auf dem Boden ließ Melcher stolpern. Er suchte Halt, rutschte ab und stieß dabei an die große Kugelglaslampe im Regal. Die Lampe fiel um, die Glaskugel krachte zu Boden und zerplatzte mit einem lauten Krachen. Mimi schreckte aus dem Schlaf und erblickte Melcher, der inmitten von Scherben auf dem Teppich saß.

„Jörg Melcher!"

Die nächste Viertelstunde wurde für Melcher zu einer der ungemütlichsten des Jahres. Mimi sagte ihm das, was sie ihm schon immer sagen wollte – und eigentlich auch gesagt hatte, jedoch nicht in dieser konzentrierten Form.

Sie war voller Zorn, weil sie, versöhnlich gestimmt, vergeblich auf ihn gewartet und Melcher sich offenbar in Kneipen herumgetrieben hatte. Zudem hatte während seiner Abwesenheit Carolin Setlinger angerufen und aufs Band gesprochen. Carolin wollte ihm wegen der Pension Bescheid geben. Eine Pension sei eigentlich nicht nötig, meinte Carolin. Sie biete ihm an, bei ihr im Gästezimmer zu übernachten. Treffpunkt am Dienstag im *Dannenmann* am alten Kirchplatz.

Mimi reagierte, wie sie immer reagiert hatte, wenn sich in Melchers Nähe auch nur im Entferntesten Weiblichkeit zeigte.

„Wer ist *Carolin*? Woher kennst du diese Frau? Was will die von dir? Fährst du zu ihr? Was hast du mit *Carolin*? Wie lange geht das schon?", schoss sie ihre Frageketten auf Melcher ab. All seine Beteuerungen, seine Erklärungsversuche und was auch immer er an Argumenten anführte, halfen Melcher nicht. Mimi war durch nichts zu besänftigen. Nachdem sie ihn noch darüber aufklärte, dass ihre Freundinnen sie schon immer vor ihm, diesem *Vorstadtcasanova*, gewarnt hätten, warf sie ihm den Wohnungsschlüssel vor die Füße. Den hätte sie behalten, weil sie gehofft habe … Aber, das sei vorbei – und sie verschwand mit Türkrachen in der Nacht.

Melcher ließ sich geplättet in einen Sessel fallen. So wild hatte er Mimi noch nie erlebt. Nach diesem Auftritt sah er völlig schwarz für ihre Beziehung. Carolin Setlinger und ihre Anrufe! Morgen würde er sich Carolin vorknüpfen. Obwohl, Melcher gähnte, eigentlich hatte sie es mit ihrem Angebot nur gut gemeint. Und eigentlich hatten Mimi und er sich schon vor zwei Wochen getrennt. Er gähnte erneut, morgen würde er weiter sehen. Jetzt war er für weitere Aktivitäten viel zu groggy. Jörg

Melcher wankte ins Schlafzimmer, ließ sich aufs Bett fallen und schloss die Augen.

Am Dienstagmorgen begann im Ostalb-Klinikum eine weitere polizeiliche Befragungsrunde. Das gesamte Personal der Station 18, das in der Nacht vom 14. auf den 15. Juni Dienst gehabt hatte, wurde erneut vernommen und nach jedem noch so kleinen Detail befragt. Die Befragung leitete Claudia Nöhler, früher beim Dezernat 1.1. der Kripo Stuttgart. Sie hatte sich auf eine freie Stelle in der Aalener Polizeidirektion beworben, hatte sich gegen die männlichen Bewerber glatt durchgesetzt und war seit 1.Juni in Aalen als Kommissarin tätig. Frau Nöhlers ehemaliger Chef, Hauptkommissar Schmidt, ließ seine frühere Assistentin ungern gehen. Diese war vielleicht nicht besonders fantasievoll, aber eine gründliche Arbeiterin gewesen. Aufgrund ihrer akribischen, detailgenauen Aufklärungsarbeit hatten die Stuttgarter in den letzten zwei Jahren einige spektakuläre Fahndungserfolge an Land ziehen können.

An diesem Dienstag kam sie von einer Fortbildung zurück. Ihr Stellvertreter, Inspektor Gödel, hatte bislang die Ermittlungen geleitet.

Der Mittag verging mit Befragungen. Um 15 Uhr fuhr die Kommissarin zurück ins Präsidium in der Böhmerwaldstraße. Sie setzte sich zusammen mit ihrem neuen örtlichen Kollegen, der sie zum Klinikum begleitet hatte, in ihr Büro. Frau Nöhler studierte die Protokolle vom Vortag und verglich diese mit den heutigen Aussagen. Der Kollege kochte währenddessen Kaffee.

In der Sache gab es bei den Aussagen keine Abweichungen und vor allem keine neuen Erkenntnisse. Etwas frustriert schlug sie schließlich die schmale Akte auf, die es über den Toten gab:

Dr. Werner Bauer, geb. 23. Juni 1970 in Heidelberg. Wohnhaft im Batenkenweg 12, in 88048 Friedrichshafen. Eigentümer der FINANCIAL CONSULTING GmbH Friedrichshafen, Geschäftssitz ebenda. 07541-404551 Fax: 07541-404552.

Sie wandte sich an Polizeiinspektor Gödel, der gerade mit dem Kaffee kam. „Sagen Sie, Herr Gödel, warum war dieser Dr. Bauer eigentlich in Aalen? Gab es dafür geschäftliche oder private Gründe?"

„Das wissen wir noch nicht, damit hat sich bislang keiner beschäftigt", antwortete Gödel etwas verlegen.

„Warum hat das keiner getan?", hakte die Kommissarin nach.

„Wir arbeiten erst seit gestern an dem Fall. Erst, als uns die Klinik benachrichtigte, dass etwas mit Bauers Tod nicht stimme. Vorher handelte es sich lediglich um einen Flugunfall, um mehr nicht."

„Um einen Flugunfall?", fragte Frau Nöhler nach. „Was für ein Unfall? Davon wurde mir nichts berichtet."

Kollege Gödel beeilte sich, die Kollegin auf den aktuellen Sachstand zu bringen.

„Am Freitag, 12. Juni, ist eine Cessna von Friedrichshafen im Anflug auf den Flugplatz Elchingen. Aktuell findet eine Flugschau statt. In einer Veranstaltungspause geht die Maschine in den Landeanflug. Kurz vor der Landung, in etwa 150 Fuß Höhe, zerbricht die Cockpitscheibe durch Vogelschlag. Das Flugzeug stürzt ab und explodiert. Der Pilot wird getötet, Dr. Bauer, der zweite Insasse, überlebt dagegen wie durch ein Wunder. Er wird in das Ostalb-Klinikum eingeliefert. Zweieinhalb Tage später ist er jedoch endgültig tot. Sein Infusionsbeutel wird durch einen Unbekannten ausgetauscht. Ein klarer Mordfall. Soweit eine kurze Zusammenfassung", schloss Inspektor Gödel seinen Bericht.

Claudia Nöhler, die Gödel aufmerksam zugehört hatte, nickte und blickte dann den Kollegen erwartungsvoll an. „Sehen Sie, worauf das hinausläuft?"

Gödel schüttelte den Kopf. „Ehrlich gesagt, nein!"

„Wer sagt uns denn, dass der Flugunfall wirklich ein Unfall war und nicht ein erster Versuch, Dr. Bauer aus dem Weg zu räumen?"

Gödel überlegte kurz, dann nickte er zustimmend. Die Kommissarin hatte Recht. Je mehr er sich die Sache bedachte, desto deutlicher schien es, als sei bereits der Flugunfall ein Mordversuch bzw. im Hinblick auf den toten Piloten ein erster Mord gewesen. Nur …

„Nur, Frau Nöhler, wenn Ihre Vermutung zutreffend ist, muss es für das Geschehen Beweise geben. Die Kollegen vor Ort haben natürlich die *Bundesstelle für Flugunfalluntersuchung* informiert, die ihrerseits ein Team der BAG, der *Bundesanstalt für den Güterverkehr*, schickte."

„Führt die BAG nicht die Autobahnkontrollen bei Lkws durch?", fragte die Kommissarin.

Inspektor Gödel nickte. „Ich habe mir das erklären lassen. Seit 1994 ist die BAG ein eigenes Amt und somit eine Vollzugsbehörde. Daher kann die BAG selbst Verkehrskontrollen durchführen. Die BAG ist auch für den Luftverkehr zuständig und nimmt Aufgaben der *Bundesstelle für Flugunfall-Untersuchung* war, wenn diese nicht selbst vor Ort vertreten ist. Jedenfalls haben die sich das Wrack der ausgebrannten Cessna bzw. das, was von der Maschine übrig war, genau angeschaut. Der Teamchef meinte, es sähe ganz nach einem Vogelschlag aus, was durch die Berichte der Absturzzeugen, die unsere Leute befragten, bestätigt wird. Ein Abschlussbericht der BAG geht uns in Kopie nächste Woche zu."

„Das sieht eindeutig aus", meinte seine Vorgesetzte.

„Trotzdem, ich möchte mir die Unfallstelle einmal selbst anschauen."

„Wenn Sie wollen, fahren wir rasch hin", schlug Gödel vor.

„Gut", stimmte Frau Nöhler zu, „die Stunde können wir erübrigen."

Jörg Melcher wachte am Dienstagmorgen durch ein penetrantes Bohrgeräusch auf. Irgendwo im Haus war jemand handwerklich aktiv. Mühsam öffnete er die verklebten Augen und blickte auf den Wecker. Oh Gott, schon zehn Uhr, höchste Zeit, aufzustehen! Er erhob sich – und fiel gleich aufs Kissen zurück. Der Kopf schmerzte, alle Glieder taten ihm weh und der Hals war wie ausgedörrt. Ihm ging es wirklich nicht besonders, und am liebsten wäre er im Bett geblieben. Aber er war mit Carolin Setlinger in Aalen verabredet, da half nichts, er musste aufstehen. Er schleppte sich unter die Dusche. Nach zehn Minuten im Wechsel heiß/kalt fühlte er sich einigermaßen munter. Trotzdem, sein Kopf schmerzte nach wie vor und vom Geschehen des letzten Abends hatte er nur sehr rudimentäre Vorstellungen. Er schaute in den Spiegel. Ringe um die Augen, ein schmales, kantiges Gesicht. Die Haare kurz, an den Schläfen erstes Grau.

Irgendwie war gestern etwas mit Mimi gewesen. Es musste einen sehr temperamentvollen Auftritt gegeben haben, wenn er die Lampenscherben auf dem Teppich richtig deutete. Melcher trank eine Kanne schwarzen Kaffee, warf zwei Alka-Seltzer ein und zwang sich dazu, eine Portion Rührei mit Speck zu essen. Langsam kam er in die Gänge und der Kopf wurde klarer, da klingelte das Telefon.

„Melcher."

„Hier ist Mimi! Ich wollte dir nur mitteilen, mein Lieber, du brauchst dir keine Hoffnungen zu machen. Es ist aus mit uns, absolut und endgültig, für immer! Machs gut, mein Süßer", flötete sie. „Grüße deine Carolin. Sie kann sich bei mir erkundigen, was du für ein Typ bist. Ciao!"

Aufgelegt.

Verwirrt starrte Melcher auf den Hörer. Seine Befürchtungen schienen sich zu bewahrheiten. Er steckte, was Mimi betraf, eindeutig in echten Schwierigkeiten. Aber er fühlte sich jetzt nicht in der Lage, das Problem zu lösen.

Jörg Melcher packte seine Sachen, den alten Laptop und die neue Kamera, ließ in der Wohnung alles so, wie es war, und fuhr nach Aalen.

Morgenkonferenz in der *Schwäbischen Post*: Der Chefredakteur betrachtete mit kritischer Miene die Zeitung. „Die Bilder der Spendenübergaben sind viel zu groß geraten und die Aufmacherfotos dafür winzig. Achten Sie bitte etwas mehr aufs Äußere, das Auge kauft, liebe Kollegen, das Auge!" Die Ressortberichte. „Der Musikverein braucht unbedingt ein zweispaltiges Foto." „Warum die und nicht der Bericht vom Schützenfest?"

Ein Blick nach drüben zum Platz des Chefs vom Dienst. Hier wird die Zeitung geplant, koordiniert, redigiert. Im modernen Nachrichtendeutsch heißt das Newsroom. Klingt nach New York Times und ist auch ein bisschen so. Das Telefon klingelt Sturm, der Chefredakteur will den Aufmacher anders. Kollegen fragen an, wie viel Platz sie bekommen. Eine Leserin beschwert sich, ihr Leserbrief sei nicht erschienen. Der Fotoredakteur besteht auf dem dreispaltigen Bild auf der lokalen Seite zwei. Dann die Vielschreiber. In jeder Redaktion gibt es sie. Das sind die, die immer viele Zeilen wollen. Bilder mögen sie nicht, höchstens als „Dehnungsfuge". Das bringt den Fotoredakteur zur Weißglut. „An Texten wird nie gekürzt!", schimpft er. „Kurz fassen ist schwer, viel schreiben leicht", entgegnet der Kollege der schreibenden Zunft. Der wurde früher als freier Mitarbeiter Zeile für Zeile bezahlt. „45 Pfennig pro Zeile, da musste schon was zusammenkommen, damit es sich lohnte", sagt er. „Unter 100 Zeilen schreibe ich erst gar nicht." „Leute", schaltet sich die Art Directorin ein, „glaubt mir, gute Optik ist wichtig, die Leute schauen erst die Bilder und die Grafiken an." „Das gilt nur für Analphabeten und die kaufen keine Zeitung", kontert der Kollege.

Es war nach zwei, als Melcher in Aalen beim *Dannenmann* ankam. Von Carolin Setlinger keine Spur. Sie waren für halb eins verabredet gewesen. Melcher holte sein Handy hervor und rief ihre Nummer an.

„Ich bin's. Tut mir leid wegen der Verspätung, ich kam nicht früher weg." Carolin lachte. „Das habe ich gemerkt. Ich konnte aber nicht länger warten und bin zurück in die Redaktion – ich muss nämlich für mein Geld arbeiten. Wir könnten uns allerdings nachher in der Nähe der *SchwäPo* treffen. Du kannst dich an den *Porto di Veneri* an der Kocher erinnern? Gegenüber ist eine Bar, dort in einer Stunde?" „Abgemacht." „Gut, bis dann!"

Sie saßen in der Bar am *Venushafen* und tranken Rådler. Carolin erzählte, was sie weiter über den Toten in der Klinik in Erfahrung gebracht hatte.

„Dieser Dr. Bauer soll Verbindungen in die Schweiz, nach Österreich, Liechtenstein und vor allem nach Osteuropa gehabt haben. Keller, der unser Wirtschaftsressort betreut, behauptet, Bauer sei wegen einer Beteiligungsanlage nach Aalen gekommen. Angeblich ging es dabei um die *Löwenbräu Brauerei.*" „*Löwenbräu?* Das passt zu meiner Reportage. Meine Stuttgarter Redaktion hat mich bereits bei der Brauerei angekündigt. Ich kann dort gleich morgen mit Aufnahmen anfangen und mir einen ersten Eindruck verschaffen", erklärte Melcher.

„Und wie willst du auf Dr. Bauer und die Financial Consulting kommen?", fragte Carolin. „Immerhin werden Finanzierungs- und Beteiligungsfragen ungern in aller Öffentlichkeit und schon gar nicht vor der Presse diskutiert."

„Keine Sorge, ich habe da meine Methoden. Aber, wie gesagt, um die Brauerei kümmern wir uns erst morgen. Heute wollte ich gern nach Elchingen fahren, um in der näheren Umgebung der Absturzstelle nach Spuren zu suchen." Melcher zog eine Schwarzweißkopie hervor und legte sie vor Carolin auf den Tisch. „Ich habe von der gespeicherten Fotodatei einen vergrößerten Ausdruck erstellt." Er deutete auf eine Stelle auf der Kopie.

„Dort, da ist das Objekt, welches die Scheibe der Cessna zerstörte."

Carolin nahm die Kopie in die Hand und studierte sie genau.

„Alles etwas verschwommen. Aber diese graue ,Walze' könnte durchaus ein Projektil zu sein. Vielleicht wurde wirklich auf das Flugzeug geschossen!"

„Ich bin davon fest überzeugt. Am besten, wir fahren gleich los und suchen in der Nähe des Absturzortes nach der Patronenhülse!"

„Was ist mit der Polizei? Willst du die nicht informieren?", fragte Carolin.

„Das hat Zeit. Es besteht immerhin die Möglichkeit, dass wir uns irren. Erst müssen wir die Fakten umfassend

absichern und natürlich die Geschichte entsprechend ab-
klären. Ohne Polizei läuft das besser. Ansonsten habe
ich eine alte Bekannte, eine ziemlich taffe Frau, die ist
Staatsanwältin in Stuttgart. Bei der bin ich sicher, dass
unsere Informationen in guten Händen wären. Aber",
grinste Melcher, „erst sollten wir herausgefunden haben,
warum die Morde geschehen sind und wer für sie die
Verantwortung trägt."

„Meinst du nicht, das könnte gefährlich werden und
uns über den Kopf wachsen?", wandte Carolin ein.
„Denk an den Überfall neulich!"

„Ach, die Polizei meint, das sei irgendein Junkie gewesen", suchte Melcher Carolin zu beruhigen. „Ich mache
mir jedenfalls keine Sorgen", fügte er unbekümmert hinzu. „Aber du kannst natürlich aussteigen, wenn dir die
Sache zu heiß ist!"

„Unsinn", erwiderte Carolin, „die Geschichte hat gerade erst angefangen, da steige ich bestimmt nicht aus."

„Gut, dann lass uns nach Elchingen fahren!"

Beide zahlten und brachen auf. Sie nahmen Carolins
Wagen. Carolin fuhr über Unterkochen und Ebnat, überquerte dann in Richtung Elchingen die Schnellstraße. Im
Ort schlug sie die Richtung nach Süden über die L1084
ein und bog schließlich zum knapp einen Kilometer ent-
fernten Flugplatz ab.

„Die Maschine kam ziemlich tief über die Landstraße
aus östlicher Richtung rein." Melcher zeigte auf die
Waldgruppe in etwa 400 Meter Entfernung zum Platz.
„Dort drüben traf sie das Projektil, die Maschine brach
aus und stürzte auf das freie Feld knapp neben der L1084
und dem Feldweg."

Carolin Setlinger und Jörg Melcher standen am äu-
ßersten Rand des Flugfeldes und blickten dorthin, wo

am Sonntag die Cessna abgestürzt war. Die Trümmer waren längst beseitigt. Nur ein schwarzer Fleck deutete die Stelle an, an der das Unglück passiert und ein Mensch gestorben war.

„Die Beerdigung von Felix Menckhoff, dem Piloten, findet übrigens am Freitagmorgen auf dem evangelischen Friedhof in Oberkochen statt", informierte Carolin ihren Begleiter.

„In Oberkochen? War Menckhoff aus der Gegend?", fragte Melcher verwundert. „Seine Eltern wohnen in Oberkochen. Er selbst hatte noch keine eigene Familie. Er war erst achtundzwanzig!"

„Für eine Familie fast zu jung und bestimmt zu jung, um zu sterben."

Carolin nickte. Jörg Melcher schaute sich aufmerksam um und deutete dann auf den schmalen Wald jenseits der L1084.

„Wenn ich auf ein Flugzeug schießen wollte, würde ich es von dort drüben versuchen. Vom Foto her müsste der Schütze irgendwo rechts gestanden haben." Er holte den Ausdruck hervor und betrachtete ihn. Carolin trat neben ihn und beugte sich ebenfalls über das Papier. Sie deutete auf den Projektilpunkt.

„Das Projektil sieht aus, als sei es rechts verkantet. Das spricht für deine Annahme."

„Der Attentäter muss auf jeden Fall ein guter Schütze sein. Und er muss den Zeitpunkt gekannt haben, an dem die Cessna sich im Landeanflug auf Elchingen befand."

„Vielleicht hat er den Funkverkehr abgehört?", schlug Carolin vor.

„Durchaus möglich. Jedenfalls muss der Täter das Flugzeug bereits in einem frühen Anflugstadium gesehen haben. Also wird er höher positioniert gewesen sein. Auf einem Baum oder vielleicht auf einem Hochsitz."

Melcher steckte die Vergrößerung ein.

„Wir fahren mit dem Auto zurück und über die Landstraße nach drüben auf die andere Seite", schlug er vor. „Vielleicht finden wir nähere Hinweise."

Sie stiegen wieder ein und verließen den Flugplatz. Kurz bevor sie die L1084 erreichten, kam ihnen ein Streifenwagen entgegen. Reflexartig setzte Melcher seine Sonnenbrille auf. Sie passierten das Fahrzeug, das weiter zum Flugplatz fuhr. Melcher drehte sich um und blickte dem Auto nach.

„Sieh da, die Mordkommission Stuttgart ist ebenfalls vor Ort." Er wandte sich Carolin zu und grinste. „Die Frau im Auto war Claudia Nöhler, soweit ich es erkennen konnte. Die rechte Hand von Hauptkommissar Schmidt. Eine alte Bekannte von mir ..."

Anfang Juni, Rotwild und Rehwild hatten Schonzeit, auch Schwarzwild und Feldhasen durften nicht gejagt werden. Blieben nur Füchse, Marder und Wildkaninchen. Niederwild, für das eine Winchester eigentlich zu großkalibrig war. Der Jäger im grünen Loden schulterte seine Waffe und trat vorsichtig aus dem Waldstück. Er blieb unvermittelt stehen und zog sich dann rasch in das Unterholz zurück. Weiter unten waren Leute, ein Mann und eine Frau, gerade dort, wo ... Eigenartig, wie die beiden herumliefen. Es sah beinahe aus, als ob sie etwas suchten. Die Gestalt drehte sich um und bewegte sich einige Meter durch das Buschwerk nach rechts. Dort, am Waldrand, halb im Geäst verborgen, befand sich ein Hochsitz. Vorsichtig kletterte der Grüne nach oben und betrachtete von dort das vor ihm liegende Flurstück. Er nahm das Gewehr von der Schulter, legte die Waffe an und fasste den Mann spielerisch ins Visier. Im Zielfernrohr zeigte sich ein bekanntes Gesicht. Das war doch der Fotograf, der am Sonntag die Bilder geschossen hatte! Suchte der Kerl etwa nach Spuren? Zeit, seinem Treiben endgültig ein Ende zu machen. Schuss für Schuss, das war gerecht, oder? Die Gelegenheit war günstig; wenn sich einem die Beute so deutlich vor Kimme und Korn präsentierte, konnte sich ein wahrer Jäger kaum zurückhalten. Der Gewehrlauf folgte den Bewegungen des Mannes. Der Kerl bot ein wirklich gutes Ziel. Schade, dass er in Begleitung war. Wenn der Jäger jetzt schoss, würde die Frau sich hinwerfen oder sonst wie in Deckung gehen. Schwierig, eine Tatzeugin verkomplizierte alles. Wenn sie dagegen weglief … Man musste nur schnell genug sein. Da, die Frau bückte sich und hob etwas auf. War das die Hülse? Sch… , um die zu finden, war der Jäger erneut hierher gekommen. Verärgert wechselte der Lodenträger das Ziel und nahm die Frau ins Fadenkreuz. Langsam krümmte sich der Finger zum Druckpunkt durch. Schon wollte er durchziehen, da hielt der Finger in der Bewegung inne.

Drüben am Flugplatz tauchte ein Polizeiwagen auf und lenkte auf das freie Feld. Der Abstand betrug knappe dreihundert Meter. Zu viele Zeugen, vor allem Polizei in unmittelbarer Nähe. Das Spiel wurde einige Grad zu heiß. Die Gestalt zuckte die Schulter. Tönte das Halali eben ein anderes Mal. Früher oder später kam ein guter Jäger zu seinem verdienten Schuss. Die grüne Lodengestalt nahm die Waffe herunter, sicherte das Gewehr und hängte es wieder über die Schulter. Rasch stieg sie nach unten, dann schritt die Gestalt ohne auffällige Eile davon und war bald im dämmrigen Grün der Bäume verschwunden.

Claudia Nöhler drehte sich um und blickte dem Wagen nach, der soeben an ihnen vorbeigefahren war. Ein

Aalener Kennzeichen, trotzdem hatte sie das Gefühl, die Person auf dem Beifahrersitz schon gesehen zu haben. Wahrscheinlich eine Täuschung, in Aalen war sie vor ihrer Versetzung nur zwei-, dreimal gewesen. Sie schaute wieder nach vorne. Kollege Gödel fuhr zunächst zum Tower, um sie anzumelden und sich zu erkundigen, ob der Anflugsbereich zugänglich sei. Er erhielt die Auskunft, derzeit gäbe es keinen Flugverkehr und sie könnten das Vorfeld frei betreten. Die Kriminalpolizisten fuhren weiter zum östlichen Ende der Runway. Frau Nöhler und ihr Kollege Gödel blieben zunächst im Auto sitzen. Gödel deutete auf das Feld zwischen dem Flugplatz und der oben entlangführenden Landstraße.

„Sehen Sie den schwarzen Fleck? Dort ist die Maschine aufgeschlagen."

„Fahren wir hin", schlug die Kommissarin vor und Gödel fuhr gehorsam los. Am eigentlichen Absturzort hielt er an und beide stiegen aus.

„Das Flugzeug kam von dort ziemlich tief zwischen den Baumwipfeln durch." Gödel zeigte in die östliche Richtung. Frau Nöhler blickte kurz hin und dann wieder zum Flugplatz.

„War etwas Besonderes los am Freitag?", fragte sie Gödel.

„Der Segel- und Motorenflugverein feierte ein Flugplatzfest mit Flugschau", gab Gödel Auskunft.

„Da hat doch bestimmt jemand fotografiert, oder?", forschte sie weiter.

„Selbstverständlich, auch den Absturz. In der *Schwäbischen Post* erschien gleich am Samstag ein Bild."

„Vom Absturz?"

„Vom Flugzeugwrack".

„Und vom eigentlichen Absturz? Ich meine, vom Geschehen in der Luft?"

Gödel zuckte mit den Schultern. „Das weiß ich nicht. Müsste ich nachfragen."

„Tun Sie das, fragen Sie in der Redaktion nach dem Namen des Fotografen. Reine Routine, aber manchmal kommen die unwahrscheinlichsten Dinge dabei zu Tage", wies ihn die Kommissarin an. Sie blickte sich um.

„Da drüben sind Leute."

„Harmlose Spaziergänger", meinte Gödel.

„Wahrscheinlich. Hier jedenfalls ist nichts mehr zu finden. Machen wir Feierabend."

„Ich bringe Sie zurück zu Ihrem Hotel. Wo wohnen Sie?"

„Ich wohne zurzeit in einer Pension drüben in Oberkochen. Meine neue Wohnung ist erst am Wochenende beziehbar."

Die beiden Kriminalbeamten stiegen in das Polizeifahrzeug und fuhren zurück.

„Jörg, sieh mal! Carolin richtete sich aus ihrer gebückten Haltung auf. „Schau, was ich hinter dem Busch gefunden habe. Das ist doch eine Patronenhülse oder?"

Jörg Melcher, der den Boden ein Stück weiter links abgesucht hatte, kam sofort zu ihr. Er betrachtete das Objekt in ihrer Hand, es war eindeutig eine Patronenhülse. Seine Auswertung der Fotografie war richtig gewesen.

„Bravo, du könntest bestimmt eine Nadel im Heuhafen finden. Das ist die Hülse, die wir gesucht haben." Jörg Melcher blickte sich forschend um. Ein Stück oberhalb der Büsche standen einige Tannen eng beieinander. Zwischen ihnen formten Bretter einen schmalen Sitz.

„Dort oben muss der Täter gesessen haben."

„Warum hat er diesen Platz gewählt und nicht den da drüben?"

Carolin zeigte zum Waldrand. Dort war ein größerer Hochsitz mit hochgezogenen Schießfenstern zu sehen.

„Das Blickfeld auf dem Hochsitz ist eingeschränkter, die Schussöffnungen lassen eine Beobachtung des Luftraums kaum zu", erklärte Jörg Melcher. Er schirmte die Augen gegen das Licht, um besser sehen zu können. Drüben blitzte etwas auf, als ob sich Sonnenlicht auf Glas spiegelte. Ein Fernglas?

„Lass uns verschwinden, ich habe das Gefühl, uns beobachtet jemand!"

„Ich glaube, du hast recht!" Carolin deutete unauffällig zum Flugplatz hinüber. „Da drüben steht der Polizeiwagen deiner Bekannten aus Stuttgart!"

Jörg drehte sich in die Richtung, in die Carolin gezeigt hatte. Dort war wirklich der Polizeiwagen zu sehen. Doch in seinem Rücken spürte er das Gefühl einer undefinierten Bedrohung. Irgendetwas lauerte dort, eine nicht erklärbare Gefahr.

Sie brachen rasch auf und fuhren zu Carolins Wohnung.

Carolin Setlinger bewohnte eine kleine Dreizimmerwohnung im *Reichsstädter Markt* in der Friedhofstraße. Nach einer halben Stunde hielten sie in der Tiefgarage und fuhren hoch in den vierten Stock.

Melcher blickte sich um. Von hier oben hatte man Aussicht auf die ganze Stadt. Links drüben war eine Kirche zu sehen, rechts reichte der Blick über die Stadt bis zum Hügelland. Überall lag sattes Grün.

„Eine ruhige Gegend", meinte Melcher.

„Es geht, Verkehr gibt es genug. Aber der Innenhof bietet eine grüne Lunge, das ist im Sommer ganz angenehm."

Carolin führte Melcher in ihr Wohn- und Arbeitszimmer. In der Ecke stand ein gläserner Vitrinenschrank mit Nippes. An der einen Wand hingen etliche Reproduktionen der

Modernen. Die Gegenwand bestand aus mit Büchern vollgestopften Regalen. Melcher betrachtete die einzelnen Titel. Carolin Setlingers literarische Interessen waren breit gefächert. Neben Klassikern der Romantik, des Realismus und Naturalismus gab es ein breites Angebot der Gegenwartsliteratur und zahlreiche politische Sachbücher.

Carolin, die sich frisch gemacht hatte, kam zurück. Sie setzten sich an den Schreibtisch. Vor ihnen, auf einem Bogen Papier, lag ihr Fund aus Elchingen. Melcher betrachtete die Hülse durch eine Lupe und gab dann diese an Carolin weiter.

„Siehst du die Hülsenform? Das ist eine Flaschenhalshülse, randlos mit Ausziehrille. Typisch für eine 7,62 mm x 51 NATO Gewehrpatrone. Diese Sorte hat große Verbreitung im Militär- und Jagdbereich. Die .308 Winchesterpatrone ist die zivile Version der 7,62 x 51 mm. Es gibt nur geringe Unterschiede zwischen den beiden Patronen. Den größten Unterschied macht hierbei die Kennzeichnung aus, da bei der militärischen Version keine Kaliberangaben zu finden sind. Ein technischer Unterschied ist die bei der .308 flachere Hülsenschulter", erklärte er.

Carolin blickte hoch. „Woher hast du dein Wissen über Patronen und Waffen?", fragte sie.

„Mein Bruder war einige Jahre beim Bund und ist passionierter Jäger. Ich habe mir seine Geschichten oft genug anhören dürfen."

Sie betrachtete den Hülsenboden. „Da sind Zahlen eingeprägt."

„Also stammt die Hülse von einer Jagdpatrone", erklärte Melcher.

„Das heißt, unser Täter ist ein Jäger", folgerte Carolin.

„Im Prinzip ja, es könnte aber auch sein, dass die Hülse von einem Jäger stammt, der nicht auf das Flugzeug geschossen hat."

„Ist denn Jagdsaison? Das Messing ist noch ganz glänzend. Lang kann die Hülse dort nicht gelegen haben", meinte die Journalistin.

„Mag sein", erwiderte Melcher, „trotzdem, mit Spekulationen kommen wir nicht weiter. Wir müssen mehr über das Opfer erfahren. Seinen familiären bzw. sozialen Hintergrund, Freunde, Bekannte und mehr."

„Wie kommen wir an die Informationen?", fragte Carolin.

„Wie ein guter Journalist an Informationen kommt", lachte Melcher. „Wir müssen recherchieren."

Die nächsten drei Stunden verbrachten beide am Computer beziehungsweise Melcher vor seinem Laptop und suchten nach jeder noch so kleinen Eintragung von oder über Dr. Werner Bauer, Friedrichshafen.

„Hier ist ein Werner Bauer, ein Regisseur und Entertainer. Hat in *Callboy* mitgespielt." Melcher grinste. „Der ist es eindeutig nicht. Schau dir nur das Bild an. Aber der Eintrag hier scheint eher zu passen. Ein Dr. Werner Bauer wird als Mitglied des Reitvereins Friedrichshafen angeführt und er gehörte dem Vorstand des Württembergischen Yacht-Club e.V. Friedrichshafen an." Carolin nickte zustimmend.

„Was hältst du von dieser Info? *Bei der Versammlung der Aktionäre Königsegger Walderbräu AG in Königseggwald sprach Dr. Werner Bauer das Grußwort ...* Eine direkte Verbindung zum Braugewerbe, das ist doch was!"

Auch der letzte Eintrag hatte es in sich:

04. Februar 2009 Neujahrsempfang am 30. Januar im Rathaus Unterkochen

Traditionell trafen sich zum Neujahrsempfang im Unterkochener Rathaus die Vertreter von Politik, Industrie, Handel und Gewerbe und Vereinsvorstände. Zum Neujahrsempfang referierte Sparkassendirektor Johann Wehner von der Kreissparkasse Ostalb. Der 14. Neujahrsempfang im Rathaussaal wurde musikalisch umrahmt von Christa Ehlmann und ihrem Partner Bernd Schwan. Ortsvorsteher Klaus Meyer konnte zahlreiche Vertreter aus dem öffentlichen Leben begrüßen.

Darunter waren der Direktor der Agentur für Arbeit Herr Hans-Otto Gulen, Landtagsabgeordneter Ulrich Hausmann, der seitherige Geschäftsführer der GOA Herr Hans Rother und Dr. Werner Bauer, Geschäftsführer der Financial Consulting GmbH Friedrichshafen, Herr Pfarrer Hermann Knobler, Vertreter von Industrie und Handel sowie die Rektorin der Kocherburgschule Frau Annika Stehle.

Ein Bild der Gäste zeigte die üblichen öffentlichen Gesichter. Rechts ein Mann, der sich in der Haltung und dem Auftreten von den anderen unterschied. Melcher erkannte in ihm den Überlebenden des Absturzes wieder, Dr. Werner Bauer! Melcher pfiff durch die Zähne „Ein Neujahrsempfang in Unterkochen, kam der Pilot Menckhoff nicht aus Oberkochen?"

„Stimmt", bestätigte Carolin. Sie betrachtete das Bild. „Sah ganz gut aus, dieser Dr. Bauer." Carolin stand auf und reckte sich.

„Die weiteren Zusammenhänge können wir morgen überprüfen. Mir reicht es für heute. Hast du Hunger? Ich habe ein bisschen Käse im Kühlschrank und in der Küche eine gute Flasche Trollinger. Ich zeig dir dein Zimmer und dann essen wir etwas und überlegen dabei, was wir mit dem angebrochenen Abend anfangen."

Sie führte Jörg nach oben. Das Gästezimmer war eine umgebaute Abstellkammer, in die gerade ein Bett passte.

„Das Bad müssen wir teilen", erklärte sie ihm.

Melcher nickte. Carolin ging in die Küche. Er schaute ihr nach. Sie hatte sich vorhin umgezogen und trug einen kurzen roten Rock, darunter schwarze, die Form der Beine betonende Strumpfhosen. Ein leichtes, dunkles Shirt bildete das Oberteil. Das Haar trug Carolin jetzt offen. Er folgte ihr zur Küche, wo sie sich streckte, um etwas aus dem oberen Fach eines Schrankes zu holen. Carolin besaß eine wirklich gute Figur, das war Melcher bisher nicht aufgefallen. Nachdenklich blieb er an der Tür stehen. Mit flinken Bewegungen richtete sie einen Imbiss. Ein hübsches Bild, eine anziehende junge Frau. Und das Parfum, das sie benutzte … Als sie sich vorhin mit ihm gemeinsam über die Hülse beugte, hatte ihm ihr Duft fast den Atem verschlagen. Zweifelsohne, Carolin Setlinger war in den letzten Jahren zu einer sehr attraktiven Frau geworden. Und er, Jörg Melcher, würde die nächste Zeit in ihrer unmittelbaren Nähe verbringen. Melcher rief sich zur Ordnung. Er war nach Aalen gekommen, um einem Mord nachzugehen und nicht, um auf Amors Spuren zu wandeln. Andererseits, konnte er wissen, was in Aalen alles noch auf ihn wartete?

„Kann ich dir helfen?", fragte er Carolin. „Klar, wenn du schon mal deckst? Die Teller stehen im rechten Schrank. Gläser sind unten, Besteck ist in der Mitte." Jörg Melcher machte sich daran, den Wohnzimmertisch für das Abendbrot zu decken.

Am Mittwoch, 17. Juni, erschien Claudia Nöhler um halb acht in ihrer Dienststelle im Präsidium in der Böhmerwaldstraße. Kollege Gödel war noch nicht eingetroffen, wie sie stirnrunzelnd feststellte. Gut, dann nutzte sie die Zeit zum Aktenstudium und um ein paar Anfragen zu starten. Zunächst wählte sie die Nummer der *Schwäbischen Post*. Nach einigem Hin und Her bekam sie die Auskunft, wer für den Artikel und die Bilder vom Flugunfall verantwortlich sei und wie sie die betreffende Journalistin erreichen könne. Sie beendete das Gespräch und wollte gerade Carolin Setlinger anrufen, als Inspektor Gödel eintraf.

„Na, haben Sie ausgeschlafen?", fragte Frau Nöhler spitz.

Gödel grinste nur. „Ich habe einige neue Informationen über Dr. Bauer bekommen. Bauers Financial Consulting Firma hat zahlreiche Verbindungen in die Schweiz, nach Österreich, Liechtenstein und vor allem nach Osteuropa. Ich konnte gestern Abend noch mit seinem Teilhaber, einem Herrn Preskow, sprechen, der gerade aus Ungarn zurückgekommen ist und sich über Bauers Tod sehr betroffen zeigte."

„Gestern Abend?", fragte Nöhler nach.

„Ja", meinte Gödel mit unschuldigem Blick. „Ich bin noch mal ins Büro und da lag auf dem Schreibtisch ein Hinweis, dass ein Herr Preskow angerufen habe und um Rückruf bitte. Ich habe mit ihm fast eine Stunde gesprochen. Der Mann gab sich sehr kooperativ und auskunftsfreudig. Er sei am Sonntag von Bauers Unfall benachrichtigt worden, habe aber unbedingt am Abend nach Budapest fliegen müssen und so weiter und so fort."

„Konnte Preskow Ihnen sagen, warum Dr. Bauer nach Aalen kam?"

„Preskow meinte, es sei um eine Beteiligungsanlage gegangen. Eine tschechische Brauerei suche einen deutschen Partner. Angeblich stünden die Verhandlungen mit der *Löwenbräu Brauerei* in Aalen kurz vor einem Abschluss."

„Hm, das klingt alles relativ harmlos. Es sei denn, dieser Preskow hat seinen Partner aus dem Weg geräumt. Aber dafür spricht nach derzeitigem Stand der Ermittlung nichts", überlegte die Kommissarin. „Haben Sie Herrn Preskow nach Dr. Bauers privatem Umfeld gefragt? Familie, Freunde, Verwandte?"

Inspektor Gödel schüttelte verärgert den Kopf.

„Frau Kollegin. Ich bin seit mehr als zehn Jahren bei der Kripo und habe das Handwerk von der Pike auf gelernt."

Claudia Nöhler wurde rot. Der Mann hatte Recht, natürlich kannte der Kollege sich aus. Aber es gefiel ihr nicht, wie Gödel sich jede Information scheibchenweise entlocken ließ. So kamen sie jedenfalls nicht weiter. Diese Art der Zusammenarbeit kostet Nerven und Zeit. Sie entschloss sich, das Problem offensiv anzugehen.

„Entschuldigen Sie, Kollege Gödel. Ich habe keinen Zweifel an Ihrer beruflichen Qualität. Aber ich wünsche mir, dass wir uns über alle Details der Ermittlung austauschen. Sehen Sie, ich habe gestern den ganzen Abend in meiner Pension gehockt und Däumchen gedreht. Die Internetverbindung lief nicht, so konnte ich nichts recherchieren. Sie wissen, ich bin derzeit auch ohne Auto, also hing ich in diesem Dorf fest. Und Sie waren hier aktiv! Also erzählen Sie mir jetzt bitte genau, was Sie alles gestern ermittelt haben."

Gödels Gesicht hatte sich bei Frau Nöhlers ersten Worten aufgehellt. Jetzt allerdings wirkte er wieder mürrisch und verschlossen.

„Ich habe hier bis elf gearbeitet. Für Ihre Dorflage kann ich nichts", knurrte er, drehte sich um und verließ den Raum. Claudia Nöhler blickte ihm sprachlos nach. Der ließ sie einfach sitzen und ging, das durfte doch nicht wahr sein!

Da öffnete sich die Tür wieder und Inspektor Gödel kehrte zurück. Er legte vor Frau Nöhler einen grünen Hefter mit der Aufschrift *Handakte Stephan Preskow* auf den Tisch.

„Da steht alles drin, was Sie wissen wollen, Frau Nöhler! Und jetzt entschuldigen Sie mich, ich habe etwas zu erledigen." Und schon war Gödel wieder gegangen.

Überrascht nahm Claudia Nöhler den Hefter in die Hand. Was sollte sie von der ganzen Sache halten? Sie schüttelte den Kopf, legte den Ordner zur Seite und griff zum Telefon. Jetzt würde sie erst einmal die Journalistin anrufen und sich dann der *Handakte Stephan Preskow* widmen.

Wieder einmal wurde Jörg Melcher vom Klingeln eines Telefons geweckt. Er öffnete die Augen und blickte auf die Uhr. Kurz nach acht, wer rief um diese nachtschlafende Zeit an? Er vernahm, wie Carolin im Arbeitszimmer den Hörer abnahm und sich meldete. Nach einem kurzen Schweigen hörte er sie: „Einen Augenblick bitte, ich muss nur rasch den Kocher ausstellen" sagen, dann öffnete sich die Tür zu seinem Schlafraum und Carolin schlüpfte ins Zimmer. Melchers Augen weiteten sich. Carolin trug ein kurzes Nachthemd, eigentlich eine knappe Idee von mehr als einem Nichts. Das heißt, eine Art Negligé, das so geschickt geschnitten war, dass es wie nicht vorhanden wirkte.

„Morgen Jörg, deine Polizistin ist am Apparat und will wissen, woher die Bilder vom Flugzeug stammen und ob es noch mehr gäbe. Hör auf mich anzustarren und sag mir lieber, was ich der Frau antworten soll!"

Melcher riss sich mit Mühe von ihrem Anblick los. „Wie kommt die Nöhler dazu, dich anzurufen?"

„Das ist im Moment egal, los, was soll ich sagen?"

„Sag ihr einfach die Wahrheit!"

„Die Wahrheit?", fragte Carolin ungläubig. „Was meinst du mit ‚die Wahrheit', Jörg Melcher?" Carolin ging vor seinem Bett in die Hocke.

„Die Wahrheit ist", antworte er mit belegter Stimme, „du hast die Bilder von einem Stuttgarter Fotografen, dessen Namen du nicht behalten hast. Die Nöhler wird einige Zeit brauchen, bis sie auf meinen Namen kommt. Fotografen gibt es in Stuttgart viele."

„Gut, das mache ich!" Carolin erhob sich wieder. „Bis gleich, Jörg!"

Melcher holte tief Luft, dann war Carolin wieder draußen und er schloss die Augen.

Der gestrige Abend war nett gewesen, keine Frage. Sie hatten sich über die Ergebnisse ihre Recherche unterhalten und später über Gott und die Welt gesprochen. Dabei leerten sie den Rotwein, Carolin öffnete eine zweite Flasche, die sie hauptsächlich allein trank. Dann begann sie mit ihm hemmungslos zu flirten. Eigentlich positiv, doch Jörg war nach dem Abend zuvor und dem nächtlichen Auftritt mit Mimi zu müde für einen Flirt. Er entschuldigte sich um elf bei Carolin und verschwand in seinem Kabuff, wo er sofort einschlief. Vielleicht hatte er etwas verpasst.

Er stand auf und ging ins Wohnzimmer. Carolin kehrte zurück. Sie trug einen alten, züchtig geschlossenen Bademantel und setzte sich auf einen Stuhl.

„Die war ganz schön hartnäckig, deine Polizeifreundin. Sie wollte einfach nicht glauben, dass ich deinen Namen nicht wüsste. Ich habe ihr gesagt, du würdest, so weit mir bekannt sei, bei der *SZ* arbeiten."

„Da wird sie Zeit brauchen, bis sie meinen Namen hat. Aber spätestens morgen weiß die Nöhler Bescheid."

„Ein Tag Vorsprung, das ist doch was. Die ist übrigens

von der hiesigen Polizeistelle und nicht aus Stuttgart." Carolin stand auf. „Ich mach uns mal einen Kaffee. Du kannst vorher ins Bad, wenn du nicht so lange brauchst und alles sauber hinterlässt!"

Melcher versprach, achtsam zu sein und verschwand unter die Dusche. Dann frühstückten beide. Über das Ende des gestrigen Abends fiel kein Wort.

Jörg Melcher irrte. Claudia Nöhler gelang es noch vor der Mittagspause, die Identität des Flugplatzfotografen aufzuklären. Ihre ersten Anrufe blieben ergebnislos. Auch auf dem Flugplatz erreichte sie niemanden, der ihr Auskunft geben konnte. Ihr alter Vorgesetzter in Stuttgart, Kommissar Schmidt, war nicht im Hause. Wer konnte nur Bescheid wissen? Vielleicht ihr früherer Chef bei der Mordkommission und jetziger Ausbilder beim LKA, Manfred Biehl? Claudia Nöhler war nie mit Biehl besonders ausgekommen. Sie wusste aber, der Mann hatte Kontakte. Also rief sie ihn kurzerhand beim LKA an.

Biehl war im letzten Jahr wegen einer delikaten Geschichte im Stuttgarter Rotlichtviertel vom Dienst suspendiert worden. Doch es gelang ihm, der Himmel wusste wie, zu erreichen, dass die Suspendierung aufgehoben wurde und er karrieremäßig die Treppe hinauffiel. Böse Zungen behaupteten, Biehl habe einfach zu viel gewusst und daher hätten gewisse Stellen gar nicht anders gekonnt, als den Mann nach oben wegzuloben. Aber böse Zungen gab es immer und überall. Von der ganzen Geschichte war bei Manfred Biehl jedenfalls nichts in den Akten zurückgeblieben. Nur, dass er persönlich eine fast irrationale Aversion gegen jegliche Form der Fotografie und Fotografen, insbesondere gegen Pressefotografen, entwickelt hatte. Wenn jemand wissen konnte, wer für die Fotos am Flugplatz in Frage kam, dann Biehl.

Wider Erwarten zeigte er sich über ihren Anruf erfreut. Er lobte ihre frühere Zusammenarbeit, an der er damals nie ein gutes Haar gelassen hatte, in den höchsten Tönen. Schwelgte dann in „gemeinsamen" Erinnerungen und fragte schließlich, ob er ihr irgendwie dienen könne. Claudia Nöhler erzählte knapp von dem abgestürzten Flugzeug und den Fotos. Sie habe die Auskunft, ein Stuttgarter Fotograf habe diese geschossen. Die Journalistin wüsste angeblich nicht, wie dieser hieße.

„Das kann nur Jörg Melcher sein", entfuhr es Manfred Biehl. „Immer, wenn eine Sache stinkt, hat der Kerl seine Finger drin! Kontaktieren Sie Trautmann von den *Nachrichten*! Der weiß sicher mehr darüber."

Jörg Melcher, da hätte sie selbst drauf kommen können! Claudia Nöhler beendete rasch das Gespräch und rief Trautmann von den *Nachrichten* an. Sie kaschierte ihre Anfrage mit einer Tarngeschichte. Sie habe Melcher Auskünfte in Sachen Flugunfall Elchingen versprochen, es gelinge ihr aber nicht, ihn zu erreichen. Ob ihr Trautmann weiterhelfen könne? Trautmann bedauerte, er wisse nur, dass Jörg Melcher in Aalen recherchiere. Aber diese Information genügte Claudia Nöhler. Melcher war der gesuchte Fotograf, eindeutig! Es war nur eine Frage der Zeit, bis ihr Jörg Melcher im Rahmen ihrer Ermittlungen über den Weg laufen würde. Besser noch, sie sprach vorher mit ihm Klartext. Was immer er für Fotos gemacht hatte, sie wollte die Bilder haben!

Es klopfte an ihrer Tür. Ein junger Beamter trat ein und überreichte ihr einen Autoschlüssel, mit dem Hinweis, ihr Dienstwagen stände draußen bereit. Claudia Nöhler gelobte, Inspektor Gödel Abbitte zu leisten. Nicht unbedingt kniefällig, aber mit viel Freundlichkeit. Vielleicht sollten sie beide am Abend irgendwo gemeinsam essen gehen, Gödel kannte sicher ein gutes Lokal, und sich über ihr dienstliches Verhältnis aussprechen. Doch das musste warten, die Kommissarin griff zum Hörer, um nochmals die Journalistin anzurufen. Die Dame wusste sicher, wo Melcher zu erreichen war.

Jörg Melcher verbrachte den Mittag in der Löwenbräu Brauerei am Galgenberg. Er wurde von Braumeister Ludwig Ganzel durch das Haus geführt und erfuhr einiges über die Firmengeschichte und die aktuelle Wirtschaftslage. Die Brauerei war die älteste Brauerei im Ostalbkreis und seit über 333 Jahren im Bierbraugeschäft. Die Löwenbräu Brauerei residierte in einem alten Backsteingebäude. Ein einzelner Schornstein ragte hoch in den Himmel. Davor stand ein Getränkelaster mit der passenden Nummer AA-AL-668. Zahlreiche Gebäude ergänzten das Bild. Zur Brauerei gehörte eine größere Gastwirtschaft mit Kegelbahn. Im Nebenbereich gab es einen Getränkeabholmarkt mit einem Bierautomaten, wo Bügelbier gezogen werden konnte. Ein Detail, wie es Melcher liebte. Die ganze Anlage hatte den Charme früher Industriegebäude der Gründerjahre. Immerhin braute man hier seit 1668, wenn auch nicht in den gleichen Baulichkeiten. 5.000 Hektoliter mit 5 ganzjährigen und fünf zusätzlichen Sorten.

„Acht Stunden dauert die Herstellung, acht Tage die Gärung und acht Wochen lagern wir das Bier", erklärte der Brauer.

Sie besichtigten das Sudhaus mit dem großen blanken Kupferkessel und den Setzbottichen. Dann folgte ein Gang durch die Kelleranlagen in der Tiefe des Galgenbergs. Abschließend probierte Melcher das *Germanicus* und das *Hochzeitsmärzen*. Süffige Biere.

Der Braumeister blickte auf die Armbanduhr und entschuldigte sich.

„Ich muss für das Braufest noch einiges Organisatorisches vorbereiten und erledigen. Ich würde mich natürlich freuen, wenn Sie morgen zum Fest kommen. Wir veranstalten für geladene Gäste eine zusätzliche Führung. Sollten Sie weitere Fragen zur Technik oder zum Brauverfahren haben, kann ich Ihnen diese morgen beantworten."

Jörg Melcher bedankte sich für die Informationen und die Einladung. Er würde zum Braufest kommen und eventuell auch Fotos schießen. Ludwig Ganzel versprach, ihm einen Platz am VIP-Tisch zu reservieren.

Melcher verabschiedete sich und stieg ins Auto. Dort schaute er auf die Uhr, gleich drei. Carolin war im Auftrag ihrer Zeitung unterwegs und würde vor dem Abend nicht zurückkommen. Über Dr. Bauer und seine Geschäfte hatte ihm der Braumeister nichts erzählen können. Er meinte zwar, den Namen gehört zu haben, wusste aber weiter nichts mit ihm anzufangen. Sein Chef, der Herr Harth, Besitzer des Löwenbräus, wisse sicher mehr Bescheid. Der sei aber leider unterwegs. Melcher beschloss, Harth morgen zu fragen und für heute nach Friedrichshafen zu fahren, um dort mehr über Dr. Bauers Geschäfte und Privatleben zu erfahren.

„Ganzel am Apparat. Keine Namen? Auch gut. Warum ich anrufe? Das ist doch klar. Wir müssen unbedingt miteinander reden. Sie sind morgen Abend beim Braufest? Das passt, ich schlage vor, wir treffen uns vorher. Worum es geht? Das Angebot der Tschechen, wir sollten uns über das Angebot unterhalten … Geld ist Geld, es ist doch ganz gleich, woher es kommt! Sie glauben, das sei nicht so? Es sei nicht egal? … Na ja, wir sollten, wie gesagt, darüber reden. Harth weiß natürlich davon nichts, wie abgemacht. Etwas anderes. Haben Sie das mit Werner

Bauer mitbekommen? Sie kannten ihn doch, oder? Und den Felix auch ... Was hat Werner eigentlich im Kloster gewollt? ... Sie wissen nicht Bescheid? Komisch, keiner weiß Bescheid, ist doch seltsam. Heute jedenfalls war ein Journalist da. Hat jede Menge Fragen gestellt, besonders nach Dr. Bauer. Merkwürdiger Zufall, oder? ... Gut, dann sehen wir uns morgen. Wir sollten auf jeden Fall vorher miteinander sprechen. Natürlich bleibt alles unter uns. Sie kennen mich doch. An mir soll's jedenfalls nicht liegen. Kommt einfach darauf an, wie überzeugend die Argumente sind. Sie verstehen schon ... Haha, ein guter Witz. Bis dann!"

Ludwig Ganzel beendete das Gespräch. Soweit war alles klar, er hatte deutlich gemacht, was er wusste und was er für sein Schweigen erwartete. Erledigt, jetzt würde er sich um das morgige Programm kümmern. Seit Wochen war alles vorbereitet, es ging abschließend nur darum, alles noch einmal zu kontrollieren. Beim Fest der Löwenbräu Brauerei anlässlich der Hundertjahrfeier der *Nachrichten* durfte einfach nichts schief gehen. Ganzel stand auf, um sich ein erstes Vorabendbier zu gönnen. Ein Braumeister war von Berufs wegen durstig.

Die Gestalt saß im Halbschatten und legte den Hörer auf. Interessant, was der Alte erzählt hatte und was er meinte, alles durchblicken lassen zu müssen. Ein aufgeblasenes Nichts, dieser alte Widerling. Fett, versoffen und bauernschlau. Glaubte, er könne eine kleine, schmutzige Erpressung starten. Sein angebliches Wissen zu Geld machen. Dabei war es völlig egal, was Ludwig Ganzel von sich geben würde. Seine Vermutungen gingen ohnehin in die falsche Richtung. Trotzdem, es war nicht gut, zu viel Aufmerksamkeit auf sich zu ziehen. Die Sache mit den Bildern reichte schon. Und jetzt tauchte ein weiterer Journalist im Bräu auf. Ob das etwa der gleiche war? Davon konnte man fast ausgehen. Der Kerl musste verschwinden, unbedingt. Aber erst ein Problem lösen, dann folgte das nächste. Die Gestalt erhob sich aus dem Sessel. Sie trat ans Fenster und schaute hinaus auf den See, auf dessen Oberfläche sich die Nachmittagssonne spiegelte. Zeit, hinauszugehen, das Haus zu verlassen und sich unter die Menschen zu mischen. In die alltägliche Normalität einzutauchen.

Normalität! Was war schon Normalität?

Ein Leben allein, eine Leben ohne richtige Partner und voller Einsamkeit.

Keiner von denen da draußen wusste Bescheid über die Einsamkeit und die leeren, traurigen Nächte. Wache Stunden, die Augen zwanghaft geöffnet, um nicht der dunklen Angst anheimzufallen. Die besten Nächte waren traumlos, ohne Denken und ohne das Bild des feurigen Absturzes.

Die Gestalt strafte sich. Sinnlos, diese Emotionen. Damit kam man nicht weiter, und Probleme wurden erst recht nicht gelöst. Nur auf das Ergebnis kam es an! Stephan Preskow zum Beispiel hatte Ludwig Ganzel gegenüber eine Rechnung ausstehen. Er konnte durchaus auch einen Teil zur Lösung des Problems beitragen. Die Hand griff zum Telefon.

Stephan Preskow saß an seinem Schreibtisch. Er blätterte gedankenverloren in verschiedenen Papieren, las ab und zu eine Passage halblaut vor sich hin und schob schließlich alles zur Seite. Ein Brief fiel zu Boden, Preskow bückte sich und hob ihn auf. Die Kopie eines Schreibens Werner Bauers an eine Prager Firma. Er las den Brief und legte ihn ebenfalls zur Seite. Das Angebot überzeugte ihn nicht und er verstand nicht, was Werner Bauer mit seinen Prager Kontakten bezweckt hatte. Insgesamt schienen die geschäftlichen Verbindungen komplizierter zu sein, als Preskow angenommen hatte. Er hatte bislang nicht herausfinden können, was Werner Bauer wirklich geplant hatte. Die Zeit lief ihm davon und der Druck der anderen wurde stärker. Markus und Sylvia drängten auf Entscheidungen. Vor allem Sylvia wollte endlich Geld sehen. Woher das Geld kommen sollte, war ihm schleierhaft. Die Konten waren alle leergeräumt. Jetzt hatte auch noch dieser Ganzel angerufen und irgendwelche dunklen Andeutungen gemacht. Dem Mann würde er bei der nächsten Gelegenheit tüchtig den Marsch blasen. Wenn der dachte, ihn auch noch unter Druck setzen zu können ...

Stephan Preskow wurde in seinen Gedanken durch das Läuten des Telefons unterbrochen. Er nahm den Hörer ab und meldete sich.

3. Kapitel – Im Sud

Ständig das Denken an das Ende, die Angst vor dem, was einmal kommen würde. Blödsinn, das war nur Gerede der Pfaffen, alles Ammenmärchen! Leben gab es vor dem Tod, wann sonst? Dann war alles vorbei.

Die Gelegenheit heute musste jedenfalls genutzt werden. Alle würden vor Ort sein, während seine Zeit ablief. Der, dem die Stunde schlug, würde überrascht sein. Es könnte vielleicht sogar etwas dauern, bis sein Leben endete. Aber das Ende würde kommen, so sicher wie das Amen in der Kirche. Todsicher!

Die Kapelle spielte einen Tusch. Franz Harth, der Besitzer der Brauerei, eröffnete den Abend mit einer kleinen Rede über das Löwenbräufestbier und übergab dann an den Vertreter der *Schwäbischen Zeitung*, Dr. Kolzer. Dieser fasste sich, in Anbetracht des Anlasses, der Hundertjahrfeier der *Aalener Nachrichten*, relativ kurz. Schließlich wurden die Krüge gehoben und auf den weiteren Erfolg der Zeitung angestoßen. Stimmengewirr setzte ein, die Feier begann.

Jörg Melcher schaute sich im Raum um. Die beiden Gastzimmer waren gut gefüllt, schätzungsweise siebzig bis achtzig Personen hatten ihren Platz gefunden.

Männer vor allem, viele im mittleren Alter, auch jüngere, einige Frauen. Alle an Dutzenden von Tischen, auf Holzbänken, nebeneinander und zusammen.

Etwas abseits, am Promitisch, saß Frau Dr. Sylvia von Barnem, die stille Teilhaberin der Löwenbräu Brauerei, und rechts von ihr Franz Harth. Zu ihrer Linken der Vertreter der *Schwäbischen Zeitung* aus Leutkirch, Dr. Kolzer und der leitende Redakteur der *Aalener Nachrichten* Joachim Geissler. Es folgten Professor Dr.

Markus Tiech, Chefarzt in der Chirurgie am Ostalb-Klinikum, der Direktor der Agentur für Arbeit Hans-Otto Gulen nebst Gattin Ruth, die bei keiner Veranstaltung fehlten, sowie der Geschäftsführer der GOA Hans Rother, Sparkassendirektor Johann Wehner von der Kreissparkasse Ostalb mit Frau. Gegenüber saßen Stephan Preskow, Teilhaber und zweiter Geschäftsführer der Financial Consulting GmbH Friedrichshafen, Carl Trossberg, der Touristikchef der Stadt, Helmut Maier, einer der Vizetrainer des VFR Aalen, mit Ehefrau Heike und zwei weitere Vertreter von Sportvereinen nebst ihren Ehefrauen, deren Namen Melcher, als Ganzel sie ihm nannte, gleich wieder vergessen hatte. Eine interessante Mischung, fand er, einige der Herrschaften hatten bereits an dem Neujahrsempfang in Unterkochen teilgenommen.

Unauffällig musterte er die Anwesenden. Die Herren meist in langweiligem Grau. Der Arbeitsamtsvorsteher ganz Beamter, seine Frau im groß geblümten Sommerkleid. Der Trainer trinkfreudig, seine Begleiterin eine etwas blass wirkende, füllige Blondine.

Bestimmte Personen stachen aus der Tischgesellschaft hervor. Dazu gehörten der Teilhaber des verstorbenen Dr. Bauer, Stephan Preskow, und der Chefarzt Professor Tiech. Preskow war einen guten Kopf größer als Tiech. Beide schlank, sonnengebräunt und fürchterlich blasiert wirkend. Ganz anders Franz Harth, der Besitzer der Brauerei, der Lebendigkeit und Humor ausstrahlte. Am auffälligsten erlebte Melcher die Frau in der Mitte des Tisches, Frau Dr. von Barnem. Die Dame wirkte auf den ersten Blick wie eine frühe Dreißigerin. Ihr dunkler Hosenanzug, ein Pariser Modell von Gucci, saß wie angewachsen und betonte so unauffällig wie auffällig ihre schlanke Figur. Ihr dunkelblondes Haar zeigte jene Form der scheinbaren, kunstvollen Unordnung, die nur ein wahrer Meister der Friseurkunst herzustellen vermag. Die Frau war schön, kein Zweifel. Erst aus der Nähe ließen kleine Fältchen im Augenbereich den wissenden Betrachter ahnen, dass Frau von Barnem sich langsam der Vierzig näherte.

Die Dame langweilte sich, ihre scharfen Blicke glitten müde über die Tischrunde. Das Blumenkleid von Ruth Gulen erzeugte ein kleines, amüsiertes Lächeln. Einen kurzen Moment schien sie Jörg Melcher in Augenschein zu nehmen. Seltsam kalt fühlte sich der Blick an, taxierend und wertend, dann wanderten die Augen weiter. Sie trafen auf den ähnlich müden Blick Preskows. Täuschte sich Melcher oder hob Preskow kurz die linke Augenbraue? Ein wenig später schob Frau von Barnem ihr Mineralwasser zur Seite, nahm ihre Handtasche und ging hinaus. Nach drei Minuten erhob sich Preskow ebenfalls und nahm die gleiche Richtung. Kurz danach stand auch der Professor auf. Interessant, dachte Jörg Melcher, wirklich sehr aufschlussreich.

Seine gestrige Exkursion nach Friedrichshafen hatte wenig gebracht. Dr. Bauer schien kein nennenswertes Privatleben gehabt zu haben. Er war unverheiratet gewesen und zählte mit seinen 39 Jahren zu den begehrten Junggesellen der Region. Von einer festen Freundin wusste die Nachbarschaft nichts. Auf den Veranstaltungen der Vereine, denen er angehört hatte, war er mit wechselnder weiblicher Begleitung erschienen. Die Damen hatte Bauer angeblich bei Tagungen kennen gelernt. Bauer hielt sich ein Pferd, das er, mangels Zeit, meist durch das Stallpersonal bewegen ließ. Er besaß eine kleine Yacht, die im Club lag, und mit der er alle paar Wochen auf dem See segelte. Meist in Begleitung von Geschäftsfreunden und jungen Damen im knappen Bikini. Studentinnen aus Konstanz, wurde behauptet. Alles in allem nichts Ungewöhnliches. Von außen betrachtet gab es auf den ersten Blick keinen Anlass, Dr. Bauer umzubringen. Aber wer wusste, was sich unter der Oberfläche seiner glatten Existenz verborgen haben mochte. Etwas anderes schienen seine Geschäftsverbindungen ins Ausland gewesen zu sein. Vor allem die osteuropäischen Kontakte nach Prag und Budapest ließen der Fantasie viel Spielraum.

Melcher hob sein Glas mit dem *Zwickel-Pils*. Ein klares, gerstenhelles Bier, mit einem guten Schaum. Er nahm einen Schluck. Er schmeckte ein leichtes und ein wenig süßliches Malz, für eine *Pilsspezialität* genau die richtige Spur von Süße. Melcher schnupperte: guter, ehrlicher Hopfenduft. Er leerte das Glas in einem Zug und stellte es zurück auf den Tisch. Das Essen dazu war deftig. *Bierbrauer- Schnitzel* oder *Braumeisters Spezialtöpfle*.

Eine plötzliche Berührung ließ ihn zusammenzucken. Von hinten kam ein kräftiger Frauenarm und ersetzte das leere Glas durch ein volles. Melcher drehte sich um. Eine dralle Kellnerin im Dirndl stand hinter ihm und lächelte breit.

„Der Braumeister meint, Sie sollten auch das *Löwenbräu Spezial* probieren."

„Gern!", erwiderte Melcher. „Wo ist eigentlich Herr Ganzel, er wollte mir noch einige Informationen geben?"

„Er lässt sich wegen einer Besprechung entschuldigen", antwortet die Kellnerin. „Ich soll Ihnen ausrichten, dass er bald kommt und soll Sie so lang nicht verdursten lassen." Sie ging weiter und verteilte ihre Gaben.

Gut, der Brauer würde sich später melden. Bis dahin, Melcher hob das Glas *Löwenbräu Spezial* und trank.

Aus den Augenwinkeln sah er, wie Helmut Maier, der Vizetrainer des VFR Aalen, aufstand und in die gleiche

Richtung wie vorhin Preskow hinausging. Melcher grinste. Mit wem der wohl eine Besprechung hatte – oder meldete sich das Bier?

Er wandte sich an den gegenübersitzenden Kollegen von den *Aalener Nachrichten,* Joachim Geissler, der ebenfalls aufmerksam die Runde gemustert hatte und das eine oder andere in ein blaues Büchlein schrieb. Geissler bemerkte Melchers Blick. „Es gibt mehr Dinge zwischen Himmel und Erde", zitierte Geissler, putzte seine Brille und lächelte leise.

Ludwig Ganzel war auf dem Weg zum verabredeten Treffpunkt. Er grinste breit. Bald würde er am Ziel sein und die Anteile für die Übernahme zusammenhaben. An seiner Argumentation gab es eben kein Vorbeikommen, für niemanden! Das würde er heute Abend unmissverständlich klarmachen.

Ganzel stutzte. Durch die Blätter der Kastanie sah er einen hellen Fleck. Licht im Sudhaus! Er überquerte rasch den Hof und trat in das gegenüberliegende Backsteingebäude. Ganzel wandte sich nach rechts und ging in den Raum, in dem sich auf einer Empore der Sudkessel befand. Unten standen Bierkisten und allerlei Gerätschaften herum. Das Licht, das er gesehen hatte, kam von oben. Ganzel stieg langsam die gusseiserne Treppe empor. Vor ihm der Kupferkessel, ein breites Etwas, das massig im Halbdunkel lag. Auf seiner Oberfläche kleine Lichtreflexe. Die zweite Treppe. Links der Maischbottich. Und rechts, direkt hinter der gekachelten Trennwand, leuchtete es hell. Ganzel trat zum Durchgang und beugte sich vor. Das Mannloch des Setzbottichs stand offen und innen brannte die Lampe.

„Schlamperei", der Braumeister bückte sich nach unten. Sicher war bei der Bottichreinigung einiges drinnen geblieben, wenn schon das Licht brannte. Er spähte in die Öffnung. Hinten schien irgendein Haufen Dreck zu liegen. Das nannte sich *gereinigt*! Die Kerle würde er sich morgen vorknöpfen. Ganzel ging leicht ächzend in die Knie und schlüpfte durch das Mannloch halb in den Bottich.

Er war gekommen und er war, wie geplant, oben am Bottich! Die Gestalt aus der Tiefe schlich die Treppe hoch. Am Kessel vorbei und weitere sieben Stufen empor. Rechts stand der Setzbottich. Der andere war mehr als zur Hälfte im Mannloch verschwunden, nur ein Stück des Rückens und seine blaue Hose waren noch zu sehen. Rechts auf der Trennwand lagen zwei Hakenschlüssel. Eine Hand griff nach dem größeren und schlug mit dem Schlüssel hart und präzise zweimal zu. Der Mann am Bottich sackte stöhnend zusammen. Rasch packte die Gestalt die Beine und schob den Bewusstlosen vollständig ins Innere. Dann schloss sie mit schnellem Griff die Rundklappe und riegelte zu. Jetzt wurde der Schlauchanschluss von der linken Trennwandseite oben in den Zulauf des Bottichs gehängt und das Wasser aufgedreht. In vollem Schwall schoss das Wasser hinein und begann das Behältnis zu füllen. Eine Hand löschte das Licht.

Wo blieb die Frau nur? Sie wollte ihn doch treffen, so hatte er es jedenfalls verstanden. Wenn das wieder so ein Trick von ihr war. Neulich Abend hatte sie ihn einfach hängen lassen, obwohl er erst den Dienst getauscht hatte und dann zusätzlich in die Klinik gefahren war. Der Mann durchquerte den Raum und spähte in den hinteren Teil. Alles dunkel, nein, dort war niemand. *Ob sie mit dem anderen?*, kam ihm der Gedanke. Sie hatte schon immer … Wut stieg in ihm auf. Da hörte er von links ein Geräusch. Lautlos trat der Mann an die Tür.

Stöhnend öffnete Ludwig Ganzel die Augen. Dunkel, es war vollständig dunkel um ihn. Er sah nichts, spürte nur diesen schrecklichen Schmerz, der wie ein Stromblitz am Rücken hochlief. Und er fühlte etwas anderes, etwas Kaltes, Nasses. Wasser, er lag im Wasser – und mehr und mehr Wasser strömte auf ihn nieder! Er versuchte sich aufzurichten, der Körper verweigerte sich ihm. Was war passiert, wo war er? Dieser Schmerz! Kurz überkam ihn eine Ohnmacht. Er erwachte erneut, die nasse Kälte weckte ihn. Überall Wasser und das Wasser stieg und stieg. Bedeckte schon den Oberkörper, erreichte seinen Hals, berührte sein Kinn und nässte bereits den Mund. In einer plötzlichen Erkenntnis, wo er sich befand und was geschah, stieß der Mann einen grässlichen Schrei aus, dann schloss das Wasser seinen Mund und er verstummte gurgelnd.

Die Gestalt hielt inne. Aus dem Inneren des Bottichs klang kurz ein Geräusch, doch das stete Rauschen des Wassers übertönte alles. Sie lauschte noch zwei Minuten; nichts war mehr zu hören. Es war vorbei! Rasch glitt die Schattengestalt im Dunkeln davon.

Jörg Melcher schaute auf die Uhr. Bereits halb zehn, und er hatte Carolin versprochen, ihr heute Abend vom Fest zu berichten. Vor allem, ob er Neues über Dr. Bauer erfahren habe. Melcher musterte die Gruppe. Gerade eben kehrten Frau von Barnem und ihr Gefolge zurück. So richtig glücklich schienen die Herren Preskow und Tiech nicht zu sein. Offenbar waren die Dinge nicht ganz nach ihren Vorstellungen gelaufen. Auch Frau von

Barnem wirkte blässer als vorhin. Oder täuschte ihn das Licht? Wieder streifte ihn ein forschender Blick von der Dame, den Melcher nicht einordnen konnte. Helmut Maier hingegen, der Vizetrainer des VFR Aalen, war geradezu strahlend von seiner Exkursion zurückgekehrt. Als letzter übrigens, wie Melcher aufgefallen war.

„Dass der Mann noch lachen kann!", bemerkte Melchers Gegenüber, Geissler von den Nachrichten, und steckte seinen Notizblock weg. Melcher blickte ihn fragend an.

„Ach ja, Sie sind nicht von hier und kennen nicht die Tragik des VFR."

Melcher bestätigte seine Unkenntnis.

„Die Sache ist die", fuhr Geissler fort, „da haben wir die *Scholz-Arena* mit Rasenheizung und allem Pipapo. Trotzdem ist der Verein in die vierte Liga abgestiegen – und nicht in die zweite Liga auf! Dabei haben die Jungs Riesengehälter bezogen, insbesondere die Trainer!"

„Vielleicht mischt Ihr Verein die Regionalliga auf!", tröstete Jörg Melcher.

Die beiden Männer kamen ins Gespräch. Parallel probierten sie sich durch die Biersorten, was der Unterhaltung nicht schadete. Melcher erfuhr einiges über die Region und deren Besonderheiten. Geissler, der die Bundeswehr journalistisch direkt in Bosnien und in Afghanistan begleitet hatte, war mittlerweile in Sachen Kommunalpolitik ein alter Hase und kannte im Raum Aalen Gott und die Welt. Dr. Bauer war ihm persönlich bekannt gewesen. Doch welcher Art Bauers finanzwirtschaftliches Engagement gewesen war, darüber konnte Geissler nur spekulieren. Er versprach Melcher, sich umzuhören. Seine Frage, warum er sich denn für Bauer interessiere, beantwortete Melcher mit dem Hinweis auf den Absturz. Schließlich habe er diesen hautnah erlebt.

„Den Absturz hat Bauer überlebt – um zwei Tage später

im Krankenhaus ermordet zu werden. Geben Sie zu, Herr Melcher, Sie interessieren sich für den Mord an Werner Bauer."

„Klar, wer täte das nicht?", bestätigte Melcher.

„Ich mache Ihnen ein Angebot. Sie erhalten von mir alles Material, das wir im Papierarchiv und online über Bauer und über den Piloten haben. Und wenn Sie etwas herausfinden, bekommen die *Nachrichten* das als Erste und exklusiv. Natürlich auf Honorarbasis."

Zwei Zeitungen, die sich um ihn bemühten. Die *Schwäbische Post* und die *Aalener Nachrichten,* dann gab es noch seinen Stuttgarter Auftraggeber und Labrenz von der BILD. Toll, wenn man so gefragt ist, aber auch ziemlich schwierig, sich zu entscheiden, ohne jemanden vor den Kopf zu stoßen.

„Das klingt gut. Ich werde es mir überlegen", antwortete Melcher ausweichend.

Von einer weiteren Antwort enthob ihn das Klingeln seines Handys. Es war Carolin, die fragte, ob er heute noch käme oder ob sie den Schlüssel für ihn deponieren solle. Melcher entschied sich fürs baldige „Kommen". Die meisten der VIP-Gäste waren schon gegangen. Joachim Geissler brach ebenfalls auf. Er musste nach Ellwangen, seine Frau holte ihn ab. Melcher bestellte ein Taxi und war zehn Minuten später bei Carolin.

Sie saßen auf Carolins Sofa und Jörg erzählte von den Gästen des Abends.

„Ein Querschnitt durch die hiesige Gesellschaft. Mathias Gernhard, der OB war nicht da? Und kein Vertreter von *Scholz* oder von *Zeiss*?", fragte Carolin nach.

„Die werden verhindert gewesen sein. Ein Termin unter der Woche ist mitunter problematisch", meinte Melcher. „Erzähl mir lieber etwas über die Anwesenden."

„Gern, soweit ich kann. Über wen willst du etwas wissen?"

„Mich interessieren vor allem drei Personen. Was weißt du über den Chefarzt Professor Tiech und den Teilhaber des Toten, Stephan Preskow? Beide scheinen in irgendeiner Weise mit Frau Dr. von Barnem in Verbindung zu stehen."

„Aha, daher weht der Wind", lachte Carolin. „Die von Barnem hat es dir angetan. Aber keine Chance, mein Lieber. Um an diese Dame heranzukommen, solltest du im hiesigen Golfverein, in einem Yachtclub und bei den Rotariern sein. Genügend Kleingeld und einige Hektar Land beziehungsweise zumindest ein Fabrikchen gehören natürlich auch dazu."

Jörg Melcher sah sich von Carolin missverstanden, doch er korrigierte sie nicht. Vielmehr verstärkte er ihren Eindruck.

„Frau von Barnem ist eine attraktive Erscheinung".

Carolin relativierte Melchers Aussage umgehend.

„Die Dame investiert jede Menge Geld in ihr Äußeres. Dazu ein privater Fitness Trainer, Powerlifting im Engadin, extravagante Haute Couture aus Paris und Rom. Wenn man Geld hat, ist fast nichts unmöglich."

„Hör ich da so etwas wie Sozialneid in deiner Stimme?", neckte Melcher sie.

„Vielleicht, aber ich habe einen entscheidenden Vorteil. Ich werde siebenundzwanzig und habe alle Zeit vor mir, Frau von Barnem ist siebenunddreißig, böse Zungen sprechen sogar von neununddreißig."

„Das ist heute kein Alter", korrigierte Melcher mit Nachdruck, der Ende Mai gerade sechsundvierzig geworden war. „Alles ist Frau von Barnem jedenfalls nicht in den Schoss gefallen, immerhin scheint die Dame studiert zu haben."

„Das stimmt. Sie hat ein Medizinstudium abgeschlossen und dabei übrigens Markus Tiech, den heutigen Chefarzt am Ostalb-Klinikum, kennen gelernt. Damals hieß sie noch Sylvia Frenzel. Man munkelt, die beiden wären miteinander liiert gewesen. Da tauchte Hartwig auf, Hartwig von Barnem, fünfzehn Jahre älter als Tiech, sehr vermögend und ein echter Lebemann. Und plötzlich wendete sich das Blatt."

„Hartwig von Barnem wurde Sylvias Ehemann?", fragte Melcher.

„Er wurde es. Doch kaum waren die beiden zwei Jahre verheiratet, kam Hartwig bei einem Autounfall ums Leben. Sylvia, damals gerade dreißig, wurde zur reichen Witwe. An sich stammte sie bereits aus einer begüterten Familie. Ihr Vater war Mitinhaber einer Privatbank mit Sitz in Liechtenstein und hätte es liebend gern gesehen, wenn seine Tochter und einziges Kind in seine Fußstapfen getreten wäre."

„Die richtige Geschichte für die Regenbogenpresse", meinte Jörg Melcher. „Sag mal, wieso kennst du dich so gut mit Sylvias Biografie aus?", forschte er nach.

„Ich habe eines meiner Praktika bei der *Schwäbischen Zeitung* in Friedrichshafen absolviert und war bei der Gesellschaftskolumne eingesetzt", erklärte Carolin.

„In Friedrichshafen? Dort kommt Dr. Bauer her!"

„Genau, und hier wird es interessant. Als du dich heute Abend beim Umtrunk amüsiertest, habe ich gearbeitet und ein wenig recherchiert. Dabei habe ich eine Liste der Mitglieder des Württembergischen Yacht-Club e.V. Friedrichshafen entdeckt." Carolin legte ein Blatt vor Melcher.

„Sieh mal, wer alles im Club ist. Mir bekannte Personen sind markiert."

Jörg Melcher nahm das Blatt in die Hand und studierte

es. Die Namen, die Carolin markiert hatte, waren in der Tat sehr aufschlussreich:

Dr. Sylvia von Barnem, Dr. Werner Bauer, Ulrich Hausmann (MdL), Stephan Preskow, Hans Rother, Olaf Scholz, Professor Dr. Markus Tiech, Johann Wehner.

Melcher stieß einen Pfiff aus. „Das sind alles gute alte Bekannte. Dr. Rother und der Hausmann waren auf dem Neujahrempfang? Richtig? "

„Richtig", bestätigte Carolin. „Und wer ist Olaf Scholz?", fragte Melcher.

„Das ist der Sohn von Bernhardt-Uwe Scholz. Dem Vater gehört die Scholz-AG", erläuterte Carolin.

„Eine erlauchte Runde", bestätigte Melcher. „Nur, ob da wirklich Zusammenhänge zu unserem Mord bestehen? "

„Das wäre zu klären", schloss Carolin die Betrachtung ab. Sie gähnte. „Machen wir morgen weiter. Für mich ist es Zeit zu Bett zu gehen. Ich muss freitags früh raus. "

„Was liegt bei dir an? "

„Freitags ist Wochenabschluss. Ich muss morgen außerdem einiges nacharbeiten. Und eine Reportage über das Besuchsbergwerk *Tiefer Stollen* vorbereiten. Übrigens hat deine Kommissarin mehrfach angerufen und wollte unbedingt wissen, wo du zu finden seist. Die machte richtig auf amtlich, ich habe sie nur mit Mühe abwimmeln können. Um die solltest du dich mal kümmern, sie wirkte ziemlich grantig. "

„Was geht es die Nöhler an, was ich in Aalen mache? ", meinte Melcher.

„Das musst du nicht mich fragen, sondern Frau Kommissarin selbst." Sie gähnte erneut. „Also entschuldige, ich bin echt müde. Wir können uns morgen weiter unterhalten. Ach, vergiss nicht, um elf wird Felix Menckhoff beerdigt. "

Carolin verschwand im Bad.

Melcher ging auf den Balkon, um eine Zigarette zu rauchen, heute erst die zweite. Ein gefüllter und informationsreicher Tag, obwohl er noch nicht recht wusste, ob und wie die Informationen zu verwenden waren. Es stellte sich zudem die Frage, wie lange er noch in Aalen bleiben sollte. Was ging ihn die ganze Angelegenheit überhaupt an? Dieser ständige Hang, im Leben anderer Menschen herumzuschnüffeln. Die Behauptung, der Wahrheit und nichts als der Wahrheit verpflichtet zu sein. Im Kontrast dazu die permanente Jagd nach der ultimativen Story. Alles für Ruhm, Geld und Ehre – oder so ähnlich.

Drinnen klappte die Tür, das Bad war frei. Er drückte die Zigarette aus. Die ganzen Selbstzweifel halfen ihm nicht weiter. Schluss damit. Jörg trat in die Wohnung und schloss die Balkontür.

Franz Harth machte seinen morgendlichen Kontrollgang durch die Brauerei. Er öffnete die Tür zum Kistenlager. Aus dem Sudhaus kam ein plätscherndes Geräusch. Irgendwo musste Wasser laufen. Er ging nach rechts und öffnete die Tür. Von der Empore floss es in Rinnsalen herab und bildete auf dem Boden eine breite Lache. Das kam oben vom Setzbottich. Jemand hatte vergessen, das Wasser abzudrehen. Das hätte Ludwig gestern doch merken müssen. Zu seiner Pflicht gehörte es, abendlich einen Rundgang durch die Gebäude zu machen. Offenbar hatte der Braumeister das nicht getan. Merkwürdig, sonst konnte sich Harth auf den Mann verlassen. Schon während des gestrigen Festes war Ludwig einfach verschwunden und hatte ihn mit den Gästen und allem sitzen lassen. Das passte eigentlich nicht zu ihm. Harth war inzwischen die Metallstufen der Treppe zum

Kupferkessel hinaufgestiegen und weiter hoch bis zum obersten Absatz. Er fand seine Vermutung bestätigt. Das Wasser strömte aus dem Füllschlauch, der neben dem Setzbottich lag. Franz Harth drehte zuerst das Wasser ab. Dann bemerkte er, dass das Mannloch am Bottich verriegelt war. Er versuchte vergeblich, es zu öffnen. Offenbar hatte jemand den Bottich gefüllt und das Wasser übte Druck auf die Türplatte aus. Er bückte sich und öffnete unten das Ablaufventil. Jetzt konnte das Wasser abfließen. Das würde eine Zeit dauern. Franz Harth blickte auf die Armbanduhr. Viertel nach acht, gleich wollte ein Großkunde kommen, für den er noch etwas vorbereiten musste. Um den Setzbottich und die ganze Unordnung hier konnte sich später Karl kümmern. Franz Harth stieg die Treppen wieder hinunter und verließ den Raum.

Der Kundenbesuch dauerte zwei Stunden, dann gab es mehrere Anrufe und schließlich musste er noch zu einer Sitzung der Mittelstandsvereinigung. Als Franz Harth am Abend mit seiner Frau zum Polterabend seines jüngsten Vetters nach Ulm fuhr, fiel ihm wieder der Setzbottich ein. Jetzt hatte er ganz vergessen, Karl mit den Aufräumarbeiten zu beauftragen. Dann musste eben der Braumeister am Montag die Angelegenheit klären. Obwohl, er hatte Ludwig Ganzel auch heute nicht gesehen. Der Mann war hoffentlich nicht krank geworden.

Claudia Nöhler verbrachte den Freitagmorgen und den Mittag in Friedrichshafen. Erst heute hatte sie die Zeit gefunden, die Wohnung Werner Bauers im Batenkenweg aufzusuchen. Der Mann hatte in einem ganz normalen Mehrfamilienhaus gewohnt. Eigenartig, wenn sie an seinen sonstigen Lebensstil dachte. Die Kommissarin wurde von einem Mitglied der örtlichen Polizeidienststelle begleitet. Der Kollege, Inspektor Rudolf

Jurich, hatte vor Ort alles organisiert. Vor dem Haus warteten ein Spurensicherungsteam und der Bruder des Toten, Helmut Bauer. Er begrüßte Frau Nöhler und übergab der Kommissarin einen Wohnungsschlüssel.

„Waren Sie bereits in der Wohnung?", fragte sie ihm. „Nein, ich bin erst gestern von einer Tagung aus Düsseldorf zurückgekommen und wusste nicht, dass Werner tot ist." „Ich habe mehrfach versucht, Herrn Bauer zu erreichen und ihn dann gestern Abend verständigt", erklärte Kollege Jurich. „Ich war am Mittwoch an der Wohnung und habe die Tür versiegelt."

Die Siegel waren unversehrt und Frau Nöhler öffnete die Tür. Sie drehte sich zu Helmut Bauer um. „Es wäre nett, wenn Sie uns begleiten. Es ist mir lieber, wenn in solchen Fällen ein Angehöriger dabei ist. Sie können beurteilen, ob etwas fehlt und wo Unterlagen zu finden sind." Bauer nickte.

„Ich helfe gern, doch über Werners Geschäfte und Verbindungen kann ich Ihnen kaum etwas berichten. Wir wohnten zwar in der gleichen Stadt, standen aber nur sehr locker im Kontakt."

Sie traten in die Wohnung. Von einem schmalen Flur ging es links in die Küche, rechts lagen zwei kleinere und ein größeres Zimmer. Der erste der kleineren Räume war offenbar das Schlafzimmer gewesen. Es war nur mit dem Notwendigsten ausgestattet und wirkte sehr unbelebt. Ähnlich das Wohnzimmer, dessen Fenster in Richtung See hinausging. Ein Sofa, ein Tisch, zwei Sessel, ein Teppich. Die Wände kahl, nirgends ein Bild oder eine Fotografie.

„Hier hat Ihr Bruder gelebt?", fragte die Kommissarin ungläubig.

„Werner hat nie groß Wert auf Äußerliches gelegt", antwortete Helmut Bauer. „Aber Sie wissen schon, dass Ihr

Bruder im Yachtclub und Reitverein war, eine Yacht besaß und ein Pferd unterhielt?", hakte die Kommissarin nach.

Helmut Bauer schüttelte verwundert den Kopf. „Davon höre ich das erste Mal."

Auch die anderen Fragen, die Frau Nöhler an den Bruder des Toten richtete, wurden ähnlich unbefriedigend beantwortet. Die Brüder schienen kaum in Kontakt miteinander gewesen zu sein. Helmut Bauer verabschiedete sich bald. Er könne hier ohnehin nichts helfen und habe noch einiges wegen der Beerdigung zu regeln, er sei der einzige Verwandte.

„Auch der einzige Erbe?", fragte Frau Nöhler. Soviel er wisse, ja, antwortete der Bruder. Aber das würde er bald erfahren.

Als der Mann gegangen war, machte sich das Team an eine gründliche Durchsuchung der Wohnung. Vor allem das Arbeitszimmer interessierte die Kommissarin. Auch dieser Raum wirkte völlig aseptisch und unbenutzt. Die Papiere, die sie sichteten, handelten meist von Hausverkäufen und kleineren Finanztransaktionen in Höhe von ein paar Tausend Euro. Weiteres fand sich nicht. Irgendwie konnte sich Claudia Nöhler nicht vorstellen, dass die Wohnung und das Arbeitszimmer den ganzen Lebensbereich von Dr. Werner Bauer darstellten. Sie wandte sich an Inspektor Jurich.

„Wissen Sie etwas über die Yacht Dr. Bauers?"

„Darum habe ich mich gleich gekümmert, als Ihre Anfrage wegen des Toten kam. Dr. Bauer hat die Yacht an einen Ungarn vermietet, und der befindet sich seit Mitte der Woche mit dem Boot auf der Bregenzer Seite. Soll ich die österreichischen Kollegen um Amtshilfe bitten?"

„Eine gute Idee, aber die sollen nichts weiter unternehmen, lediglich ein Auge auf das Schiff haben, ob irgendetwas Auffälliges passiert", antwortete die Kommissarin.

Auch die weitere Suche blieb ohne brauchbare Resultate. Eine Befragung der Hausbewohner und der Nachbarschaft führte ebenfalls nicht weiter. Dr. Bauer schien völlig zurückgezogen gelebt zu haben. Mitunter war er über Wochen und Monate nicht in der Wohnung gewesen. Jedenfalls ergab sich dieser Eindruck, wenn man die verschiedenen Aussagen seiner Umgebung zusammentrug.

Den Rest des Mittags war die Kommissarin damit beschäftigt, sich im Yachtclub und im Reitverein umzuhören. Wie erwartet, erfuhr sie kaum Neues. Bauer wurde als nett und freundlich geschildert. Befreundet oder näher bekannt war niemand mit ihm. Ab und zu habe er Gäste gehabt, mehr wusste man nicht zu sagen.

Gegen 16 Uhr machte Frau Nöhler sich auf den Heimweg. Am Abend hatte sie sich mit Inspektor Gödel zum Arbeitsessen verabredet. Sie hoffte, dass wenigstens dieses Treffen erfolgreich verlaufen würde.

An diesem Freitag wurde um 11 Uhr der verunglückte Pilot Felix Menckhoff in Oberkochen beigesetzt, und Jörg Melcher wohnte pflichtgemäß dem Geschehen bei.

Melcher konnte Beerdigungen nicht ausstehen. Die melancholische Tristesse der menschlichen Sterblichkeit weckte allerlei unangenehme Ahnungen in ihm. Aber Carolin war in der Redaktion beschäftigt, und er hatte das Gefühl, es könne nicht schaden, sich ein Bild der Trauergäste zu verschaffen. Also fuhr er die gleiche Strecke wie zum Flugplatz, allerdings in Unterkochen nach Süden in Richtung Oberkochen. Der Eingang zum evangelischen Friedhof lag in der Bühlstraße, Ecke Katzenbachstraße. Melcher parkte etwas abseits und lief zu Fuß zum Friedhof. Es hatte sich eine größere Menschenmenge eingefunden. Wohl nur zum Teil

Angehörige, Verwandte und Freunde. Der Rest bestand aus Schaulustigen und zwei Kollegen Melchers, die professionell kühl ihre Bilder schossen, bis ein amtlich wirkender Herr im dunklen Anzug sie verscheuchte. Melcher wartete außerhalb der Friedhofskapelle im Schatten eines Baumes. Von dort konnte er die Trauergemeinde nahezu ungesehen beobachten. Nach einer halben Stunde öffnete sich die Kirchentür und die Trauernden kamen heraus. Es war eine Urnenbestattung. Dem Urnenträger folgten ein Mann und eine Frau, die Melcher um die sechzig schätzte. Wohl die Eltern des Toten. Dann verschiedene Personen ähnlichen Alters, offenbar Verwandte. Schließlich eine Vielzahl jüngerer Leute, Freunde und Bekannte des Toten. Am Ende der Tross der Neugierigen. Alles in allem eine so weit normale Bestattung, die sich, bis auf die beiden vertriebenen Fotografen, in nichts von anderen derartigen Abläufen unterschied. Schon wollte Melcher zurück zum Auto gehen, da stutzte er. Unmittelbar in seiner Nähe, ebenfalls im Schatten eines Baumes, stand eine Frau und schaute zum Trauerzug hinüber. Sie schien Melcher bislang nicht bemerkt zu haben. Er zog sich vorsichtig weiter in die Deckung zurück. Die Frau war völlig schwarz gekleidet. Sie trug einen Hut, an dem vorne ein Schleier befestigt war, der ihr Gesicht verhüllte. Die Frau wirkte schlank und hochgewachsen. Wie angewurzelt stand sie da und blickte der Trauergemeinde nach. Wer mochte die Frau sein? Mit dem Toten schien sie nichts direkt zu tun zu haben, sonst wäre sie mitgegangen. Eine zufällige Zuschauerin? Selbst eine Trauernde – wofür das Schwarz sprach? Melcher glitt vorsichtig ein Stück vor in den Schatten eines Grabkreuzes, duckte sich und hob die Kamera. Er drückte auf den Auslöser. Die Frau schien das Klicken gehört zu haben und fuhr herum.

Mit gehobenem Kopf spähte sie in Melchers Richtung. Dann drehte sie sich abrupt um und verließ rasch den Friedhof.

Melcher hatte noch zweimal abgedrückt. Instinktiv eilte er der Frau in Schwarz nach. Als er die Straße erreichte, sah er eine dunkle Limousine mit hohem Tempo um die Ecke davonfahren. Die Frau selbst war verschwunden.

Claudia Nöhler und Inspektor Gödel erlebten einen anregenden Freitagabend. Zunächst zeigte Gödel seiner Chefin die kleinen Besonderheiten Aalens. Dann, nach einem Essen in einem gutbürgerlichen Lokal, nahmen sie einen Mojito in der *Havannabar* in der Helferstraße, Gödels Lieblingscafé. Die Spannung, die zwischen der Kommissarin und ihrem Stellvertreter geherrscht hatte, schien sich in einer Atmosphäre von Privatheit aufzulösen. Doch ihr Gespräch drehte sich vor allem um den aktuellen Mordfall.

„Ich war heute in Friedrichshafen in Dr. Bauers Wohnung. Viel kam dabei nicht heraus. Ich habe den Bruder befragt. Der Mann berichtete so ziemlich das Gleiche, was wir ohnehin über Dr. Bauer wissen. Wobei er behauptete, er wisse nicht, dass sein Bruder einem Reitverein und einem Yachtclub angehört habe. Es ist verrückt! Dr. Bauer war Ende dreißig und unverheiratet. Er muss einfach Leute gekannt haben. Auch über den Bekanntenkreis, sagt der Bruder, Helmut Bauer, habe er keine Kenntnisse. Ähnlich der Teilhaber Stephan Preskow. Der sagt, er habe Bauer nur geschäftlich gekannt und habe ihn zwei- oder dreimal auf seiner Yacht besucht. Die Leute, die er bei Bauer traf, seien alles mehr oder minder Geschäftspartner gewesen. Bauer sei sonst zwischen dem Raum Friedrichshafen und dem Ostallgäubereich hin und her gependelt. Er habe

Geschäftskontakte in der Region und ins Ausland gehabt. Preskow spricht von Kontakten zur Scholz-AG, zu Zeiss und zur Löwenbräu Brauerei."

„Ich bin den ausländischen Geschäftsverbindungen nachgegangen", berichtete Gödel. „Nach einigem Drängen nannte mir Preskow seinen tschechischen Ansprechpartner, angeblich die *Trade CZ s.r.o.* in Prag."

„Von einer solchen Firma habe ich noch nie gehört."

„Warten Sie, es wird noch besser", erklärte Inspektor Gödel. „Nach vielem Hin und Her bekam ich in Prag jemanden ans Telefon, der deutsch verstand und mir weiterhelfen konnte. Der verwies mich an die Firma *Vinné sklepy Chomutov s.r.o.* in Chomutov. Kontaktmann ein Herr Eckelmann."

„Und?"

„Zunächst war der Herr sehr freundlich. Als er aber erfuhr, dass Dr. Bauer tot sei und ich von der deutschen Polizei, behauptete er, er kenne Bauer nicht und es müsse sich um einen Irrtum handeln. Dann brach der Mann das Gespräch plötzlich ohne ein Wort ab."

„Ein eigenartiges Verhalten", meinte Claudia Nöhler.

„Ich habe noch einige Male angerufen, kam aber nicht mehr durch. Im Internet ist die Firma übrigens zu finden. Dort wird die *Vinné sklepy Chomutov* primär als Weinhersteller bezeichnet. Die Begleitangaben nennen eine Kellerkapazität von 3,5 Millionen Litern und erwähnen die Suche nach einem strategischen Partner für Produktion, Export und Import. Interessant oder?"

„Schon", gab die Kommissarin zu, „aber, Herr Kollege, führt uns das wirklich weiter?" Der Inspektor zuckte mit den Achseln.

„Irgendwo müssen wir ansetzen und die Geschäftsverbindungen bieten sich als Erstes an." Er nahm einen tiefen Schluck aus seinem Glas.

„Was ist mit Bauers Gesellschaftskontakten?", fragte die Kommissarin.

„Dr. Werner Bauer wird hier in der Region bei verschiedenen gesellschaftlichen Veranstaltungen als Gast angeführt. Aber nähere Angaben zum direkten Umfeld fehlen. Zum Beispiel, wer ihn auf dem letzten Neujahrsempfang in Unterkochen begleitet hat."

„Na ja", resümierte die Kommissarin, „das eine oder andere wissen wir jedenfalls. Ich bin mir übrigens sicher, dass Dr. Bauer irgendwo eine zweite Wohnung hatte. Die drei Zimmer in Friedrichshafen scheint er kaum genutzt zu haben. Der Kleiderschrank zum Beispiel war nahezu leer. Gemeldet war er allerdings sonst nirgends. Aber ich denke, wir werden bald in Erfahrung bringen, ob es nicht irgendwo doch eine andere Wohnung gibt. Alles eine Frage der Zeit, und für heute, Herr Kollege, denke ich, haben wir genug getan. Der *Mojito* war gut, was halten Sie jetzt von einem *Mai Tai* als nächstem Drink?"

Jörg Melcher und Carolin aßen heute Abend wie in der Woche zuvor im *Da Vito*. Beide hatten ein typisches Freitagsgericht bestellt, *Salomone della casa*, Lachsfilet in einer delikaten Cognac Cremesauce. Dazu tranken sie einen leichten Weißwein. Draußen war es dunkel geworden, Kerzen schimmerten an den Tischen.

Sie sprachen von Melchers Friedhoferlebnis und der Frau in Schwarz. Direkt im Anschluss an die Beerdigung war er zu Carolin in die Redaktion der *Schwäbischen Post* gefahren. Er hatte ihr von seinem Erlebnis erzählt. Carolins Kollege Peter Stromsky machte sich gleich an die Bilder, die Melcher von der Frau mit dem Schleier geschossen hatte. Stromsky war der Spezialist für Fotos aller Art. Es gab nichts, was er nicht schon fotografiert hatte. Das hatte seinen Preis, nachts wurde er häufig aus

100

dem Schlaf geklingelt, um Unfälle und andere besondere Ereignisse fotografisch festzuhalten. Mittlerweile hasste er den Satz: *Ich bräuchte da noch schnell ein Bild zum Thema* ... Aber Peter half gern.

Nach einer halben Stunde Arbeit legte er ihnen drei stark vergrößerte Abzüge vor. Doch gelang es ihnen nicht, die dunkle Gestalt auf den Fotos zu identifizieren. Die Frau in Schwarz schien die große Unbekannte zu bleiben.

„Warum gehe ich auf einen Friedhof?", überlegte Carolin. Melcher nahm einen Schluck Wein. „Ganz einfach, weil du ein Grab besuchst", erklärte er.

„Das ist mir schon klar. Dann hätte die Frau zufällig den Trauerzug gesehen und diesem aus reiner Neugier nachgestarrt."

Melcher nickte bestätigend. „Das wäre eine Möglichkeit. Aber ihr Verhalten spricht dagegen. Sie ist regelrecht geflohen."

„Genau und sie trug tiefe Trauer. Kann es nicht sein, dass die Frau Felix Menckhoff gekannt hat? Vielleicht sogar gut gekannt hat?"

„Du glaubst, dass sie mit dem Toten befreundet war?", fragte Melcher. „Und wieso war sie dann nicht im Trauerzug?"

„Vielleicht durfte ihre Beziehung nicht bekannt werden. Menckhoff war Junggeselle. Die Frau könnte verheiratet sein und ihr Mann darf und durfte nichts von der Affäre wissen", erklärte Carolin.

„Das ist sehr spekulativ", meinte Jörg Melcher skeptisch, „und wird ohne genauere Kenntnis von Menckhoffs Privatleben kaum zu klären sein."

Er leerte sein Glas. „Ich bestelle uns noch einen Wein, ja?"

Carolin nickte und er winkte dem Ober.

„Wenn er aber etwas von der Affäre wusste und sich den Nebenbuhler vom Hals geschafft hat?"

„Wer?"

„Der Ehemann der Frau!"

„Woher weißt du, ob die Dame überhaupt verheiratet ist?"

„Das gehört zu meiner Hypothese!", erläuterte Carolin.

Der Lachs kam und Melcher ließ es sich schmecken. Carolin stocherte geistesabwesend mit der Gabel im Fisch herum.

„Wir haben uns bislang nur auf den Fall Werner Bauer konzentriert. Wenn es nun kein *Fall Bauer*, sondern ein *Fall Menckhoff* ist?", meinte sie schließlich.

„Jetzt iss erst einmal, der Lachs ist wirklich gut und die Sauce ganz köstlich", mahnte Melcher. Carolin aß gehorsam einige Gabeln und legte dann ihr Besteck wieder zur Seite. Sie schaute Melcher an.

„Nehmen wir an, das Flugzeugattentat galt wirklich nur dem Piloten. Ein eifersüchtiger Ehemann, ein passionierter Jäger, nutzt seine Waffe und knallt den in sein Revier eingedrungenen Konkurrenten im Anflug ab."

„Soweit plausibel, aber warum wurde anschließend auch Dr. Bauer ermordet?", fragte Melcher. Er schob seinen geleerten Teller von sich und lächelte seine junge Freundin an.

„Das ist die entscheidende Schwachstelle deiner Geschichte. So schön die Lösung *Mord aus Eifersucht* auch wäre, sie erklärt nur den Tod des Piloten. Bei allem anderen versagt die Logik."

„Und wenn …", wandte Carolin ein, und endete gleich wieder. „Nein, du hast Recht, die Geschichte ist zu sehr an den Haaren herbeigezogen."

„Das würde ich nicht sagen", tröstete Jörg Melcher.

„Eifersucht ist immer eine gute Erklärung. Aber in dieser Version gibt es zu viele Lücken."

Er lehnte sich zurück.

„Ich muss morgen früh zurück nach Stuttgart. Da findet am Wochenende eine Veranstaltung im Haus der Wirtschaft statt, über die ich berichte. Ich kann mich auch nicht ewig bei dir einnisten."

Carolin blickte ihn überrascht an.

„Willst du alles auf sich beruhen lassen? Ich dachte, du wolltest unbedingt herausbekommen, wer der Täter ist?"

„Nein, so schnell geben wir nicht auf", beruhigte sie Melcher. „Nur, wir benötigen mehr Zeit. Und vor allem, mehr Informationen. Wenn ich heute noch einmal deine Gastfreundschaft in Anspruch nehmen dürfte. Ich fahre morgen früh und schaue, was ich über meine Stuttgarter Quellen in Erfahrung bringe. Du recherchierst vor Ort. Und wir telefonieren Mitte der Woche, wie es weitergeht."

Carolin stimmte zu, wenn man ihr auch anmerkte, dass sie irgendwie enttäuscht war. Bald zahlten sie und gingen in Carolins Wohnung zurück. Jörg Melcher verschwand im Besucherzimmer und schlief rasch ein.

Carolin stand noch einige Zeit auf dem vorderen Balkon und schaute über die nächtliche Stadt. Der Mond hing als schmale Sichel am Himmel. Was hatte in ihrem Tageshoroskop gestanden?

Abnehmender Mond in Stier. Romantik wird am Freitag besonders großgeschrieben. Alles dreht sich nun um die Liebe. Verbringen Sie viel Zeit mit Ihrem Partner, der Stier-Mond sorgt für kuschelige Gemütlichkeit.

Alles Unfug!, dachte Carolin, oder hätte sie sich mehr um die Gestaltung des Abends kümmern sollen? Was wollte sie eigentlich wirklich? Jörg und sie arbeiteten zusammen im Team. Das verband sie. Und sonst? Ob Jörg an ihr interessiert war? Oder sie überhaupt an ihm? Carolin zuckte die Schultern. Sie wusste es nicht. Jedenfalls war Jörg alt genug, selbst aktiv zu werden. Und wenn er es nicht tat ... Wahrscheinlich war er in Stuttgart in festen Händen. Hatte er nicht etwas von einer *Mimi* erzählt? Und sie machte sich Illusionen! Eine *Menage à trois* würde sie nicht praktizieren. Aus einer solchen Situation entsprang nie etwas Gutes, nur Eifersucht und...

Carolin stoppte abrupt in ihrem Gedankengang. Sie waren in ihrer Überlegung von einer männlichen Konkurrenzsituation ausgegangen. Wenn es sich aber um die Rivalität zwischen Frauen handelte? Was dann? Carolin überlegte und schüttelte den Kopf. Nein, die Dinge wurden dadurch nicht plausibler. Jedenfalls nicht mehr heute. Sie sollte eine Nacht darüber schlafen und das Ganze bei Tageslicht betrachten.

Carolin Setlinger ging zu Bett.

Am Samstag bezog Kommissarin Claudia Nöhler ihre neue Wohnung in der Zebertstraße. Jörg Melcher ging seinen Kontakten in Stuttgart nach und Carolin recherchierte weiter im Fall *Bauer/Menckhoff.*

Ein herrliches Juniwochenende, Sommeranfang, strahlende Sonne und jede Menge Wärme. Die Schwimmbäder der Stadt, Hirschbach und Spiesel, erlebten erste Rekordbesuche, und die Wasser des Härtsfeldsees, des Bucher Stausees und des Haselbachsees wimmelten vor Leben.

Am Sonntagabend trübte sich das Wetter ein und vom Nordwesten zogen düstere Wolken auf. In der Nacht tobten starke Gewitter über der Ostalb.

Auch am Montagmorgen regnete es. Karl Heller, Faktotum und Mädchen für alles in der Löwenbräu Brauerei, machte sich daran, im Sudhaus aufzuräumen. Sein Chef, Franz Harth, hatte ihn wegen des übergelaufenen Setzbottichs zur Rede gestellt, aber Karl wies alle Schuld für den Überlauf entrüstet von sich. Er wisse nichts von einem Wassereinlass am Donnerstagabend oder Freitagmorgen. Darüber könne nur der Braumeister Auskunft geben, meinte er. Bloß, Ludwig sei noch nicht erschienen. Dann solle er sich als Erstes ans Sudhaus machen und dort aufräumen, wies ihn der Chef an, und Karl machte sich an die Arbeit.

Er räumte Kisten und Werkzeug weg, stellte eine Leiter beiseite und stieg die Metallstufen zum Bottich empor. Er trat an den Bottich, drehte das Ablassventil zu und entriegelte die Klappe am Mannloch des Setzbottichs. Karl öffnete die Klappe – und eine bleiche, aufgequollene Hand rutschte ihm entgegen.

Eine halbe Stunde später waren Kommissarin Claudia Nöhler, Inspektor Gödel und ihr Team von der Spurensicherung vor Ort. Der Polizeifotograf Dietel fotografierte die Leiche und den potentiellen Tatort von allen Seiten und die Spurensicherer machten sich an ihre Arbeit. Nahezu gleichzeitig mit Nöhlers Team erschien Dr. Mack, der Pathologe, um den inzwischen geborgenen Leichnam zu untersuchen. Dr. Mathias Mack leitete das Pathologische Institut im Ostalb-Klinikum und agierte bei den ungeklärten Todesfällen der Region als Gerichtsmediziner. Bei Mordfällen erschien er stets persönlich, um sich einen Ersteindruck vom Toten zu verschaffen. Dr. Mack zog die Gummihandschuhe an, kniete neben der Leiche nieder und begann seine Erstuntersuchung. Nach einer Weile richtete er sich wieder auf.

„Von den äußeren Merkmalen eindeutig eine Wasserleiche." Dr. Mack deutete auf den Mund. „Sehen Sie, der Schaumpilz vor Nase und Mund, eine Mischung aus Wasser, Luft und Bronchialsekret. Die Leichenflecken sind nur schwach vorhanden. Die Fingerkuppen sind aufgequollen, es gibt Ansätze zur Auslösung der Fingernägel. Innen am Handteller löst sich ebenfalls die Haut. Todeszeitpunkt vor drei bis vier Tagen. Die Leiche ist ausgekühlt und die Todesstarre weitgehend abgeklungen. Und hier", Dr. Mack drehte den Toten vorsichtig zur Seite. Die Kleidung hatte sich verschoben und gab einen Blick auf die untere Rückenpartie frei. „Die Hämatome, wahrscheinlich von mehreren Schlägen, sind im Randbereich fast grün."

Er wandte sich an die Kommissarin. „Wissen wir, wer der Tote ist?"

„Das ist Ludwig Ganzel, Braumeister im *Löwenbräu*. Der Mann wurde zuletzt am Donnerstagabend gesehen."

„Das war vor mehr als 80 Stunden, das passt zu meinen ersten Eindrücken", meinte Dr. Mack. „Genaueres kann ich Ihnen natürlich erst nach der Obduktion mitteilen."

„Bis wann bekommen wir das Ergebnis?", fragte Claudia Nöhler.

„Wenn ich den Toten gleich mitnehmen kann, noch heute."

Dr. Mack verabschiedete sich, und der Leichnam Ludwig Ganzels wurde abtransportiert. Die Kommissarin und ihr Team begannen mit der Befragung der Brauereibelegschaft. Neben dem Besitzer der Löwenbräu Brauerei, Franz Harth, und Karl Heller, der den Toten Ludwig Ganzel entdeckt hatte, gab es weitere drei Mitarbeiter. Einer von ihnen war in der letzten Woche im

Urlaub gewesen und somit außerhalb jeglichen Verdachts. Es blieben Joseph Lienhard und Otto Weiler, beide langjährig im Löwenbräu beschäftigt. Die Vernehmung der Belegschaft dauerte bis zum späten Vormittag.

Sie trafen sich auf dem Friedhof.

„Tag Markus. Hast du das von Ludwig Ganzel gehört?" „Nein, was ist mit Ganzel?" „Der Mann ist tot, ermordet." „Ermordet? Wer sagt das?"

„Franz hat mich angerufen. Der hat die Polizei im Haus. Ganzel ist offenbar in einem der Kessel ertränkt worden." „Meine Güte, wann ist das denn geschehen?" „Franz sagt, der Mord müsse Donnerstagabend oder Freitagfrüh geschehen sein, glaubt die Polizei."

Eine Frau näherte sich den beiden Männern.

„Hallo Sylvia." „Tag Markus, Tag Stephan." Sie blickte sich um.

„Es sind viele gekommen."

„Ja, viele."

„Ist Franz nicht da?"

„Der kann nicht weg. Er hat Ludwig Ganzel gefunden, ermordet!"

„Meine Güte, das ist schrecklich."

Sylvia von Barmen wurde leichenblass und musste sich auf Stephan Preskow stützen. Eine Glocke schlug elf. Die Trauergemeinde begab sich in die Friedhofskapelle.

Elf Uhr zehn, Claudia Nöhler und Inspektor Gödel saßen in einem Nebenraum der Gaststätte und studierten die Ergebnisse ihrer morgendlichen Befragung.

„Die Aussagen sind eindeutig. Keiner will am Donnerstag mitbekommen haben, wann Ludwig Ganzel gegangen ist. Ganzel wurde zuletzt gegen 21 Uhr gesehen. Franz Harth, der Besitzer, sagt, er habe mit ihm zu diesem Zeitpunkt am Ausschank gesprochen. Otto Weiler, der an dem Abend zusammen mit einer Kellnerin bediente, bestätigt dies. Die Frau heißt übrigens Cornelia Krauss und muss ebenfalls noch vernommen werden. Harth selbst war am Freitagmorgen direkt am Tatort und behauptet, nicht bemerkt zu haben, dass die Leiche des toten Ganzels sich im Setzbottich befand."

„Ich habe mir die Anlage zeigen lassen", warf Gödel ein. „Es ist in der Tat so, dass der Wasserdruck von innen die Verschlussriegel derart anpresst, dass eine Öffnung bei Füllung nicht möglich ist. Polizeimeister Norbert hat in meinem Auftrag zusammen mit Herrn Heller einen entsprechenden Versuch durchgeführt."

„Gut, gehen wir davon aus, dass Franz Harth den Toten tatsächlich nicht entdecken konnte. Für uns ist wichtig, wann der Mann real ermordet wurde. Am Abend gab es eine Veranstaltung im Löwenbräu, die etwa bis halb zwölf dauerte. Wenn Ganzel, sagen wir, zwischen neun Uhr und Mitternacht ermordet wurde, kann auch einer der Gäste in Frage kommen."

„Derjenige müsste sich aber mit den Mechanismen im Sud- und Setzbereich ausgekannt haben", wandte Gödel ein.

„Franz Harth machte für einen Teil der Gäste vor Beginn der Veranstaltung eine Hausführung. Dabei demonstrierte er den Verschluss und die Füllung des Setzbottichs", erklärte die Kommissarin.

„Wie praktisch für den Täter – wenn er als Gast dorthin kam", merkte der Inspektor trocken an. Die Kommissarin nickte.

„Je nach Ergebnis der Obduktion Dr. Macks müssen wir uns daher die Gästeliste vornehmen und die Leute ebenfalls befragen. Zunächst natürlich nur als Zeugen."

„Warum wurde Ganzel wohl ermordet?", überlegte

Gödel. „Der Mann war Mitte fünfzig und seit dreißig Jahren in der Brauerei. Ich glaube nicht, dass der Mord etwas mit dem Löwenbräu zu tun hat. Hinter der Tat vermute ich eher private Gründe."

„Das werden wir sehen. Vorerst können wir nichts ausschließen und müssen in alle Richtungen ermitteln. Gott sei Dank hat die Presse von der Sache noch keinen Wind bekommen. Die hätten mir hier gerade noch zu meinem Glück gefehlt", schloss die Kommissarin das Gespräch.

Claudia Nöhler irrte. Carolin Setlinger bekam nahezu unmittelbar nach dem Leichenfund Nachricht von dem Geschehen und fuhr sofort mit ihrem Kollegen Peter Stromsky zum Tatort. Die Zufahrt zum Galgenberg war bei ihrer Ankunft durch die Polizei abgesperrt. Sie umgingen die Absperrung, indem sie sich über das Gelände der Grünbaumbrauerei dem Löwenbräu näherten. Am Metallzaun erwartete sie ihr Informant Gerhard Tengel, der Mann, der im Urlaub gewesen war, und führte sie in die obere Etage des Löwenbräugebäudes. Von dort schoss Stromsky einige Aufnahmen von der Polizei und dem Abtransport der Leiche. Auch von der Kommissarin gelangen einige Fernaufnahmen. Am Mittag, als die Polizei abzog, nahm sich Carolin die übrige Mannschaft vor und erfuhr bald alles, was es an Informationen zu erfahren gab. Selbst Franz Harth stand für ein Interview zur Verfügung. Er erzählte Carolin, Ludwig Ganzel sei zuletzt am Donnerstagabend gesehen worden. Carolin wurde hellhörig.

„Das war doch der Abend, als die *Nachrichten* bei Ihnen feierten, oder?"

Harth bestätigte dies und gab Carolin eine Gästeliste. Sie und Stromsky verließen die Brauerei und kehrten in die Redaktion der *Schwäbischen Post* zurück.

Carolin versuchte Melcher zu erreichen, um ihm von dem neuerlichen Mord zu berichten. Sie hatte das undeutliche Bauchgefühl, dass zwischen dem Tod im Sud und den anderen Morden ein Zusammenhang bestand. Begründen konnte sie ihre Vermutung nicht. Aber es war, ihrer Meinung nach, nur eine Frage der Zeit, bis sie dies können würde.

Sie rief Melcher an, doch er nahm nicht ab. Auch gut, machte sie sich eben an ihren Artikel. Als Carolin gerade die ersten Zeilen geschrieben hatte, hielt sie inne. Die Beerdigung Dr. Werner Bauers um elf Uhr hatte sie glatt vergessen. Bauer war, wie Felix Menckhoff, in Oberkochen beerdigt worden. Es wäre vielleicht ganz interessant gewesen, festzustellen, wer ihn alles auf seinem letzten Gang begleitete. Doch um elf waren Carolin und Peter Stromsky im Löwenbräu gewesen. Teilen konnte sie sich schließlich auch nicht – Carolin begann weiterzutippen.

An diesem Montag beschäftigte sich Jörg Melcher mit der Vergangenheit von Professor Markus Tiech, dem Chefarzt in der Chirurgie am Ostalb-Klinikum, und der von Stephan Preskow. Tiech hatte in den frühen achtziger Jahren in Tübingen und Freiburg studiert. Er schien Mitglied einer lockeren Clique gewesen zu sein, deren Hauptaugenmerk auf einer vergnüglichen Freizeitgestaltung gelegen hatte. Allen war gemeinsam, dass sie aus vermögenden Elternhäusern stammten und sich daher um die Niederungen des studentischen Daseins wenig kümmern mussten. Ausflüge zu den Pferderennen nach Baden-Baden bzw. ins Casino, Segeltouren auf dem Bodensee und im Winter ein Wochenendtrip nach St. Maurice gehörten dazu, wie das Fahren nächtlicher illegaler Rennen auf süddeutschen Autobahnen. Mit in der Gruppe waren auch der getötete Werner Bauer und sein Firmenteilhaber Stephan Preskow. Melchers Gewährsmann, der zur gleichen Zeit in Freiburg einige Semester Philosophie und Soziologie studiert hatte und mit einer der jungen Damen der Gruppe eng befreundet war, berichtete ihm über jene Jahre.

Uli Nimwez, später wechselte er zu BWL und leitet heute das Wirtschaftsressort einer überregionalen Tageszeitung, geriet geradezu ins Schwärmen. Mit seinem getunten Golf, in dem alles Geld steckte, das er mit Nebenjobs verdiente, habe er den Porsche Preskows und den Mercedes SL von Markus Tiech in mehreren Nachtrennen zwischen Freiburg und Basel locker abgehängt. Und einmal bei Ihringen im Kaiserstuhl ..."

„Was war mit Werner Bauer?", unterbrach Melcher Nimwez' nostalgische Reminiszenzen.

„Ach, der Werner. Der hing wie eine Klette an der Sylvia und sie an ihm. Deswegen waren wir alle ziemlich überrascht, als sie mit diesem von Barnem abzog. Eine sagenhafte Frau, die Sylvia. Die sah fantastisch aus. Herrliches Haar, eine tolle Figur und ein schönes Gesicht. Dazu eine hervorragende Sportlerin. Sie hatte aber nur Augen für Werner. Deswegen ..."

„Wart ihr alle überrascht, du sagtest es bereits", stoppte ihn Melcher. „Und Stephan Preskow? Gab es zwischen ihm und, sagen wir Bauer oder Tiech irgendeine Konkurrenz?"

„Die beiden waren natürlich auch hinter Sylvia her. Wie wir alle. Da soll es sogar mal eine Schlägerei gegeben habe. Ich war aber nicht dabei", erklärte Nimwez.

„Und später, als alle dann mit ihren Studien fertig waren? Was war dann?", fragte Melcher weiter.

„Dazu kann ich dir nichts sagen. Mit Pia war Schluss und ich bin nach München gegangen. Du weißt, BWL, mein Sündenfall", lachte Nimwez.

Soweit Melchers Quelle.

Ob ihm die Geschichten Uli Nimwez' weiterhalfen, konnte Melcher nicht sagen. Auch wenn Preskow und Tiech mit Werner Bauer um die spätere Sylvia von Barnem konkurriert hatten. Sie hatte Werner Bauer und letztlich auch die anderen beiden sitzen lassen. Vielleicht hatte sich das Trio, nachdem Sylvia als Witwe wieder frei geworden war, neu um sie beworben? Das war, wenn überhaupt, rund zehn Jahre her. Dass Tiech oder Preskow oder beide gemeinsam deswegen ihren alten Freund und Konkurrenten Werner Bauer umbrachten, nein, das schien zu unwahrscheinlich. Obwohl, wenn Preskow erst geschossen und Tiech im Klinikum den Rest erledigt hatte …? Vielleicht spielten noch andere Gründe eine Rolle. Wer erbte eigentlich Dr. Bauers Firmenanteil – und natürlich auch sein Privatvermögen? Gab es da nicht einen Bruder?

Am Abend erreichte Carolin Setlinger endlich Jörg Melcher.

„Melcher."

„Hier Carolin. Jörg, halt dich fest. Es hat einen neuen Mord gegeben. Ludwig Ganzel, der Braumeister der Löwenbräu Brauerei, wurde in einem Kessel ertränkt!"

Melcher schwieg betroffen einen Augenblick.

„Ertränkt", wiederholte er dann, „das ist ein grausamer Tod." Er überlegte kurz. „*Tod im Sud*, der richtige Titel für den Boulevard. Wann ist der Mord geschehen?"

„Es sieht so aus, als ob Ganzel am Donnerstagabend oder Freitagnacht ermordet worden sei", antwortete Carolin.

„Am Donnerstag? Das wäre während des Festes gewesen? Das erklärt, warum sich Ganzel, obwohl wir verabredet waren, nicht mehr hat blicken lassen."

Jörg Melcher überlegte einen Augenblick.

„Dann gebe es unter Umständen eine ziemlich große Liste von Verdächtigen. Ich habe inzwischen einiges zum Umfeld Werner Bauers herausgefunden. Markus Tiech, Stephan Preskow und Sylvia von Barnem waren mit Bauer befreundet. Diese Sylvia war vor ihrer Ehe sogar mit ihm eng liiert", berichtete er Carolin.

„Mit Werner Bauer und nicht mit Tiech? Das ist interessant, jedenfalls haben wir damit faktisch drei Verdächtige. Und", fuhr sie fort, „meinst du, dass Ganzels Tod mit Dr. Bauers Tod und seinem Umfeld zu tun hat? Markus Tiech, Stephan Preskow und Sylvia von Barnem waren alle drei nahe beim Tatort!"

„Stimmt", meinte Melcher, „nur, das gilt auch für mich! Das wird unsere Kommissarin bald feststellen. Die Frau ist hartnäckiger, als ich dachte. Gestern Mittag rief sie an und versuchte, richtig Druck zu machen. Behauptete, sie wisse genau, ich hätte Fotos vom Absturz gemacht. Das sei Zurückhaltung von Beweismitteln und damit ein Straftatbestand und so weiter. Ich versprach ihr, sie in Aalen aufzusuchen und ihr mein Material zugänglich zu machen."

„Das willst du wirklich?", fragte Carolin erstaunt.

„Klar", bestätigte Melcher, „allerdings nur bei Gegenleistung. Bilder gegen Infos."

„Das ist ein gewagtes Spiel, was machst du, wenn die Kommissarin deine Bilder einfach beschlagnahmen lässt?", wandte Carolin ein.

„Bis die Nöhler meine Bilder beschlagnahmt, passiert noch viel. Morgen Mittag komme ich jedenfalls wieder nach Aalen. Besorg mir bitte in einer Pension ein Zimmer. Der Fall fängt an, interessant zu werden!"

4. Kapitel – Am offenen Grab

Sie traten an das offene Grab und blickten in die düstere Tiefe. Dann warf jeder seine Schaufel voll Erde in das dunkle Loch hinein und wandte sich ab. Asche und Staub und Sand. Eine Wiederkehr gab es nicht. Kein Früher mehr, kein Heute und ganz sicher kein Morgen. Werner Bauer war tot und begraben. Endgültig und für immer. Sie verließen den Friedhof und fuhren in getrennte Richtungen davon.

Kommissarin Nöhler und Inspektor Gödel standen vor dem kleinen Reihenhaus in Wasseralfingen, in dem Ludwig Ganzel gelebt hatte. Die Tochter Dorothea war zweiundzwanzig und wohnte ebenfalls im Hause. Ganzels Frau Martha war vor zehn Jahren bei einem Unfall ums Leben gekommen. Eine Familie, der das Schicksal nicht gerade wohl gesonnen schien.

Sie klingelten, kurz darauf öffnete eine junge Frau die Haustür. Ihr hübsches Gesicht wirkte blass und die Augenpartie war stark gerötet. Die Polizisten stellten sich vor und Dorothea Ganzel bat beide ins Haus. Sie führte die Beamten in das Wohnzimmer und verschwand in die Küche, um Kaffeewasser aufzusetzen. Frau Nöhler blickte sich um. Das Zimmer machte einen sehr geordneten Eindruck. Neben der Sofaecke und der üblichen Schrankwand gab es einen Esstisch mit Stühlen und eine Anrichte, die offenbar älterer Herkunft war. Frau Ganzel, die gerade mit den Kaffeetassen zurückkehrte, bemerkte den interessierten Blick der Kommissarin.

„Die Anrichte stammt aus dem Biedermeier. Ein Erbstück seitens einer Tante meiner Mutter. Aber deswegen sind Sie nicht gekommen."

Die Kommissarin nickte.

„Ich darf Ihnen zunächst unser Beileid aussprechen. Ich weiß, es ist zurzeit nicht leicht für Sie, aber wir haben einige Fragen zu Ihrem Vater. Wir wissen bislang recht wenig über ihn, und Sie als Tochter können uns vielleicht weiterhelfen. Wenn es zu viel für Sie wird, sagen Sie es uns bitte. "

„Ich werde versuchen, Ihnen, soweit ich kann, zu antworten, obwohl das ganze Geschehen für mich unbegreiflich ist", antwortete Dorothea Ganzel. Sie schenkte den Kaffee ein. „Ich war zwei Wochen bis gestern Abend auf einer Exkursion und …", sie hielt inne und kämpfte mit den Tränen. Schließlich beruhigte sie sich etwas.

„Sie entschuldigen, aber jetzt geht es wieder. Am besten, Sie fragen einfach."

Die Kommissarin nickte und begann mit der Standardbefragung.

„Hatte Ihr Vater Feinde oder gab es einen Konkurrenten, jemanden, der ihn nicht mochte? Herr Harth hat uns berichtet, Ihr Vater sei als Braumeister sozusagen das Herzstück der Brauerei gewesen. Vielleicht war jemand auf seine Position eifersüchtig?" Dorothea Ganzel schüttelte den Kopf.

„Nein, ich kenne niemanden, mit dem es Probleme gegeben hätte. Er kam mit allen gut aus. Vater hat nie von Schwierigkeiten gesprochen."

„Schwierigkeiten?"

„Ich meine, dass er irgendwelche Auseinandersetzungen in der Brauerei gehabt hätte", erklärte sie.

„Sie können sich also nicht vorstellen, warum jemand Ihren Vater umgebracht hat?", fragte Inspektor Gödel.

„Nein, das sagte ich bereits!"

„Was war Ihr Vater für ein Mensch?", wechselte Frau Nöhler das Thema.

„Für ihn gab es nur die Brauerei und die Jagd."

„Ihr Vater war Jäger?", hakte der Inspektor nach.

„Ja, in seiner Freizeit ging er oft mit Bekannten zusammen auf die Jagd. Er ging völlig in seiner Leidenschaft auf. Natürlich konnte er sich kein eigenes Jagdrevier leisten, obwohl das immer sein großer Traum war. Aber Dr. Bauer, Sie wissen, das ist der Mann, der letzte Woche mit dem Flugzeug abgestürzt ist, nahm meinen Vater oft zum Jagen mit."

„Dr. Bauer und ihr Vater waren befreundet?", fragte die Kommissarin verwundert.

„Mein Vater kannte Dr. Bauer seit dessen Jugend. Bauers Eltern lebten hier in der Gegend, ziemlich betuchte Leute. Mein Vater hat als junger Mann für sie gearbeitet und sich so seine Ausbildung verdient."

„Und da kam er mit Werner Bauer in Kontakt?"

„Die Eltern Werner Bauers waren oft unterwegs, und der Junge hat sich an meinen Vater gehängt. Er ist ihm überallhin gefolgt, mein Vater hat ihn auch ständig mitgenommen und sich um ihn gekümmert."

„Und später?"

„Der Kontakt ist dann wohl abgerissen. Ganz genau weiß ich es nicht. Jedenfalls vor zwei, nein, vor drei Jahren war es. Genau, da hatte ich gerade mein Abitur gemacht. Da besuchte uns Dr. Bauer überraschend. Mein Vater freute sich sehr, und seitdem trafen sich die beiden öfter."

„Sie wissen nicht zufällig, wann sich Ihr Vater und Dr. Bauer zuletzt getroffen haben?", forschte die Kommissarin.

Dorothea Ganzel dachte kurz nach. „Vielleicht vor drei, vier Wochen. Ein genaues Datum weiß ich nicht."

„Ich denke, das hilft uns schon weiter. Ist Ihnen in letzter Zeit sonst etwas an Ihrem Vater aufgefallen?"

Die junge Frau überlegte. „Mein Vater erzählte neulich",

sagte sie, „er habe etwas vor. Eine Überraschung, sagte er. Ich würde bald überrascht sein."

„Und Sie wissen nicht, welche Art von Überraschung das sein sollte?"

Sie schüttelte den Kopf.

„Nein, wie gesagt, es sollte eine Überraschung sein, mehr verriet er mir nicht."

Die Kommissarin bedankte sich bei Dorothea Ganzel für die Auskünfte. Sie bat darum, noch einen Blick in das Arbeitszimmer Ludwig Ganzels werfen zu dürfen. Ganzels Tochter führte sie in einen kleinen Raum in der oberen Etage. Das schmale Zimmer war penibel aufgeräumt. In einem Regal standen säuberlich beschriftete Ordner. Gödel zog Ordner hervor und blätterte in ihnen. Sie enthielten die übliche Privatkorrespondenz mit Behörden und Firmen. Lediglich ein Schreiben fiel aus dem Rahmen. Es handelte sich um einen Antwortbrief auf eine Anfrage Ganzels wegen eines Jagdreviers im Bodenseebereich und um die mögliche Pachtsumme. Gödel überflog den Inhalt und pfiff durch die Zähne.

„60.000 Euro für zwölf Jahre, ich habe keine Ahnung von den Preisen, aber für Ganzel war das sicher kein Pappenstil. Woher hatte der Mann so viel Geld?"

„Anders gefragt. Von wem erwartete Ganzel so viel Geld und was hatte er für die Summe zu bieten?", führte die Kommissarin Gödels Überlegungen fort. Sie fragte Dorothea Ganzel nach dem Schreiben, aber die junge Frau konnte ihnen weiter keine Auskunft geben. Sie erlaubte den beiden Kriminalbeamten, das Schreiben und alle anderen Unterlagen, die zur Aufklärung des Mordes an ihrem Vater beitragen mochten, mitzunehmen.

Gödel und Nöhler suchten noch eine Weile, sie fanden

aber weiter nichts Verwertbares mehr und verabschiedeten sich schließlich.

„Was halten Sie von Ganzels Tochter?", fragte die Kommissarin den Inspektor. „Sie scheint vom Tod ihres Vaters sehr betroffen. Ein hübsches Mädchen und sehr nett."

„Das Aussehen kann täuschen, Herr Kollege", meinte Claudia Nöhler. „Aber ich glaube auch, dass sie mit dem Mord nichts zu tun hat. Dennoch, überprüfen Sie bitte ihre Angaben. Sicher ist sicher."

Gegen 11 Uhr erreichten die Kommissarin und der Inspektor ihre Dienststelle.

Carolin Setlinger und Jörg Melcher saßen im Besprechungsraum der Redaktion der *SchwäPo* und trugen zusammen, was sie bislang alles zu den Mordfällen Menckhoff, Bauer und Ganzel in Erfahrung gebracht hatten. Carolin las die Liste vor:

„Freitag, 12.Juni, nachmittags um 16:45 Uhr. Absturz der Cessna mit Felix Menckhoff und Dr. Werner Bauer aufgrund eines Schusses (nicht offiziell!). Menckhoff kommt ums Leben, Bauer überlebt. Sonntag, 14.Juni, 23:13 Uhr Dr. Bauer stirbt aufgrund einer falschen Infusion (Gift!). Donnerstag, 18.Juni zwischen 21 und 24 Uhr bzw. Freitag, 19. Juni 0 bis 6 Uhr morgens. Braumeister Ludwig Ganzel wird im Setzfass ertränkt. Bauer und Menckhoff stammen beide aus Unterkochen. Bauer hatte geschäftlich mit dem Aalener Löwenbräu zu tun, wo Ganzel tätig war. Professor Markus Tiech, Stephan Preskow und Dr. Sylvia von Barnem kannten Dr. Bauer von früher. Alle drei waren am Abend des mutmaßlichen Todes im Löwenbräu (wenn Ganzel vor Mitternacht ermordet wurde). Markus Tiech arbeitete im Ostalb-Klinikum, dem Krankenhaus, in dem Werner Bauer ermordet wurde."

Sie sah Melcher fragend an. „Das ist alles?"

„Es fehlt der Hinweis auf das Projektil, das wir gefunden haben. Die .308 Winchesterpatrone, also die zivile Version der 7,62 x 51 mm", merkte er an. „Das heißt, wir haben es beim Täter mit einem Jäger zu tun bzw. mit jemandem, der Zugang zu einer Jagdwaffe hatte", ergänzte Carolin und schrieb: „Täter ist wahrscheinlich Jäger."

Jörg Melcher nickte. „Und jetzt halt dich fest, ich habe eine echte Überraschung zu bieten!" Er bückte sich und holte aus seiner Aktentasche eine Mappe hervor, die er Carolin zuschob. „Schlag die erste Seite auf!"

8. Juni 2009 Einladung zur Versammlung der Jagdgenossen des gemeinschaftlichen Jagdbezirks Wasseralfingen

Der Gemeinderat als Notvorstand des gemeinschaftlichen Jagdbezirks Wasseralfingen hat am 21. April 2009 die Einberufung der Jagdgenossenschaftsversammlung beschlossen, die Tagesordnung aufgestellt und Bürgermeister Manfred Steinbach mit der Versammlungsleitung beauftragt.

Die Versammlung findet am Montag, 8. Juli 2009 im Bürgersaal des Bürgerhauses Wasseralfingen, Stefansplatz 5, 73433 Aalen-Wasseralfingen statt. Eingeladen sind hiermit alle Jagdgenossen, das heißt Eigentümer bejagbarer Flächen im gemeinschaftlichen Jagdbezirk Aalen. Der gemeinschaftliche Jagdbezirk Aalen umfasst die Gemarkungen Aalen, Ebnat, Waldhausen, Unterkochen, Dewangen und Fachsenfeld. Die Zugehörigkeit zum Jagdbezirk Aalen kann aus dem Jagdkataster von den Jagdgenossen bei der Stadtverwaltung Aalen, Rathaus Aalen, Zimmer 403, eingesehen werden. Es wird um Terminvereinbarung unter der Telefonnummer 07361 52-1403 gebeten ...

„Und so weiter und so fort. Jetzt blättere zur nächsten Seite."

Carolin schlug die folgende Seite auf und las weiter:

Termine der Jägervereinigung Aalen im Ostalbkreis e.V. Rotachstraße 133 73495 Stödlen. Hauptversammlung der JV-Aalen vom 29.April 2009

Kreisjägermeister Stephan Preskow konnte in dem bis auf den letzten Platz belegten Saal des Gasthauses „Kellerhaus" in Oberalfingen zahlreiche Mitglieder und Ehrengäste begrüßen, darunter auch Herrn Baron von Tahlhausen von der CDU-Kreistagsfraktion und den Fraktionsvorsitzenden Volker Grub von den Grünen sowie die Vorsitzende der Jägerinnenvereinigung Sylvia von Barnem. Auf der Tagungsordnung standen die Neuwahl des Vorstands und die Vorbereitung der Teilnahme an der Versammlung der Jagdgenossen des gemeinschaftlichen Jagdbezirks Wasseralfingen am 8.Juni 2009. Kreisjägermeister Stephan Preskow sowie der stellvertretende Kreisjägermeister Johann Wehner wurden im Amt bestätigt. Zum Schießobmann neu gewählt wurde Franz Harth. Ludwig Ganzel wurde zum Ehren-Kreisjägermeister ernannt.

Sie sah von ihrer Lektüre hoch. „Das ist ein Ding. Stephan Preskow ist Jäger. Ebenso Franz Harth. Auch Ludwig Ganzel war Jäger. Und die von Barnem ist Vorsitzende der weiblichen Jäger."

„Du vergisst Johann Wehner, den Direktor der Kreissparkasse Ostalb. Wehner war mit seiner Frau ebenfalls im Löwenbräu", warf Melcher ein.

Carolin holte ihrerseits ein Blatt hervor.

„Das passt alles wunderbar zu unserer Liste von neulich, die der Mitglieder des Württembergischen Yacht-Club e.V. Friedrichshafen: *Dr. Sylvia von Barnem, Dr.*

Werner Bauer, Stephan Preskow, Professor Dr. Markus Tiech und der Sparkassendirektor Wehner."

„Ludwig Ganzel fehlt."

„Und auf der anderen Liste Werner Bauer. Wenn Bauer ebenfalls Jäger war, dann sind wir auf eine ziemlich heiße Spur gestoßen."

Kommissarin Nöhler legte den Obduktionsbericht von Dr. Mack zur Seite. Nach Dr. Mack war Ludwig Ganzel am vergangenen Donnerstag zwischen 20 und 22:30 Uhr ermordet worden. Die Todesursache stand eindeutig fest. Der Täter hatte Ganzel im Setzbottich ertränkt. Vorher hatte er ihn offenbar niedergeschlagen, wobei Dr. Mack annahm, Ganzel sei zumindest mit dem Oberkörper bereits im Bottich gewesen. Wahrscheinlich war ihm im Innern etwas aufgefallen und Ganzel hatte hineingeschaut. Das nutzte der Täter und schlug von hinten zu. Ganzel musste ohnmächtig geworden sein und konnte so ins Innere des Bottichs geschoben werden.

Im genannten Zeitraum waren in der Brauerei die Belegschaft sowie weitere sieben Kellnerinnen, die Franz Harth zum Teil eigens für den Abend engagiert hatte, anwesend. Die Frauen waren alle bereits vernommen worden. Ihre Aussagen glichen einander wie ein Ei dem anderen. Sie hatten Getränke und Speisen serviert und waren von sieben Uhr abends bis kurz nach Mitternacht im Einsatz gewesen. Gesehen und gehört hatte angeblich keine etwas. Alle waren bereits früher einmal in der Brauerei tätig gewesen, Ludwig Ganzel kannte jede von ihnen, doch keine privat. Frau Nöhler hatte nicht erwartet, dass eine der Kellnerinnen etwas mit dem Mord zu tun habe, obwohl die Damen durchaus kräftig genug schienen, einen Mann in der Gewichtsklasse des toten Ganzels in ein Mannloch oder sonst wo hineinschieben zu können. Sonst standen die Besucher der Veranstaltung auf der Verdächtigenliste, wobei die wenigsten namentlich bekannt waren. Die Führung durch die Brauerei einschließlich der Demonstration am Gärbottich hatten nur die geladenen Gäste mitgemacht.

Es klopfte und ein Polizist brachte der Kommissarin einen Umschlag.

„Von Herrn Harth, die Gästeliste des Abends."

„Danke."

Frau Nöhler öffnete den Umschlag und überflog die Liste.

Dr. Alfred Kolzer, Joachim Geissler, Frau Dr. Sylvia von Barnem, Professor Dr. Markus Tiech, Hans-Otto und Ruth Gulen, Johann Wehner, Stephan Preskow, Helmut und Heike Maier, Herbert und Mareike Grohn, Carl Trossberg, Klaus-Peter und Petra Böckel, Jörg Melcher.

Die Kommissarin legte das Blatt auf den Tisch und starrte ungläubig auf die Namen der Gäste. Jörg Melcher!

Melcher war an dem Abend, als Ludwig Ganzel ermordet wurde, in unmittelbarer Nähe des Tatorts gewesen! Melcher, der den Absturz fotografiert hatte. Melcher, der, wie ihr berichtet worden war, bei der Beerdigung des toten Piloten aufgetaucht war. Melcher, der auf eigene Faust ermittelte. Inspektor Gödel war nochmals in Friedrichshafen gewesen, um Bauers Umfeld genauer unter die Lupe zu nehmen. Jemand hatte sich bereits da und dort nach Bauer erkundigt. Von der Beschreibung her konnte dies nur der Fotograf Jörg Melcher gewesen sein! Melcher war also mitten im Fall.

Dieser Herr würde gleich bei ihr erscheinen und, wie er frech am Telefon mitgeteilt hatte, mit ihr über einen *Deal* sprechen wollen! Herr Melcher würde sie kennen lernen! Sie griff ihrerseits zum Telefon und rief Inspektor Gödel an.

„Du warst an dem Abend, als Ganzel starb, für einige Zeit verschwunden. Sylvia auch. Hast du etwas mit ihr?"

Der Andere grinste den Frager an. „Das würdest du gerne wissen, oder? Aber, mein Lieber, der Gentleman genießt und schweigt!"

Sein Gegenüber schüttelte den Kopf. „Mach nicht so viel Wind. Zufällig war ich auch kurz draußen und habe dich gesehen. Sylvia war nicht bei dir. Aber Ludwig Ganzel. Und ihr wart ganz schön in Fahrt?"

„Was soll das? Willst du behaupten, ich hätte Ganzel umgebracht?"

„Nein, das nicht. Du bist zu feige dazu. Aber mit Sylvia warst du nicht zusammen."

„Meinst du, dass Sylvia …?"

„Mut hätte sie schon", der Sprecher zögerte. „Ich habe Sie gesehen und sie war nicht allein. Nicht Ludwig Ganzel. Aber wer es war, weiß ich nicht. Sonst würde ich mir den Kerl einmal vorknöpfen!"

Um kurz nach 14 Uhr klopfte Jörg Melcher an die Tür des Büros von Kommissarin Claudia Nöhler. Auf das kurze Herein trat er ins Zimmer und grüßte. Frau Nöhler erwiderte knapp den Gruß und deutete auf einen Stuhl.

„Nehmen Sie Platz, Herr Melcher!"

Melcher setzte sich und blickte auf seine beiden Gegenüber. Die Kommissarin war nicht allein, neben ihr saß Inspektor Gödel. *Die Nöhler hat sich Verstärkung geholt, die Frau hat etwas vor,* analysierte Melcher die Lage. Sowohl die Kommissarin als ihr Inspektor schwiegen zunächst. Die Weichkochmethode, aber schweigen konnte Jörg

Melcher auch. Er verschränkte die Arme und wartete. Gut eine Minute saßen sie sich gegenüber, dann reichte es der Kommissarin und sie brach die Stille. Ihre ersten Sätze bestätigten seine Vermutung, Frau Nöhler begann das bekannte polizeiliche Frage- und Antwortspiel.

„Sie bringen mir sicher die Fotos, die Sie von der abstürzenden Cessna gemacht haben. Der Absturz war am 12. Juni, heute ist der 23. Juni. Sie sind einige Zeit in Verzug, Herr Melcher. Warum?" Bevor Melcher antworten konnte, sprach die Kommissarin weiter. „Auch höre ich, Sie haben sich hier bei einer Kollegin einquartiert, ziehen durch die Gegend und fragen die Leute über den toten Werner Bauer aus. Sind Sie Polizist, Herr Melcher, oder wie legitimieren Sie Ihre Aktivitäten?"

Inspektor Gödel mischte sich ein.

„Wir brauchen keine Amateurermittler, die alles durcheinanderwirbeln. Schnüffler, die überall ihre Nase hineinstecken."

Daher wehte der Wind, dachte Melcher. Er war der frischgebackenen Kommissarin und ihrem Inspektor in die Quere gekommen. Gut, mochten die beide ihn anblaffen, wen störte das groß? Ihn jedenfalls nicht. Die Presse war frei und konnte untersuchen, wo und was sie wollte. Auch wenn es den Vertretern der öffentlichen Ordnung nicht gefallen mochte.

„Hören Sie, Frau Nöhler, ich weiß nicht, was Sie wollen. Zu recherchieren und zu fotografieren gehört zu meinem Beruf. Wenn ich die Cessna nicht fotografiert hätte, ständen Sie ohne Bilder an."

„Sie haben Beweismaterial zurückgehalten", überging die Kommissarin seinen Einwand. „Das ist strafbar!"

„Beweismaterial? Ich dachte, der Absturz sei durch einen normalen Vogelschlag verursacht worden?", fragte Melcher unschuldig.

„Wenn Sie sich in der Nähe eines Geschehens aufhalten, ist nie etwas normal!", erwiderte Claudias Nöhler spitz.

Jörg Melcher lächelte. „Für den Absturz kann ich wirklich nichts. Ich habe lediglich fotografiert und mich natürlich für die Biografien der Opfer interessiert. Wenn ich gewusst hätte, dass Ihnen die Fotos so wichtig sind, wäre ich längst vorbeigekommen. Hier", Melcher zog einen Umschlag aus seiner Jackentasche, „habe ich einen Satz meiner Aufnahmen. Die bekommen Sie sozusagen gratis, ohne Wenn und Aber."

„Jetzt lassen Sie mal Ihr schönes Drumherumgerede, Herr Melcher. Da gibt es einiges, was Sie uns dringend erklären sollten", schaltete sich wieder der Inspektor ein. „Warum hat Sie am Abend des Absturzes in Ihrem Hotel jemand überfallen? Ihre Kamera wurde zerstört und Ihr Laptop gestohlen. Steht alles hier in Ihrer Anzeige!" Er deutete triumphierend auf einen grünen Schnellhefter. „Da ist doch etwas faul!"

„Wie soll ich wissen, warum mich jemand überfallen hat? Ihr Kollege, der die Anzeige aufgenommen hat, meinte, dass es sich um einen Junkie gehandelt habe. Eine Form der Beschaffungskriminalität", entgegnete Melcher ruhig.

„Das glauben Sie doch selbst nicht", erwiderte der Inspektor. „Irgendetwas muss auf Ihren Fotos drauf sein, weswegen jemand die Bilder unbedingt haben wollte!" Die Kommissarin öffnete den Umschlag.

„Wollen wir doch erst einmal schauen, was Sie aufgenommen haben."

Sie betrachtete aufmerksam die Fotos und gab diese dann an Inspektor Gödel weiter. „Das sind drei Bilder vom Absturz und zwei vom Anflug. Mehr haben Sie nicht?", fragte sie Melcher.

„Sie wissen selbst, dass mir meine Bilder geklaut worden sind!"

„Gut, aber was soll das Foto von dieser Frau auf einem Friedhof?"

„Ich dachte, Sie kennen vielleicht die Dame", erwiderte Melcher und grinste.

Inspektor Gödel studierte das Bild genauer. „Die kommt mir irgendwie bekannt vor, aber ich kann nicht sagen woher. Wo und wann haben Sie das Bild geschossen?"

„Das Foto wurde am letzten Freitag während der Beisetzung von Felix Menckhoff aufgenommen", erklärte Melcher. „Sie wissen doch bestimmt, dass ich dort gewesen bin", fügte er süffisant hinzu.

„Sie waren bei der Beerdigung?", gab sich die Kommissarin überrascht. „Und die Frau war unter den Trauergästen?

„Sie stand am Rand und beobachtete alles."

„Merkwürdig", Frau Nöhler studierte noch einmal das Bild.

„Aber", sie legte das Bild zu Seite, „wie kommt es, dass Sie an dem Abend, als Ludwig Ganzel ermordet wurde, wieder direkt beim Tatort waren?"

„Ach, Ganzel wurde also während des Festes ermordet? Das habe ich so genau noch nicht gehört, vielen Dank!"

„Hören Sie, Melcher, was wissen Sie wirklich über die Angelegenheit? Sie haben sich mit dem Fall beschäftigt und recherchieren weiterhin. Wenn Ihnen Tatsachen vorliegen, die wir nicht kennen, müssen Sie uns informieren, dazu sind Sie verpflichtet!", entgegnete die Kommissarin.

Jörg Melcher grinste. „Muss ich? Also wirklich, Frau Nöhler, hören Sie auf, mich unter Druck setzen zu wollen. Natürlich informiere ich Sie, aber nur dann, wenn ich es für angemessen halte. Lassen Sie mich einfach meine Arbeit tun, dann profitieren Sie auch davon."

„Wollen Sie behaupten, die Polizei könne nicht ermitteln und sei auf Ihre fragwürdige Hilfe angewiesen?", empörte sich der Inspektor.

„Lassen Sie, Herr Gödel, Herr Melcher provoziert gerne", beschwichtigte die Kommissarin. „Womit beschäftigen Sie sich denn gerade?", fragte sie Melcher.

„Ich bin sozusagen auf der Jagd, Frau Nöhler", gab er zur Antwort. „Ich muss nur noch das richtige Revier finden!"

„Woher wissen Sie von Ludwigs Ganzels Wunsch nach einem eigenen Revier?", entfuhr es Gödel. Jörg Melcher verzog keine Miene. „Sie meinen eine eigene Pacht?", fragte er harmlos nach.

„Sie wissen ganz genau, was ich meine", brummte der Inspektor, der spürte, dass er Melcher unfreiwillig eine Information preisgegeben hatte.

„Natürlich weiß ich das, ein Ehrenkreisjägermeister ist immer auf der Suche nach Neuland. So", Jörg Melcher lächelte verbindlich, „wenn Sie mich jetzt entschuldigen, ich habe noch Termine."

Er stand auf, verbeugte sich kurz vor der Kommissarin, ging und ließ das verblüffte Duo im Büro zurück.

Carolin Setlinger fuhr mit ihrem Wagen nach Wasseralfingen zum Besucherbergwerk *Tiefer Stollen*, wo sie um 14 Uhr einen Termin für eine Sonderführung vereinbart hatte. Für den schon länger geplanten Artikel über regionale Besonderheiten recherchierte sie heute vor Ort und unternahm eine Tour durch das Bergwerk. Vor dem Eingang der Anlage erwartete sie Friedrich Rothenstolz, der Betriebsleiter von *Tiefer Stollen*. Carolin bekam einen weißen Helm und einen orangefarbenen

Umhang. Besucher fuhren sonst mit der Lorenbahn in den Tunnel. Rothenstolz schlug vor, sich zu Fuß in das Bergwerksinnere zu begeben, um die Authentizität der Anlage besser erleben zu können. Sie verließen den Bahnbereich und liefen hinüber zum Tunneleingang. Rothenstolz und Carolin traten ins Innere und marschierten die ersten 400 Meter entlang des Schienenstrangs bis zum zentralen Innenbereich. Auf dem halben Weg kam ihnen die Bergbahn wie ein leuchtender Drache entgegen. Rothenstolz zog Carolin rasch in einen Seitengang. Sie drehte sich um und erschrak, als sie im Dunkeln eine Gestalt an einer Lore stehen sah.

„Eine Illustration, sonst nichts", beruhigte sie der Bergmann. Die Bahn war vorbei und sie liefen weiter in die Tiefe. Auf ihrem Weg durch die Unterwelt erzählte Rothenstolz der Journalistin alles Wissenswerte über die Bergwerksanlage.

„*Tiefer Stollen* war ursprünglich ein Eisenerzbergwerk. Im Eisensandstein sind im Aalener Raum durch Sedimentation von 0,5 bis 1 Millimeter großen Brauneisenkörnchen sowie durch Umlagerung und Anhäufung zwei abbaufähige Flöze von rund 1,7 Meter und rund 1,4 Meter Mächtigkeit entstanden. Zwischen 1365 und 1945 wurden diese Flöze erst im Tagbau, ab dem 18. Jahrhundert im Stollenbetrieb abgebaut. Wegen des geringen Eisengehaltes und des hohen Kieselsäureanteiles sowie wegen der fehlenden Steinkohle wurde der Erzabbau nach 1945 nicht wieder aufgenommen. Um die Leistung der Bergleute zu würdigen und um das Bergwerk als Denkmal der frühen industriellen Kultur im Aalener Raum zu erhalten, wurde es 1987 wiedereröffnet. Dabei beließ man alles so weit wie möglich im Originalzustand. Riesige Schuttberge wurden ausgeräumt und der Boden eingeebnet und geschottert. Die Wasserrinne wurde an alter Stelle neu verlegt, ebenso wie die Gleise und das elektrische Licht. Geländer und Stufen sind neu betoniert, die Wände und Decken jedoch befinden sich, bis auf wenige Ausnahmen, die nach altem Vorbild restauriert wurden, im Originalzustand. Die Temperatur im Berg beträgt konstant 11°C. Der Fußweg unter Tage ist rund 800 m lang, es gibt 3 Stufen aufwärts und 18 Stufen abwärts. Eine normale Führung dauert ungefähr eineinhalb Stunden." Während Rothenstolz dies und anderes berichtete, kamen sie an unterschiedlichen Abteilungen vorbei, die Szenen aus dem Arbeitsleben im Bergbau zeigten. Schließlich erreichten sie den Heilstollen Aalen.

„Seit 1989 wird das Bergwerk auch für die Behandlung von Patienten mit Atemwegserkrankungen genutzt. Die Heilstollentherapie ist besonders gut geeignet für Patienten mit Asthma und Bronchitis", erklärte Rothenstolz. Dann führte er Carolin zu einem Bereich, den er das Theater nannte.

„Hier finden alljährlich Veranstaltungen und Bühnenshows statt. Mit Führungen allein kann das Bergwerk nicht existieren."

„Das heißt, Sie zeigen hier unten Theaterstücke?", fragte Carolin neugierig.

„Zu Allerseelen findet eine Halloweenparty statt. Sonst Veranstaltungen wie der *Bergrathsempfang* mit einem Buffet und dem Auftritt des original Wasseralfinger Berggeistes", erläuterte der Bergmann.

„Ein *Wasseralfinger Berggeist*? Sind Sie das?", fragte Carolin.

„Ja", antwortete Rothenstolz knapp und lief weiter. „Ich zeige Ihnen nachher ein paar Bilder."

Nach einer guten Stunde ihrer Wanderung durch die Unterwelt erreichten sie die innere Bergbahnstation und fuhren mit der Bahn von dort wieder hinaus ins Licht.

Rothenstolz führte Carolin anschließend in sein Arbeitszimmer. Er bot ihr einen Platz an und setzte Kaffeewasser auf. Dann präsentierte er ihr verschiedene Bildmappen zu den letzten Events und Bergwerksbesuchen. Carolin überflog die launigen Bilder, Halloweengeister, behelmte Besucher, Rothenstolz als Berggeist und ähnliches mehr. Plötzlich hielt sie inne. Das Foto zeigte Menschen, die in Liegestühlen im Heilstollen lagen. Ein Mann blickte direkt in die Kamera und lächelte. Ein gut aussehender Mann – und sein Gesicht kannte sie. Sie hatte ihn schon einmal gesehen, aber wo? Carolin wandte sich an Friedrich Rothenstolz.

„Wissen Sie vielleicht, wer dieser Mann auf dem Bild ist?"

Der Bergmann warf einen kurzen Blick auf das Foto.

„Das ist Dr. Bauer. Der kommt öfter hierher. Ein Geschäftsfreund von ihm hat es an den Bronchien, die Luft im Bergwerk tut ihm gut. Also verlegten sie ihre Konferenzen beziehungsweise ihre Treffen nach unten in den Stollen."

Rothenstolz überlegte.

„Zuletzt waren Bauer und sein Partner vor drei oder vier Wochen hier. Ende Mai oder Anfang Juni, länger ist das nicht her. Ein netter Mann, der Doktor, ich hatte ein paar Mal mit ihm zu tun. Der Geschäftsfreund wirkt ebenfalls sehr freundlich, obwohl er kaum deutsch versteht und ziemlich zurückhaltend ist. Dr. Bauer müsste eigentlich bald wieder vorbeikommen", meinte Rothenstolz nachdenklich.

„Ich glaube nicht, dass Sie Dr. Bauer hier jemals wieder begrüßen dürfen. Dr. Bauer ist tot", klärte ihn Carolin auf.

„Tot?", Rothenstolz wirkte völlig überrascht. „Das gibt es doch nicht. Dr. Bauer war keine vierzig, woran sollte der sterben? Oder gab es einen Unfall?", fragte er Carolin.

„Ein Unfall? Wie man es nimmt. Dr. Bauer überlebte einen Flugzeugabsturz, kam in das Ostalb-Klinikum, um dort zwei Tage später ermordet zu werden!"

„Ermordet? Das ist unmöglich, das kann ich nicht glauben!", rief der Bergmann.

„Doch", bestätigte Carolin, „das stimmt leider. Lesen Sie keine Zeitung? Am 12. Juni stürzte er ab und am Sonntag, 14. Juni, wurde Dr. Bauer ermordet."

Friedrich Rothenstolz murmelte etwas und schüttelte den Kopf. Dann nahm er die Bildmappen und legte sie wieder in seinen Schreibtisch. Er blickte Carolin an. „Es tut mir leid, ich muss jetzt weiter, ich habe einen Termin. Wenn Sie noch Fragen haben, Frau Setlinger, rufen Sie mich an." Fast schob er Carolin hinaus.

Zwei Minuten später stand Carolin Setlinger auf dem Parkplatz. Friedrich Rothenstolz kam gerade aus der Einfahrt. Er trug eine Motorradkombi und setzte seinen Helm auf. Dann bestieg er seine Maschine, eine 1000er BMW, und raste davon. Der hatte es aber plötzlich eilig, dachte Carolin. Ob das mit der Information zu Dr. Bauer zusammenhängt? Kann ich mir eigentlich nicht vorstellen. Aber weiß man's? Jedenfalls scheint der Tod Dr. Bauers ihn berührt zu haben. Sie beschloss, Jörg Melcher von Rothenstolz zu berichten.

Jörg Melcher traf Joachim Geissler im Café *Lavazzabar* im Haus der *Aalener Nachrichten*. „Tag, Herr Melcher, was machen Ihre Nachforschungen? Sind Sie schon weitergekommen?", fragte ihn Geissler.

„Ein wenig, aber ich bin natürlich über jede Information zu Werner Bauer dankbar. Insbesondere nach dem neuen Mord an Ludwig Ganzel!"

„Im Bottich ertränkt, eine scheußliche Geschichte,

und wir waren sozusagen in nächster Nähe. Hat Sie die Kommissarin schon vernommen? Ich bin für morgen Mittag vorgeladen worden", erzählte der Redakteur.

„Ich war vorhin bei Frau Nöhler und ihrem Inspektor. Da ging es aber nur um die Absturzfotos, die ich gemacht habe. Frau Kommissarin missfiel es, dass ich ihr die Bilder erst heute vorbeibrachte."

„Sie haben Fotos vom Absturz? Das heißt, die *SchwäPo* wurde von Ihnen beliefert?", hakte Geissler sofort nach.

„Ich bin freier Fotograf und muss sehen, wo ich bleibe", bestätigte Melcher.

„Verstehe, doch wenn ich Ihnen Informationen zu Dr. Bauer gebe, dann erwarte ich eine Gegenleistung. Sonst setze ich meine eigenen Leute auf die Sache an."

Melcher schüttelte den Kopf.

„Mit Druck läuft bei mir nichts. Aber ich revanchiere mich selbstverständlich und werde Sie über meine Ergebnisse informieren. Parallel zur Kollegin Setlinger von der *SchwäPo*."

„Daher weht der Wind", Geissler grinste. „Gegen die Setlinger kann ich natürlich nicht an. Aber mit parallelen Informationen können die *Nachrichten* leben. Wir werden schon etwas Eigenes daraus machen."

Er zückte sein Notizbuch.

„Ich erzähle Ihnen von unseren hausinternen Recherchen und Sie berichten mir von Ihren Untersuchungen", schlug Geissler vor.

„Einverstanden", stimmte Melcher zu. Er nahm ebenfalls ein Notizbuch hervor.

„Haben Sie denn Neues über Bauers wirtschaftliche Kontakte herausgefunden?"

Joachim Geissler nickte.

„Dr. Werner Bauer hatte Geschäftsverbindungen zur

tschechischen Firma *Vinné sklepy Chomutov, s.r.o.* in Chomutov. Ein Weinlieferant, der einen Stützpunkt in Deutschland suchte. Offenbar hatte Bauer die Löwenbräu Brauerei im Visier gehabt. Wieweit die Gespräche gediehen waren, konnte Hans Vellmer, mein Fachmann im Wirtschaftsressort, mir nicht sagen. Da müssten Sie Franz Harth, den Firmeneigner, selbst befragen. Vellmer fiel nur auf, dass Dr. Bauer im letzten halben Jahr sich primär mit Grundstücksgeschäften beschäftigte. Nach den Grundbucheintragungen muss er sehr viel Land zwischen Neresheim und Nördlingen erworben haben. Reine Waldgebiete, völlig außerhalb jeglicher Bebauung oder Bebauungsplanung. Welchen Sinn die Transaktionen hatten, konnte Vellmer mir nicht sagen."

„Wo hatte Bauer das Geld her? Ein Waldgebiet hat seinen Preis! War er so vermögend?", fragte Melcher.

„Dr. Bauer besaß ein solides Grundkapital. Aber den Großteil der Käufe finanzierte die Kreissparkasse Ostalb", antworte Geissler

„Ist Johann Wehner nicht dort Direktor?"

„Richtig, Bauer und er sind alte Bekannte! Sie haben Wehner auf dem Brauereifest gesehen."

„Johann Wehner", wiederholte Melcher. „Interessant. Was wissen Sie über die Verkäufer?", fragte Melcher nach.

„Es handelt sich meist um Landwirte aus der Region. Lediglich einen Namen kannte Vellmer: Sylvia von Barnem hat ebenfalls an Dr. Bauer Land verkauft."

„Frau von Barnem hat größeren Landbesitz?"

„Wussten Sie das nicht? Sylvia von Barnem ist die größte Landeignerin in der Region. Wälder, Seen, Ackerland und Bauland. Alles seit Jahrhunderten im Besitz der Familie von Barnem. Die Familie muss zur Stauferzeit, etwa um 1200 in die Region gekommen sein. Sie waren wohl Lehnsleute der Staufer und eigneten sich nach dem Aussterben der Dynastie Teile des hiesigen Stauferbesitzes an. Es folgen rund 700 Jahre der Unterdrückung und Ausbeutung, und heute sind die Nachkommen beziehungsweise deren Erben Nutznießer eines riesigen Grundvermögens", erläuterte der Redakteur.

„Es lohnt sich eben, Räuber und Verbrecher unter den Ahnen zu haben", meinte Melcher. „Wenn ich an die Fürstenbergs, an die Thurn und Taxis' oder an diesen Schlägerprinzen denke."

Joachim Geissler winkte ab. „Wir werden die Geschichte nicht ändern können. Die Ereignisse, von denen Sie sprechen, sind zu lange her."

Melcher widersprach. „Heinrich Fürst zu Fürstenberg wurde vor rund drei Jahren wegen Kokainerwerbs zu einer Geldstrafe in Höhe von 135.000 Euro verurteilt. Die Staatsanwaltschaft hatte eine Freiheitsstrafe von einem Jahr und drei Monaten beantragt. Laut Anklage hatte Fürstenberg eine Freundin beauftragt, ihm 30 Gramm Kokain zu besorgen. Der Maler Jörg Immendorff wurde dagegen in seinem Kokain-Prozess zu einer elfmonatigen Bewährungsstrafe verurteilt. Bei ihm ging es um 6 Gramm …"

„Noblesse oblige, Adel verpflichtet – eine alte Geschichte. Kommen wir zu Ihnen. Was haben Sie Neues herausgebracht?", wechselte Geissler das Thema.

Jörg Melcher erzählte dem Redakteur, was er über die Studienclique erfahren hatte und über die Jagd- und Yachtclubverbindungen der Persönlichkeiten, die am Fest im Löwenbräu teilgenommen hatten."

Geissler, der sich während Melchers Bericht eifrig Notizen machte, betrachte, als der Fotograf endete, seinen Aufschrieb nachdenklich.

„Spannend, was Sie da herausgefunden haben. Sieht so aus, als liefen bei bestimmten Leuten jede Menge

Fäden zusammen. Und der tote Dr. Bauer war offenbar mittendrin im Geschehen. Aber ein Motiv, weswegen er ermordet wurde, kann ich nur schwer erkennen."

„Vielleicht hat er etwas gewusst, was den anderen der Gruppe hätte schaden können", schlug Melcher vor.

„Das ist gut möglich, doch was kann Bauer nur gewusst haben?", überlegte Geissler. „Meistens geht es bei solchen Dingen um Geld..."

„Durchaus möglich, ich bleibe jedenfalls an der Sache dran und halte Sie auf dem Laufenden", meinte Melcher.

„Abgemacht, ich höre mich weiter um, was ich über die anderen beteiligten Personen erfahren kann", erwiderte Geissler. „Über Sylvia von Barnem, Dr. Markus Tiech, Johann Wehner, Stephan Preskow und Franz Harth."

Die beiden Männer zahlten und brachen zu ihren nächsten Terminen auf.

Inspektor Gödel wandte sich an seine Vorgesetzte.

„Das wollen Sie dem Kerl einfach durchgehen lassen? Der klopft hier Sprüche, knallt uns sein Zeug hin und verschwindet."

Claudia Nöhler hob abwehrend die Hände. „Jetzt übertreiben Sie, Herr Kollege. Immerhin haben wir die Bilder und wir wissen, dass Melcher einer Spur nachgeht."

„Und, was bringt uns das?", erwiderte der Inspektor. „Sie haben diesen Melcher nicht einmal nach dem Brauereifest befragt", fügte er vorwurfsvoll hinzu.

„Dazu kommen wir noch", meinte die Kommissarin locker. „Sie sollten mehr auf das achten, was wir durch Herrn Melcher erfahren haben."

„Was haben wir denn erfahren, was wir nicht schon wissen? Ludwig Ganzel und Dr. Bauer hatten eine Art von Jägerfreundschaft. Melcher muss irgendetwas davon mitbekommen haben, deswegen seine waidmännischen Anspielungen."

„Mir geht es nicht um diese Jagdgeschichten", erklärte die Kommissarin geduldig. „Jedenfalls nicht jetzt. Die Angelegenheit mit den Fotos scheint mir derzeit weitaus wichtiger. Warum hat Melcher uns die Flugzeugbilder so lange vorenthalten? Da stimmt etwas nicht!"

„Ich habe gleich gesagt, dass er uns etwas vormacht", verteidigte sich Gödel. „Warum wurde der Mann überfallen, wenn es nicht um die Bilder ging?"

„Genau, da müssen wir ansetzen", bestätigte die Kommissarin. „Sie erinnern sich, dass ich Sie nach der Unfalluntersuchung fragte? Sie haben mir mitgeteilt, ein Team der BAG sei vor Ort gewesen. Liegt von dort eigentlich bereits ein Ergebnis vor?"

„Im Posteingang war bislang nichts", antwortete Gödel.

„Rufen Sie gleich bei der BAG an und fragen nach, wo der Bericht bleibt. Innerhalb von zehn Tagen müssten die Techniker doch zu einem Urteil über die Ursachen des Absturzes gelangen. Wir brauchen dringend das Ergebnis!" Die Kommissarin steckte die Flugzeugbilder in einen Umschlag. „Bis dahin ruht die Angelegenheit. Jetzt sollten wir uns vor allem mit dem persönlichen Umfeld der drei Toten beschäftigen und den offensichtlichen Überschneidungen nachgehen."

Inspektor Gödel stand auf.

„Die kleine Ganzel ist übrigens sauber. Ich habe ihre Angaben überprüft. Sie war tatsächlich vierzehn Tage auf Exkursion." Er wandte sich zur Tür.

„Warten Sie, Herr Gödel, kurz noch zu Melcher. Wir lassen ihn völlig frei agieren, sollten aber dabei ein Auge auf die Aktivitäten des Herrn haben. Soll er ruhig stöbern und wirbeln. Vielleicht stößt er auf etwas Wichtiges oder er bringt so viel Unruhe in das Geschehen, dass unser Mörder aktiv wird."

„Wollen Sie Herrn Melcher als Lockvogel verwenden?", fragte Inspektor Gödel interessiert.

„Das nicht, eher als eine Art Jagdhund, um im Bild zu bleiben. Soll er ruhig das Wild aufspüren, Hauptsache, wir kommen zum Schuss!"

Sylvia von Barnem und Stephan Preskow saßen auf der Terrasse der Barnem'schen Villa und wirkten irritiert. Sie waren bei einem späten Mittagessen gewesen, da erschien überraschend Friedrich Rothenstolz im Garten. Er kam mitten am Tag mit seiner 1000er BMW angebraust und schien völlig außer sich zu sein. Ob bekannt sei, dass Dr. Bauer tot sei, fragte er statt einer Begrüßung. Nicht nur tot, sondern ermordet!

Er, Rothenstolz, könne das nicht verstehen. Wie so etwas nur passieren könne?

„Dr. Bauer wurde ermordet und das ist schlimm. Aber daran können wir alle leider nichts ändern, Herr Rothenstolz", antwortete Frau von Barnem.

„Was meinen Sie, was für mich der Tod meines Geschäftspartners und Freundes bedeutet? Zu dem persönlichen Verlust kommt unter Umständen noch der geschäftliche hinzu. Möglicherweise muss ich Konkurs anmelden, Werner, also Dr. Bauer, hat einige Geschäfte laufen gehabt, von denen ich nur in Umrissen wusste."

Deswegen sei er hier, erklärte Rothenstolz. Dr. Bauer habe ihm bei einem seiner letzten Besuche etwas anvertraut, das er, falls Bauer etwas zustoße, an die richtigen Personen weiterleiten solle.

Damit könne im Prinzip nur er gemeint sein, antwortete Preskow. Um was es sich handle? Rothenstolz musterte Preskow abfällig.

„Ich weiß nicht, ob Dr. Bauer Sie gemeint hat. Eher die Dame", und er blickte auf Frau von Barnem.

„Wie wäre es, wenn wir beide einen Termin ausmachten und ich mit Ihnen die Angelegenheit unter vier Augen und in Ruhe besprächе", schlug die Hausherrin vor. „Wir erwarten gleich Besuch von Geschäftsfreunden, Sie verstehen, Herr Rothenstolz. Vielleicht könnten Sie heute Abend, sagen wir gegen neun Uhr, vorbeikommen?"

Friedrich Rothenstolz überlegte kurz, dann sagte er zu. Er drehte sich um und verließ den Garten.

Ein wenig später erschienen Professor Tiech und Franz Harth, kurz nach ihnen Sparkassendirektor Johann Wehner.

Sie begrüßten Sylvia von Barnem und Stephan Preskow.

„Was hat denn Friedrich Rothenstolz hier gewollt?", fragte Franz Harth.

„Sie kennen Rothenstolz?"

„Flüchtig, er hat vor einiger Zeit bei uns eine Bühnenshow für Kinder inszeniert. Aber eigentlich leitet er das Besucherbergwerk."

„Der wäre mir beinahe ins Auto gefahren", empörte sich Wehner. „Woher stammt Ihre Bekanntschaft mit dem temperamentvollen Herren?", wandte er sich an Sylvia von Barnem.

„Wir waren voriges Jahr mit Werner, mit Dr. Bauer, auf dem Bodensee segeln. Rothenstolz war als Schiffer und Mädchen für alles angeheuert worden. Ein guter Mann, manchmal etwas zu vertraulich. Werner hat sich blendend mit Rothenstolz verstanden. Er mochte dessen trockene Art."

„Werner hatte schon immer eine volkstümliche Ader. Erinnert ihr euch, wie er damals diesen Uli anschleppte?", warf Tiech ein.

„Du meinst, diesen Sozialphilosophen?", fragte Preskow. „Eine grässliche Type. Fuhr einen Prollschlitten und auch sonst ..."

„Ich glaube eher, Pia hat Uli mitgebracht", warf Frau von Barnem ein. „Und mit seinem Golf hat er euch beide einige Male abgezogen."

Der Sparkassendirektor folgte dem Geplänkel mit Unbehagen. Sein erstes Auto war ebenfalls ein VW-Golf gewesen. Eine Uni hatte er nie besucht, dafür ein Fernstudium bei der deutschen Sparkassenakademie in Bonn absolviert.

Franz Harth schaltete sich lachend ins Gespräch ein.

„Beruhigt euch, Leute! Das sind alles nette Geschichten, aber deswegen sind wir hier wohl nicht zusammengekommen oder?"

„Das ist richtig", entgegnete ruhig Sylvia von Barnem, „kommen wir also zum eigentlichen Anlass unseres Treffens ..."

Blattabnahme, 17 Uhr. Alle standen um die ausgelegten Seiten der Zeitung von morgen. Dann folgte das beliebte Spiel: die Vergrößerung von Überschriften! Eine Blattabnahme wäre unvollständig, wenn nicht mindestens eine Überschrift vergrößert würde. Und siehe da, auf einer Umland-Seite entdeckte Kollege Mayfeld den Fauxpas: „Die Überschrift des Aufmachers ist zu klein."

Kollege Winter entgegnete gereizt: „Ich gebe es zu, ich habe die Überschrift leicht minimiert. Das musste sein, sonst passt sie nicht rein." Die Übrigen wandten Winter, der rot anlief, den Blick zu. „Ts, ts", meinte Holder, der Chef, und strich mit einem roten Stift die Buchstaben an. „Die Kollegen aus Ellwangen machen das andauernd und keiner sagt etwas", protestierte Winter. „Kann sein, aber das werden wir bald ändern", entgegnete ihm Holder. „So jetzt zum Text auf Seite drei ..."

Eine halbe Stunde später saßen Jörg Melcher und Carolin Setlinger in Carolins Büro im zweiten Stock des Redaktionsgebäudes.

„Wen hast du kennen gelernt? Einen Herrn Rothenstolz?"

Melcher blickte Carolin überrascht an.

„Als ich nach dem Absturz der Cessna Dr. Bauer entdeckte, stieß er zweimal das Wort *Rosenstolz* hervor! Vielleicht habe ich ihn falsch verstanden und das Wort hieß *Rothenstolz.*"

„Davon hast du mir bisher noch nichts erzählt", meinte Carolin vorwurfsvoll. „Aber stimmig wäre es."

„Ich habe es völlig vergessen und hätte wahrscheinlich nie wieder daran gedacht, wenn du mir nicht von deinem Besuch in der Tiefe erzählt hättest", entschuldigte sich Jörg.

„Na ja, an deinem Gedächtnis solltest du wohl etwas arbeiten. Herr Rothenstolz kannte jedenfalls Dr. Bauer. Er hat ihn einige Male mit einem Geschäftsfreund im Heilstollen zu Gast gehabt. Rothenstolz war sichtlich berührt, als er vom Tode Bauers erfuhr."

„Liest der Mann keine Zeitungen?"

„Das habe ich ihn auch gefragt, aber keine Antwort erhalten. Jedenfalls beendete er kurz danach unser Gespräch und verschwand mit dem Motorrad."

„Also, schon wieder eine neue Spur. Langsam ufert die Geschichte aus. Hör mal, was ich von deinem Kollegen Geissler erfahren habe."

Melcher berichtete Carolin kurz von den Landkäufen Bauers.

„Der Kettenhund der Nöhler, Inspektor Gödel, hat

140

mir unfreiwillig verraten, dass Ludwig Ganzel offenbar hinter einem Jagdrevier her war."

„Lauter Mosaiksteinchen. Wir müssen sie nur zusammenfügen", meinte Carolin.

„Wenn wir bereits alle Puzzleteile haben, wovon ich nicht überzeugt bin."

„Dann lass uns weiter suchen", schlug Carolin vor. Beide gingen online.

Stillschweigend waren sie übereingekommen, ihre gemeinsamen Schreibtischrecherchen im Redaktionsbüro stattfinden zu lassen.

Carolin bevorzugte den neutralen Zeitungsboden, und Jörg Melcher war es ebenfalls lieber, sich auf die Arbeit und weniger auf Carolin zu konzentrieren. Vor kurzem hatte ihn auch ein Lebenszeichen von Mimi erreicht. Eine ziemlich hässliche E-Card, die ihm für seine Sünden die völlige Verdammnis androhte – ein gutes Zeichen, sie dachte an Melcher! Dennoch genoss er es, mit Carolin zu arbeiten und sich auf einem gemeinsamen Terrain zu bewegen. Ihre Beharrlichkeit, den Dingen auf den Grund zu gehen, spornte Melcher ebenfalls an. Doch je länger sie vor dem Bildschirmen saßen und nach Bodenspekulationen und Finanztransfers und anderen vielleicht wichtigen Hinweisen suchten, desto mehr schweiften seine Gedanken ab. Er speicherte seine Daten auf dem Stick ab und fuhr den PC herunter. Melcher sog tief die Luft ein. Was hatte Carolin bloß für ein Parfum aufgelegt? Er war im Eigentlichen ein Geruchstyp und der Duft, der von Carolin ausging, irritierte ihn mehr und mehr.

Ein Anruf musste genügen. Schließlich schuldete Stromsky einem einiges. Wenn damals bekannt geworden wäre, dass Stromsky an der Geschichte mit den

Studentinnen maßgeblich beteiligt gewesen war ... Doch niemand hatte davon erfahren. Eine wichtige Fähigkeit war eben, langfristig zu denken und manchmal zu schweigen. Stromsky war ein Mann mit vielen Fähigkeiten und einem großen Potential. Er war dankbar gewesen, sehr dankbar, dass sein Name nicht genannt worden war. Jetzt konnte er seine Dankbarkeit erneut unter Beweis stellen. Gut, dass der Mann direkt an der Quelle saß. Ein Anruf sollte genügen. Die Hand drückte die Nummer der *Schwäbischen Post*.

Friedrich Rothenstolz fuhr auf seiner BMW durch die Nacht. Ein merkwürdiger Tag lag hinter ihm. Dabei hatte er völlig normal begonnen. Eine erste Führung um 9 Uhr morgens und eine weitere um halb elf. Mittags die Journalistin – und die Information, dass Werner Bauer tot sei! Er hatte Bauer gut gekannt, nicht nur von seinen regelmäßigen Besuchen im Heilstollen mit seinem tschechischen Partner Vaclav, wie er Frau Setlinger erzählt hatte. Bauer und er hatten sich vor Jahren beim Segeln kennen gelernt. Rothenstolz traf auf das Boot des anderen, als dieser im Uferschilf festsaß. Er half ihm, seinen Segler wieder flottzukriegen. Seitdem waren sich die beiden Männer hin und wieder begegnet und verabredeten sich schließlich zu gemeinsamen Törns. Mehrmals war Rothenstolz mit Werner Bauer auf dessen Yacht gesegelt. Beim letzten Törn war Bauers arroganter Freundeskreis dabei gewesen. Lauter bessere Leute, die ihn wie einen Lakaien behandelt hatten. Unter ihnen Sylvia von Barnem, eine ebenso faszinierend schöne wie undurchsichtige Frau. Sie verhielt sich gegenüber Rothenstolz zurückhaltend, war aber freundlich gewesen. Eben eine Dame. Was ihn an ihr störte, Frau von Barnem flirtete nach allen Seiten. Vor allem mit Werner Bauer, aber auch mit einem jüngeren Mann, einem gewissen Felix Menckhoff. Vielleicht nahm er die Reden einfach zu ernst und täuschte sich. Rothenstolz kannte sich mit den Gepflogenheiten der so genannten besseren Gesellschaft nicht aus.

Sie waren im letzten Sommer auf Tour gewesen, an einem heißen Tag im späten August. Rothenstolz sah das Bild vor sich. Die weiße Yacht mitten auf dem Wasser. Ringsherum der See, breit und hell, im Sonnenlicht glitzernd. Am Himmel kleine Wolkenkugeln im sonst sommerlichen Blau. Überall das weiße Blitzen der Segelboote. Viel Licht und eine fast schwüle Hitze. Vom fernen Ufer Motorengeräusche, Schwalben im tiefen Flug am Spätsommerhimmel. In der Nacht Gewitter. An Bord des Schiffes, neben Werner Bauer, Frau von Barnem, Stephan Preskow, Dr. Tiech, Felix Menckhoff und zwei Pärchen, deren Namen er vergessen hatte. Sie segelten kreuz und quer über den See, legten gegen Abend an Dr. Tiechs privatem Seeanstoß bei Immenstaad an und grillten. Die äußere Stimmung war gut, dennoch hatte Rothenstolz den Eindruck, als gebe es zwischen einigen der Anwesenden irgendeine Spannung. Die Luft wirkte wie aufgeladen. Vielleicht lag es auch an der Gewitterstimmung, die sich schließlich in der Nacht entlud. Das war die letzte Fahrt gewesen, auf der Rothenstolz Bauer begleitet hatte. Bauer hatte ihm am Rande von den Atemproblemen Vaclavs erzählt und Rothenstolz ihm zum Heilstollen geraten. Seitdem waren Bauer und Vaclav alle drei, vier Wochen dort erschienen. Bei seinem vorletzten Besuch, es musste Anfang April gewesen sein, hatte Werner Bauer ihm einen großen Umschlag anvertraut und ihn gebeten, diesen gut aufzuheben. Für wie lange er den Umschlag aufheben solle, hatte Rothenstolz Bauer gefragt.

„Heb ihn so lange auf, Rothenstolz, bis ich ihn wieder

haben möchte. Wenn allerdings etwas passiert, man weiß nie, vertraue ich darauf, dass du ihn an den Richtigen weitergibst!"

Jetzt war etwas passiert, Werner Bauer war tot, und Rothenstolz musste herausbekommen, wer der Richtige war. Heute Abend hatte er deswegen Frau von Barnem besucht und ihr von der Bitte Bauers erzählt. Sie hatte zugehört und, als er endete, gemeint, unter Umständen könnte sie die Richtige sein, vielleicht aber auch nicht. Er, Rothenstolz, werde das sicher am besten entscheiden können. „Aber wie, Frau von Barnem? Woher soll ich wissen, wem ich den Umschlag geben soll?", fragte Rothenstolz sie.

„Werner wird Sie nicht ohne Grund ausgesucht haben", antwortete Frau von Barnem und betrachtete ihn nachdenklich. Er hatte dabei das Gefühl, als schauten ihre dunkelgrünen Augen tief in sein Inneres.

„Öffnen Sie einfach den Umschlag und schauen nach, was drin steht. Vielleicht hilft Ihnen das bei Ihrer Suche."

Dann hatte Frau von Barnem mit ihm über andere Themen geplaudert. Als er auf die Uhr blickte, war es schon halb elf und Rothenstolz hatte sich rasch verabschiedet. „Einfach öffnen", ob er sich dazu entschließen könnte? Rothenstolz wusste es nicht. Es fing an zu regnen, erst leichter, dann stärker, schließlich goss es in Strömen. Auch das noch, die fünf Minuten bis nach Hause hätte das Wetter halten können. Rothenstolz schaute konzentriert nach vorn auf die Straße. Er war bereits am Bergwerk, bis Röthard war es nicht mehr weit. Gerade vor ihm führte die Straße in einer Haarnadelkurve am Eingang der Grube vorbei. Rothenstolz nahm das Gas zurück und legte sich in die Kurve. Seine Maschine verschwand unter dem nachtdunklen Grün der Bäume,

144

glitt durch die Kurve, tauchte wieder auf und schoss geradeaus weiter auf das Gasthaus *Erzgrube* zu. Blendendes Scheinwerferlicht strahlte ihm plötzlich entgegen. Ein heller Lichtkranz bewegte sich direkt auf ihn zu. Rothenstolz bremste und versuchte fluchend, die Maschine herumzureißen. Sein Vorderrad rutschte weg und brach nach rechts aus, Das Hinterrad legte sich quer und Rothenstolz schleuderte mitsamt der schweren BMW hinab in die düstere Finsternis der Nacht.

5. Kapitel – Glaub mir, du wirst!

Stromsky weigerte sich, in der gewünschten Form aktiv zu werden. Er könne nicht, wolle nicht, und es sei überhaupt in keiner Weise vollstreckbar. „Stromsky, glaub mir, du wirst! Es sei denn, du möchtest …“ Stromsky verstand. Er starrte sein Gegenüber ungläubig an. „Du willst wirklich?“ Der Blick der kalten Augen war Antwort genug. Widerstand war zwecklos, er versprach, bis Ende nächster Woche zu handeln. „Nicht nächste Woche, morgen!“, lautete die knappe Anweisung.

Franz Harth begann den Mittwoch mit seinem täglichen Kontrollgang durch die Räume der Brauerei. Erst der Braukeller, dann der Lagerbereich und die langen, kalten Kellerstollen des Galgenbergs. Am Ende wieder das Sudhaus. Harths Augen nahmen alles wahr, doch er achtete nicht darauf, was er links und rechts sah. Eine nachdenkliche Stimmung hatte ihn erfasst. Ludwig Ganzel sollte morgen Nachmittag beerdigt werden und noch immer schien die Polizei nicht zu wissen, wer sein Mörder war. Der Braumeister war eine erfahrene Fachkraft gewesen, menschlich wirkte er eher verschlossen. Viel hatte Ludwig nie erzählt, nur beim Thema Jagd lebte er richtig auf. Wobei Harth in den letzten Monaten den Eindruck gewonnen hatte, als sei noch etwas anderes vorhanden, das Ganzel beschäftige. Auf der Jagd hatte Ganzel Harth mit Dr. Bauer bekannt gemacht. Die Männer kamen ins Gespräch. Dr. Bauer erzählte Harth, er suche nach neuen Anlagemöglichkeiten für seine Kunden. Er fragte den Brauer, ob er nicht neue Investitionen wagen wolle und eine kräftige Kapitalspritze brauche?

Schon lange träumte Franz Harth davon, die Nachbarbrauerei *Grünbaum* und die *Köpfbrauerei* übernehmen zu können. Oder den großen Konkurrenten in Wasseralfingen einfach zu schlucken. Zu einem solchen Tun hatte ihm bislang das Kapital gefehlt. Der Brauer ließ sich den Vorschlag Dr. Bauers durch den Kopf gehen, blieb aber skeptisch. Er konnte sich nicht vorstellen, dass Dr. Bauer ihm Summen in dieser Größenordnung vermitteln konnte. Entsprechend äußerte Harth sich. Dr. Bauer lachte und meinte, es gehe nicht um Peanuts, wenn er vermittle. Sein tschechischer Geschäftsfreund Vaclav aus Chomutov bringe spielend dreißig bis vierzig Millionen Euro auf.

„Wie kommt Ihr Vaclav zu so viel Geld?", fragte Harth nach.

„Wenn man die richtigen Verbindungen hat, sich ein wenig mit Finanzbewegungen auskennt und weiß, wann man an der Börse ein- und vor allem aussteigen muss, ist eine solche Summe keine Hexerei", antwortete Bauer lächelnd.

Franz Harth war die Sache nicht ganz geheuer und er erbat sich Bedenkzeit von einem Monat. Zwei Wochen gingen, meinte Dr. Bauer.

In dieser Zeit bemühte sich Harth, Näheres über Bauers Financial Consulting GmbH Friedrichshafen zu erfahren. Die Informationen, die er bekam, beschrieben Dr. Bauer als seriösen und zuverlässigen Geschäftsmann. Harth blieb unsicher, wie er entscheiden sollte, irgendetwas störte ihn am Angebot Bauers. Schließlich vereinbarte er mit Dr. Bauer einen Termin. Ein Treffen, um das Vorgehen und die Abläufe zu klären und Bauers Angebot anhand von Unterlagen genauer zu prüfen. Jetzt war Bauers Flugzeug abgestürzt und der Anlageberater kurz danach ums Leben gekommen. Mit Geld in dieser Größenordnung zu arbeiten, schien ziemlich gefährlich zu sein. Vielleicht hatte auch Ludwig Ganzels Tod mit Geld zu tun – konnte man es wissen?

Der Polizei hatte Franz Harth nichts von den Geschäftsangeboten erzählt. Die Polizei reagierte mitunter sehr eigen. Ehe man es sich versah, hatte man die Steuerfahndung im Haus und dergleichen mehr. Nein, er wollte nicht in den Fokus von irgendwelchen Ermittlungen geraten – und Harth hielt seinen Mund!

Um Geld war es auch gestern Abend im Haus Sylvia von Barnems gegangen. Die Gastgeberin stellte ihnen, zusammen mit Stephan Preskow, einen Plan vor, der ebenfalls von Dr. Bauer entwickelt worden war. Es ging im Prinzip um Landerwerb, um eine Bodenspekulation größeren Ausmaßes. Preskow betrachtete in einem kleinen Vortrag verschiedene Aspekte des Grunderwerbs und zeigte die unterschiedlichen Möglichkeiten der steuerlichen Abschreibung auf. Franz Harth gewann allerdings den Eindruck, dass der anwesende Sparkassendirektor Wehner dem Ganzen eher skeptisch gegenüberstand. Johann war in Geldanlagen schon von Berufs wegen konservativ. Er und Preskow bewerteten die Chancen sehr unterschiedlich und gerieten darüber in eine heftige Diskussion. Das verwunderte Franz Harth; Wehner war derjenige gewesen, dessen positive Informationen Harths Zweifel an Dr. Bauers Vorschlägen beseitigt hatten.

Das Ende der Kontroverse zwischen Preskow und Wehner blieb für ihn offen. Harth musste das Treffen früher verlassen, genau wie Professor Tiech, der in die Klinik fuhr.

Das Sudhaus, Franz Harth blieb vor der Rampe zum großen Kessel stehen. Oben war der Bottich, in dem Ganzel gefunden worden war. Hatten Ganzel und Preskow an jenem Abend, als der Braumeister getötet worden war, nicht auch miteinander gestritten? Er erinnerte sich, aus den Augenwinkeln hatte er beide Männer heftig gestikulierend an der Tür stehen sehen.

Seltsam, dennoch konnte er sich nicht vorstellen, dass Preskow ...

Am besten, er fragte ihn direkt nach dem Streit mit Ganzel. Am kommenden Samstag würde die Runde wieder zusammenkommen, um nochmals das Thema Landkauf zu besprechen und die Vorschläge im Detail zu prüfen. Stephan Preskow wollte weitere Unterlagen vorlegen. Da gab es bestimmt eine Möglichkeit, ihn abseits des Kreises auf den Streit mit Ludwig Ganzel anzusprechen.

Das Treffen sollte im Anschluss an die Jagd stattfinden, die Johann Wehner als Kreisjägermeister und Franz Harth gemeinsam vorbereiteten. In der gelösten Atmosphäre einer Jagdfeier und bei einem guten Bier aus dem eigenen Hause ließ sich einiges klären. Franz Harth beendete seinen Rundgang.

Kommissarin Nöhler saß in ihrem Büro und studierte den aktuellen Ermittlungsstand im *Fall Bauer* und im *Fall Ganzel*. Im ersten Fall waren die Zeugenaussagen zum eigentlichen Mordgeschehen offen. Entweder war der Mörder von außen in die Krankenstation eingedrungen oder er gehörte zum Personal der Station selbst beziehungsweise zur Klinik. Jedenfalls musste er oder sie medizinische Grundkenntnisse haben. Denn woher sonst hätte er oder sie das Wissen gehabt, um Werner Bauer auf diese präzise Weise zu töten? Die nächste Frage galt dem Motiv. Für wen brachte Bauers Tod einen Vorteil? Ein Testament gab es nicht, der einzige gesetzliche Erbe war mithin Bauers Bruder Helmut. Der Mann war auf einer Tagung gewesen und hatte ein mehrfach bezeugtes Alibi. Finanziell stand Helmut Bauer gut da und war in keiner Weise auf das Vermögen seines Bruders angewiesen. Der Täter musste also aus anderen Motiven gehandelt haben, aber aus welchen?

Die Kommissarin und ihr Inspektor hatten sich daher daran gemacht, das Umfeld Werner Bauers zu überprüfen. Den Umfang der gesamten Geschäftsverbindungen herauszubekommen, war bislang nicht möglich gewesen. Die Papiere in seiner Wohnung schienen komplett zu sein, wiesen aber, was seine Finanzen betraf, deutliche Lücken auf. Die Kommissarin hatte die Unterlagen seiner letzten Steuererklärung angefordert und erhalten. Doch diese halfen ihr nicht weiter. Mit einem angegebenen, zu versteuernden Jahresbruttoeinkommen von annähernd 70.000 Euro und somit etwa 40.000 Euro netto ließ sich der aufwendige Lebensstil Bauers nicht führen. Er besaß Pferd und Yacht, war Mitglied im Yachtclub und Reitverein gewesen, ging auf die Jagd und spielte Golf, wie Inspektor Gödel herausgefunden hatte. Allein die Kosten seiner Hobbys und die Vereinsbeiträge summierten sich im Jahr auf über 30.000 Euro. Woher kam das Geld? Ein weiteres Rätsel war die ungeklärte Frage seiner wirklichen Wohnung. Wo befand sich Werner Bauers wahres Domizil? Die Dreizimmerwohnung in Friedrichshafen hatte den Charakter einer Arbeitsabsteige gehabt. Vielleicht hatte Dr. Bauer seine Verbindungen in die Schweiz genutzt, um dort eine angemessene Behausung zu erwerben? Sie würde eine Anfrage an die Schweizer Kollegen starten müssen.

Es klopfte, Inspektor Gödel kam mit einem Stoß Papier ins Zimmer.

„Ich bringe die Vernehmungsprotokolle im *Fall Ganzel*."

„Danke, Herr Gödel, legen Sie die Papiere auf den Schreibtisch und nehmen Sie Platz", forderte ihn die Kommissarin auf. „Hat sich etwas Neues ergeben?"

„Wie man's nimmt. Dass Ganzel verschwand, will keiner bemerkt haben. Offenbar war während des Festes ein ständiges Kommen und Gehen. Joachim Geissler, der leitende Redakteur der Aalener Nachrichten, erinnert sich allerdings, dass die Herren Preskow, Tiech und Frau von Barnem gemeinsam den Raum verlassen haben. Ein wenig später folgte ihnen Helmut Maier", referierte der Inspektor.

Die Kommissarin zog die Augenbrauen fragend hoch.

„Helmut Maier ist einer der Vizetrainer des VFR Aalen. Professor Dr. Markus Tiech arbeitet als Chefarzt in der Chirurgie am Ostalb-Klinikum, Stephan Preskow, den Teilhaber Werner Bauers, kennen wir bereits. Frau Dr. Sylvia von Barnem ist die stille Teilhaberin der Löwenbräu Brauerei", erläuterte Gödel.

„Und alle vier waren gleichzeitig draußen? Wann war das?", fragte Frau Nöhler.

„Herr Geissler glaubt, es sei nach 21 Uhr und vor halb zehn gewesen. Insgesamt seien die Vier vielleicht fünfzehn bis zwanzig Minuten außerhalb der Festversammlung gewesen."

„In zwanzig Minuten kann viel passieren", meinte die Kommissarin nachdenklich.

„Denken Sie, dass die vier Personen gemeinsam Ganzel ermordet haben?", fragte Inspektor Gödel skeptisch.

„Nein, natürlich nicht. Aber es könnte einer von ihnen gewesen sein – wenn es nicht überhaupt der große Unbekannte war!" Die Kommissarin überlegte. „Gibt es weitere Zeugen, die Geisslers Behauptungen unterstützen?"

„Ruth Gulen, die Frau des Leiters der Agentur für Arbeit, hat ebenfalls angegeben, Sylvia von Barnem sei mit *mehreren Männern* nach draußen verschwunden."

„Das klingt nach Eifersucht. Was ist mit den Betroffenen selbst? Haben Sie die Herrschaften mit den Angaben Frau Gulens und Joachim Geisslers konfrontiert?"

„Das war nicht nötig", antwortete der Inspektor. „Sowohl Professor Tiech als auch Stephan Preskow sowie Frau Dr. Sylvia von Barnem haben angegeben, im Laufe des Abends mehrfach nach draußen gegangen zu sein. Die Luft im Raum sei immer stickiger geworden, so dass sie es kaum ausgehalten habe", sagte Frau von Barnem."

„Und dieser Fußballtrainer?"

„Der Mann behauptet, nie den Raum verlassen zu haben. Es müsse sich um eine Täuschung handeln", sagte Gödel. „Aber dafür gibt es eine Erklärung. Es gibt hartnäckige Gerüchte, Maier sei, außer von seiner Ehefrau Heike, von einer Freundin begleitet worden, die er natürlich außerhalb des VIP-Tisches platzieren musste …", grinste der Inspektor.

„Klären Sie, ob das stimmt. Wenn ja, würde Maier als Verdächtiger vorerst ausfallen." Die Kommissarin seufzte.

„Ich bin sicher, die beiden Fälle hängen irgendwie zusammen. Und zwar auf der Personenebene. Alle Beteiligten scheinen sich zu kennen bzw. gekannt zu haben. Ludwig Ganzel war mit Dr. Bauer auf der Jagd. Stephan Preskow war Teilhaber Bauers. Die Frage ist, kannten sich auch Professor Tiech, Frau Dr. von Barnem und Werner Bauer?"

„Sie kannten sich – und zwar gut! Dr. Sylvia von Barnem, Dr. Werner Bauer, Stephan Preskow, Professor Dr. Markus Tiech und Johann Wehner gehören bzw. gehörten alle dem Yacht-Club Friedrichshafen an", erklärte Gödel und legte Frau Nöhler eine Liste vor. Die Kommissarin prüfte die Liste und lächelte.

„Gut gemacht, Herr Kollege", lobte sie und holte ebenfalls eine Liste hervor. „Ich bin ebenfalls fündig geworden. Dr. Bauer war Jäger, Stephan Preskow ist Kreisjägermeister, sein Stellvertreter Johann Wehner.

Unser Brauer Franz Harth ist Schießobmann, Ludwig Ganzel war Ehren-Kreisjägermeister. Und dann wird auf der Liste eine Frau Dr. Sylvia von Barnem als Vorsitzende der regionalen Jägerinnenvereinigung angeführt – die stille Teilhaberin der Löwenbräu Brauerei!"

Inspektor Gödel zeigte sich gebührend beeindruckt.

„Das ist ein ganzes Geflecht von Beziehungen. Nahezu alle Personen des VIP-Tisches scheinen mit den beiden Toten irgendwie verbunden gewesen zu sein. Bis auf unsere beide Journalisten Joachim Geissler und Jörg Melcher", fügte er nachdenklich hinzu.

„Und daher sollten wir unsere Pressearbeit vertiefen. Sorgen Sie bitte dafür, dass Herr Melcher morgen früh um 9 Uhr bei uns im Präsidium ist", wies die Kommissarin Inspektor Gödel an.

Carolin Setlinger saß an ihrem Artikel über das Besuchsbergwerk *Tiefer Stollen*. In den Grundzügen hatte sie alles im Kasten, es fehlten noch ein paar Details zu den Veranstaltungen, von denen ihr Rothenstolz erzählt hatte. Sie betrachtete ihre Notizen und schüttelte ärgerlich den Kopf. Was hatte sie da nur aufgeschrieben? Am besten, sie riefe Rothenstolz an und fragte den Bergmann direkt. Womöglich konnte sie nebenbei auch noch etwas über Rothenstolz' Verbindungen zu Dr. Bauer erfahren. Irgendwie hatte Carolin den Eindruck, als habe der Mann nicht alles gesagt, was er wusste. Vor allem Jörgs Aussage über die Worte des toten Dr. Bauer legte den Verdacht nahe, dass die beiden enger miteinander in Kontakt gestanden hatten, als es der Bergwerksleiter zugeben wollte. Andererseits, warum sollte er ihr, der Journalistin, alles sofort auf die Nase binden? Vielleicht sollte sie ein weiteres Treffen ausmachen. Heute hatte sie dafür genügend Zeit. Jörg Melcher hatte sich gestern

Abend überraschend verabschiedet und behauptet, er müsse heute nach Stuttgart, um einiges zu klären. Was das sein sollte, hatte er ihr nicht verraten. Carolin nahm die Finger von den Tasten und lehnte sich zurück.

Es war eine irgendwie merkwürdige Situation gewesen. Sie saß, wie heute, am PC und recherchierte. Jörg war aufgestanden und zu ihr getreten. Sie hörte, wie er tief die Luft einzog. Dann legte er ihr die Hand sanft auf die Schulter. Carolin spürte durch den Stoff ihre pulsierende Wärme. Jörg räusperte sich.

„Carolin", begann er, zögerte, sprach dann weiter: „Ich glaube, ich …" und brach unvermittelt ab. Abrupt drehte Jörg Melcher sich um und erklärte, er müsse die Arbeit beenden, da er morgen nach Stuttgart führe usw.

Kurz danach war Jörg gegangen.

Jörg Melcher, was hatte er ihr wirklich sagen wollen? Carolin wurde aus seinem Verhalten nicht recht schlau. Mitunter flirtete er mit ihr ohne jede Hemmung. Ein anderes Mal begegnete er Carolin ganz neutral und distanziert, manchmal fast abweisend und kalt! Dann gab er sich wieder ganz locker. War er immer so wechselhaft? Konnte er nicht anders, hatte Jörg etwa Sorge, sie wolle etwas von ihm oder was war los? Carolin schüttelte den Kopf. Vielleicht sollte sie ihn einfach mit ihren Eindrücken konfrontieren und beobachten, wie er reagierte. Jetzt aber sollte sie weiterarbeiten. Carolin Setlinger griff zum Telefon und wählte 970249, die Nummer des Besuchsbergwerks. Es meldete sich eine Frau Müller, und Carolin fragte nach Herrn Rothenstolz.

„Herr Rothenstolz ist nicht vor Ort", antwortete die Dame.

„Wann kommt er denn wieder? Ich bin von der *Schwäbischen Post* und brauche noch Details zur Führung gestern."

Die Nennung des Zeitungsnamens schien bei Frau Müller kommunikative Schleusen zu öffnen.

„Wissen Sie das nicht? Herr Rothenstolz ist gestern Abend mit seinem Motorrad verunglückt und liegt im Koma!"

„Du meine Güte, das ist ja schrecklich. In welchem Krankenhaus liegt er denn?"

„Im Ostalb-Klinikum", gab Frau Müller bereitwillig Auskunft. „Aber besuchen können Sie Herrn Rothenstolz derzeit nicht."

Carolin bedankte sich für die Auskunft und legte auf. Dann tippte sie die Nummer von Melchers Handy. Die Neuigkeit würde Jörg sicher interessieren.

Peter Stromsky hockte zusammengesunken vor einer Batterie von leeren Flaschen und starrte trübe vor sich hin. Die Drohung war eindeutig gewesen und er wusste, es würde nicht bei der Drohung bleiben. Wenn die Geschichte von damals herauskam, war er erledigt. Es blieb ihm letztlich keine Wahl. Die andere Seite hatte seine Weigerung einfach zur Seite gewischt und jetzt musste er sehen, wie er mit der Sache zurechtkam. Es war verrückt; nur wegen eines kurzen Augenblicks sollte er jetzt – nein, das konnte er nicht!

Es stimmte, er hatte damals an dem Abend bei den Barnems zu viel getrunken. Offiziell eingeladen war er nicht. Ein Freund hatte ihn mitgeschleppt. Sie waren jung gewesen und unerfahren im Umgang mit Alkohol. Die Stimmung war ausgelassen gewesen, alle tranken, er natürlich auch. Trank so viel, dass Stromsky später nicht mehr wusste, was passiert war. Das Einzige, woran er sich erinnerte, war, dass er den beiden Blondinen, die bei ihm am Tisch saßen, angeboten hatte, sie nach Hause zu fahren. Es waren Studentinnen, nette Mädels, genau so alt wie er und genau so angetrunken. Es musste gegen 3 Uhr morgens gewesen sein. Er und noch ein anderer, aber wer, wusste er nicht mehr; sie beide zogen mit den Mädchen los. Wie sie ins Auto gekommen waren und was sich dort ereignete, war für Stromsky in eine Art grauen Nebel gehüllt. Jedenfalls wachte er irgendwann auf und lag in einem fremden Bett – in der Ostalb-Klinik! Das rechte Bein und der Kopf waren verbunden. Später erfuhr er, dass er mit dem Auto einen Unfall gehabt habe. Jemand sei ihm in die Seite gefahren. Der Wagen sei ihm ausgebrochen und in eine Schlucht gestürzt. Sein Mitfahrer und er wurden herausgeschleudert und überlebten deshalb den Unfall. Eine Studentin kam ums Leben, die andere überlebte – querschnittsgelähmt!

Für das Geschehen wurde der Unfallfahrer verantwortlich gemacht und alles schien geklärt. Ein halbes Jahr später erhielt Stromsky einen Umschlag ohne Absender, der einen Blutbildbefund in Kopie enthielt. Der Befund trug seinen Namen und war unmittelbar nach dem Unfall erstellt worden. Er bewies, dass Stromsky mit 2,1 Promille am Steuer gesessen hatte! Sonst befand sich nichts im Schreiben. Einige Monate vergingen, dann begannen die Anrufe. Meist ging es um kleine Gefälligkeiten, leicht zu lösende Aufgaben oder spezielle Informationen, zu denen er Zugang hatte. Einmal auch darum, eine bestimmte Nachricht zu lancieren. Immer verbunden mit dem Hinweis auf den Befund und was es bedeutete, wenn seine Schuld öffentlich werde. Alles in allem nur kleine Unregelmäßigkeiten, die keinen großen Schaden verursachten, aber außerhalb der Legalität lagen. Doch was diesmal von ihm gefordert wurde, überstieg jedes Maß. Wenn er dieser Forderung nachkam, würde er neue Schuld auf sich laden, und das hatte er auch der Stimme am Telefon mitgeteilt, als diese anrief.

*Nur ein kleiner Unfall, nichts weiter. Es geht ledig-
lich darum, Zeit zu gewinnen,* suchte die Stimme ihn
zu beruhigen. *Wenn Stromsky Zweifel habe, solle er in
den Posteingang schauen. Schnell genug müsse er sein,
dann könne er vielleicht den Brief rechtzeitig abfangen.
Das Schreiben stecke in einem neutralen Couvert mit
Absender Märzen. An wen adressiert? Nicht an ihn, an
Frau Setlinger!*

Das Gespräch endete, und Peter Stromsky hastete zu
den Postfächern unweit der Rohrpostanlage. In Carolins
Fach lagen mehrere Briefe, darunter ein grauer, mit dem
Namen *Märzen* auf der Rückseite. Stromsky schaute
sich verstohlen um, ob jemand ihn beobachtete. Alle
schienen in ihre Arbeit vertieft und niemand befand sich
in unmittelbarer Nähe. Mit einer schnellen Bewegung
zog er den Brief aus Carolins Postfach und steckte ihn
ein. Er nahm seine Jacke und verließ die Redaktion. Er
zwang sich, ruhig zu gehen und den Brief nicht gleich
hervorzuholen und zu lesen. Drüben am Bahnhof setzte
er sich in ein Bistro, bestellte einen Kaffee und öffnete
den Brief.

Claudia Nöhler schaute auf die Uhr, gleich drei Uhr.
Es klopfte, Inspektor Gödel kam ins Zimmer. Er wedelte
mit einem dicken Briefumschlag.

„Ich habe den vorläufigen Untersuchungsbericht der
BAG!"

Er zog aus dem Umschlag ein Bündel gehefteter Blätter
hervor und legte sie der Kommissarin auf den Tisch.
„Das Ergebnis ist – aber, lesen Sie selbst!"

Frau Nöhler nahm die Papiere zur Hand und überflog
den Inhalt. Dann kehrte sie zum Anfang zurück und las
genauer. Schließlich blickte sie von der Lektüre hoch und
schaute Gödel an.

„Das ist eine wirkliche Überraschung, mit dieser Klarheit hätte ich nicht gerechnet", sagte sie langsam. „Aber es passt ins Bild."

Sie blätterte an eine bestimmte Stelle und las die Passage laut vor:

„Im geschmolzenen Kabinenglas (Frontseite) wurden Spurenelemente einer Bleilegierung festgestellt, die flugzeugfremd sind. Es ist anzunehmen, dass der Scheibenschlag, der als Absturzursache anzusetzen ist, durch einen metallischen Gegenstand ausgelöst wurde. Die Legierung ist von ihrer Zusammensetzung typisch für Projektilummantelungen, so dass von einer Fremdeinwirkung durch ein oder mehrere Geschosse ausgegangen werden kann ..."

Der Inspektor nickte. „Sie hatten Recht, als Sie vermuteten, dass zwischen dem Mord in der Klinik und dem Absturz ein Tatzusammenhang besteht. Dem Bericht nach hat jemand auf die Cessna geschossen und so deren Absturz herbeigeführt. Als Dr. Bauer wider Erwarten überlebte, wurde er im zweiten Zugriff im Krankenhaus ermordet."

„Das erklärt auch, warum Herr Melcher überfallen, seine Kamera zerstört und sein Laptop gestohlen wurde. Der Täter fürchtete, Melchers Bilder würden uns auf seine Spur bringen", erklärte die Kommissarin.

„Wir müssen Herrn Melcher intensiver befragen. Der Mann weiß mehr, als er zugibt", meinte Gödel.

„Sie haben ihn für morgen vorgeladen?"

„Ich habe ihn telefonisch nicht erreichen können", entschuldigte sich Gödel.

„Notfalls lassen wir ihn abholen", erwiderte die Kommissarin. Sie griff zu den Akten. „Zurück zum Fall, Melcher ist morgen dran. Unser Täterprofil gewinnt an Kontur. Der Täter muss gewusst haben, dass Bauer um diese Zeit mit der Cessna kommt. Er muss aus dem näheren Umfeld kommen bzw. Zugang zu den Flugdaten gehabt haben. Er kennt sich ferner mit Flugzeugtypen aus und muss ein guter Schütze sein."

„Dazu besitzt er medizinische Kenntnisse", ergänzte Gödel.

„Nicht unbedingt. Dass man durch den Austausch eines Infusionsbeutels einen tödlichen Effekt erzielen kann, kann heutzutage jeder den Medien entnehmen. Andererseits wäre für einen Mediziner der Zugang ins Krankenhaus einfacher gewesen."

„Was ist mit dem Mord an Ludwig Ganzel?", fragte der Inspektor.

„Wenn der Mord an Ganzel mit dem Tod Bauers zusammenhängt, hätten wir einen dritten Anhaltspunkt: die Anwesenheit beim Brauereifest!"

„Das klingt fast so, als sei der Fall bereits gelöst!", meinte Gödel.

„Schön wäre es, wir kennen bislang weder das Motiv oder die Motive und Beweise gegen den einen oder anderen Verdächtigen haben wir ebenfalls nicht."

Die Kommissarin überlegte. „Vielleicht überprüfen wir zunächst die Alibis aller Personen aus dem direkten Umfeld Werner Bauers für den 12. Juni, als die Cessna abgeschossen wurde. Das könnte den Kreis der Verdächtigen entscheidend verkleinern!"

„Wenn der Mörder wirklich zu dem engeren Bekanntenkreis Bauers gehörte", warf der Inspektor ein.

„Wenn nicht, dann hätten wir ernsthaft Probleme!", bestätigte Frau Nöhler.

„Kannst du dich an die Geschichte mit Peter Stromsky erinnern?"

„Peter Stromsky? Ich weiß nicht, wer das sein soll."

„Der junge Mann, der vor Jahren den Unfall mit den beiden Studentinnen gebaut hat."

„Ach, den meinst du. Das war der Typ, den Uli zur Party bei Hartwig mitgebracht hat. Aber, wurde der Unfall nicht von jemand anderem verursacht?"

„Kann sein oder auch nicht. Darum geht es nicht! Ein Bekannter hat den Mann im *Löwenbräu* gesehen. Mit einer Reporterin der *SchwäPo*. Am gleichen Tag, als die Leiche Ludwig Ganzels entdeckt wurde. Der Kerl schnüffelte da herum und machte Bilder. Interessant, oder?"

„Ein Zufall – und was geht uns ein Peter Stromsky an?"

„Vielleicht mehr, als es auf den ersten Blick scheint."

Jörg Melcher kehrte am Nachmittag aus Stuttgart zurück. Er war um 17 Uhr mit Joachim Geissler in ihrem üblichen Treffpunkt *Lavazzabar* zum Informationsaustausch verabredet. Geissler war bereits vor Ort und studierte seine Unterlagen. Er blickte hoch, als Melcher kam. Die Männer begrüßten sich.

„Was gibt es Neues bei Ihnen?", fragte der Redakteur.

„Ich komme eben aus Stuttgart, wo ich einige aufschlussreiche Informationen zu Werner Bauer aufgetan habe."

„In welcher Hinsicht aufschlussreich?", fragte Geissler nach.

„Nun, Bauer hat die eine oder andere Veranstaltung in Stuttgart besucht. Zumeist mit weiblichem Gefolge – und raten Sie, wer ihn im letzten Jahr begleitet hat?"

„Sylvia von Barnem!", antworte der Redakteur. „Das ist nichts Neues, in Aalen traten die beiden bei Empfängen häufig gemeinsam auf."

„Was für Aalen gilt, galt nicht für Stuttgart! Dr. Bauers Begleitung war eine gewisse Yvonne Schneider, vierundzwanzig und Studentin in Stuttgart-Hohenheim."

160

„Das ist wirklich eine Überraschung, woher haben Sie die Information?", fragte Geissler verblüfft.

„Es gibt auch in Stuttgart *gewöhnlich gut unterrichtete Kreise*", antwortete Melcher grinsend. „Es kommt noch besser. Yvonne Schneider ist mit Johann Wehner verwandt."

„Mit unserem Sparkassendirektor?"

„Frau Schneider ist Wehners Nichte!"

„Wehner hat mir mal erzählt, die Tochter seiner Schwester studiere Biologie. Wo sie studiert, hat er nicht gesagt. Und dass seine Nichte mit Werner Bauer zusammen war..." Joachim Geissler überlegte.

„Ich habe Bauer eigentlich gut gekannt", fügte er nachdenklich hinzu, „aber über Frauen haben wir nie gesprochen. Über Wirtschaft und Kommunalpolitik, selten über Privates."

Melcher lachte. „Ich denke, das ist unser Problem. Die Ursachen für den Tod Werner Bauers sollten wir meines Erachtens im Privaten und nicht im Geschäftsbereich suchen."

Joachim Geissler schüttelte den Kopf. „Da bin ich mir nicht sicher. Wenn meine Recherchen stimmen, bereitete Werner Bauer eine groß angelegte Bodenspekulation vor, die mehreren Leuten bestimmt nicht geschmeckt hätte. Unter anderem ging es um den Flugplatzausbau Aalen Elchingen. Die Diskussion um dieses Projekt wird mit großer Vehemenz geführt."

Jörg Melcher nickte. „Verstehe, aber deswegen jemanden umbringen?"

„Da geht es weniger um Umweltfragen, sondern um ziemlich große Summen. Und bei Geld hört der Spaß bekanntlich auf!" Geissler zog ein Couvert aus der Tasche. „Ich habe eine Einladung bekommen, die Sie vielleicht interessieren könnte. Ein Jägertreff mit Ansitzen und anschließendem Umtrunk. Die Leute, die Sie dort treffen, wissen genau, was hier in Politik und Wirtschaft läuft."

„Und die würden mit mir über ihr Wissen reden?", fragte Melcher skeptisch. „Das sicher nicht", lächelte Geissler. „Aber Sie kommen in Kontakt und Kontakte sind nicht zu unterschätzen."

„Wann findet das Jagdvergnügen statt?", fragte Melcher.

„Am kommenden Samstagmorgen um 3 Uhr früh brechen wir auf. Treffpunkt ist die Hubertushütte. Die liegt etwa in der Mitte zwischen Aalen und Heidenheim. Von dort geht es ins Revier", antwortete Joachim Geissler.

„Ist denn Jagdsaison? Ich dachte, gejagt wird überwiegend im Herbst?"

„Die Saison für Rehwild und Schwarzwild hat gerade begonnen. Also, was ist, kommen Sie mit?"

„Drei Uhr", überlegte Melcher, „das ist ziemlich früh."

„Wir müssen vor der Dämmerung auf unseren Positionen sein. Sonst bemerkt uns das Wild. Hier sollten wir um halb zwei starten."

„Das ist noch früher", seufzte Melcher. „Aber, ich mache mit. Wer ist alles auf der Jagd dabei?"

„Bis auf ein oder zwei Jägerinnen sind die Herren unter sich."

„Gut, wo treffen wir uns?"

„Um halb zwei am Bahnhof! Ich nehme Sie mit."

„Abgemacht. Ich hoffe, ich höre den Wecker."

„Denken Sie an die passende Kleidung. Die Jagd geht durch dick und dünn", riet Geissler. „Bis Samstagmorgen!".

Beide Männer brachen auf.

Gleich neun, Claudia Nöhler seufzte. Sie musste ökonomischer mit ihrer Zeit umgehen, irgendwann sollte mal Feierabend sein. Trotzdem, die Arbeit des Nachmittags und Abends hatte sich gelohnt. Gödel und ihr war es gelungen, von den meisten Personen aus dem Umfeld Dr. Bauers Angaben über den 12. Juni zu bekommen. Frau Dr. von Barnem war an diesem Tag auf einem Ärztekongress in Baden-Baden gewesen. Stephan Preskow befand sich geschäftlich in Prag. Professor Dr. Markus Tiech hatte in der Klinik Dienst. Johann Wehner, der Leiter der Ostalbsparkasse, hielt sich bis gegen 17 Uhr in seiner Bank auf. Franz Harth gab an, mit dem Sud beschäftigt gewesen zu sein. Ludwig Ganzel und er hätten gemeinsam bis etwa 20 Uhr in der Brauerei gearbeitet. Die Arbeiten hatten stattgefunden, das hatte Inspektor Gödel bereits überprüft. Nur Harths Zeuge Ganzel war nicht mehr am Leben …

Die Überprüfung der anderen Alibis dauerte noch. Doch die Kommissarin war ziemlich sicher, dass diese bestätigt werden würden. Was den 12. Juni betraf, schienen Bauers Bekannte aus dem Schneider zu sein. Allerdings konnte auch Ludwig Ganzel als Schütze in Frage kommen. Der Mann war passionierter Jäger gewesen. Vielleicht hatte er im Auftrag gehandelt? Die Andeutungen, die Ganzel seiner Tochter gegenüber gemacht hatte, wiesen darauf hin, dass er mit einer größeren Geldsumme gerechnet hatte. Die Bezahlung für den Auftragsmord an Werner Bauer? Aber Bauer hatte den Absturz überlebt. Wollte Ganzels Auftraggeber deswegen nicht zahlen oder hatte dieser versucht, sein Wissen zu Geld zu machen und war aus diesem Grund getötet worden? In Frage für diesen Mord kamen alle am Bierfest Anwesenden, die Werner Bauer gut gekannt hatten. Mithin standen Franz Harth, Johann Wehner, Professor Tiech, Stephan Preskow und Frau von Barnem weiter in Verdacht. Allerdings, wenn sie näher darüber nachdachte, das Ganze schien sehr konstruiert. Claudia Nöhler schüttelte den Kopf. Irgendetwas fehlte zum Gesamtbild, eine Information, die sie noch nicht besaß oder vielleicht übersehen hatte. Aber was das sein konnte, fiel ihr beim besten Willen nicht ein. Morgen würde sie jedenfalls Melcher befragen und Gödel nochmals die Alibis vom 12. Juni überprüfen. Die Kommissarin gähnte. Zeit nach Hause zu gehen, sie stand auf und verließ ihr Büro.

Stromsky saß am Tisch und starrte auf den Brief. Die Informationen waren eindeutig und lückenlos. Nichts, aber gar nichts fehlte. Angefangen von der Unfallgeschichte, im Detail beschrieben, und weiter mit den ganzen kleinen Diensten und Unregelmäßigkeiten, mit denen er sich das Stillschweigen erkauft hatte. Am Ende stand eine Beschreibung der Tat, die offenbar von ihm erwartet wurde:

C. hat jeden zweiten Mittwoch Spätdienst. Gegen Mitternacht wird C. zum Andruck gehen, um mit dem Kollegen dort einen Kaffee zu trinken. Das ist C.s persönliches Ritual. Stromsky ist dies bekannt und er plant, die Situation für seine Zwecke zu nutzen. Er wird handeln …

Verzweifelt blickte Peter Stromsky auf den Text. Das mit den Mädchen hatte er nicht gewollt und eigentlich hatte ein anderer das Geschehen verursacht. Und jetzt dieses! Nur ein kleiner Unfall, hatte die Stimme gesagt, aber daran glaubte er nicht. Was sollte er nur tun? Peter Stromsky zahlte und eilte nach Hause.

Dort öffnete er den Kühlschrank und nahm sich ein Bier. Das erste, weitere folgten. Jetzt war es zehn Uhr abends. Er saß vor einer Batterie von Flaschen und starrte trübe

vor sich hin. Wenn die Geschichte von damals herauskam, war er erledigt. Es blieb ihm letztlich keine Wahl.
An diesem Abend hatte Carolin Spätdienst und er musste
handeln. Die Rollen waren bis zur Decke gestapelt, eine
Stange als Hebel würde genügen ... Noch zwei Stunden,
Zeit aufzubrechen, wenn er die Geschichte heute erledigen wollte.

Halb elf. Jörg Melcher war gerade dabei, sich in seinem
Pensionszimmer hinzulegen, da klingelte das Handy. Es
war Carolin.

„Hallo Jörg, wo steckst du denn? Ich habe den ganzen
Tag versucht, dich zu erreichen."

„Ich war erst in Stuttgart und habe mich anschließend
mit deinem Kollegen getroffen."

„Sag bloß, du bist schon wieder mit den *Aalener
Nachrichten* fremdgegangen!"

„Wie man's nimmt. Eigentlich habe ich meine wichtigsten Informationen aus Stuttgart selbst mitgebracht",
verteidigte sich Melcher lachend.

„Vielleicht sind meine noch wichtiger?", konterte
Carolin. „Rothenstolz hatte gestern einen Unfall und
liegt im Koma!"

„Das ist wirklich eine Nachricht, die es in sich hat.
Damit fällt er als Informant zu Werner Bauer vorerst
aus. Aber meine Informationen sind auch nicht von
Pappe. Werner Bauer war mit einer Yvonne Schneider,
einer vierundzwanzigjährigen Studentin zusammen!"

„Das höre ich zum ersten Mal!"

„Warte, es kommt noch besser. Diese Yvonne Schneider
ist die Nichte des Sparkassendirektors Wehner."

„Das öffnet gänzlich neue Möglichkeiten", meinte
Carolin. „Vielleicht geht es doch um eine Beziehungstat!"

„Wehner ist eifersüchtig auf Bauer, weil der mit seiner

Nichte, die er seit ihrer Teenagerzeit begehrte, zusammen ist und bringt ihn um? Etwas in diese Richtung?"

„Jörg, das ist Quatsch. Aber vielleicht war Sylvia von Barnem mit von der Partie. Du hast erzählt, sie sei vor ihrer Heirat mit Bauer eng befreundet gewesen. Als sie dann überraschend schnell Witwe wurde, sind sie und Werner Bauer wiederholt öffentlich aufgetreten. Und dann kommt diese Yvonne und spannt ihr Bauer aus!"

„Die Frau ist Jägerin", überlegte Melcher, „aus einer Jagdwaffe wurde auf die Cessna geschossen!"

„Und Frau Dr. von Barnem ist Ärztin", ergänzte Carolin. „Sie könnte, nachdem Bauer überlebte, auch in der Klinik zugeschlagen haben."

„Möglicherweise wusste Ludwig Ganzel etwas oder er hatte etwas gesehen und musste deshalb sterben. Am Abend seines Todes war Frau von Barnem ebenfalls auf dem Fest. Und", Melcher erinnerte sich genau, „sie war etwa zwanzig Minuten draußen."

Beide schwiegen. Dann sprach Jörg Melcher weiter: „Hör mal, Carolin. Das ist alles schön und gut – nur die Beweise fehlen! Am Telefon lässt sich das schlecht klären. Wollen wir uns treffen?"

„Ich habe heute Spätdienst und muss gleich in die Redaktion."

„Dann komme ich zu dir."

„Gut, aber erst in einer Stunde. Ich muss vorher einige Routinedinge erledigen. Sagen wir um halb zwölf?"

„Das passt!"

„Gut, komm hinten zum Nebeneingang, es muss nicht jeder sehen, dass ich während des Dienstes besucht werde. Ich bin oben beim Druck."

Carolin beendete das Gespräch. Jörg Melcher ging ins Bad und rasierte sich.

Markus Tiech und Sylvia von Barnem studierten die Pläne, die ihnen Stephan Preskow vorgelegt hatte. Beide schienen mit dem, was sie sahen, nicht völlig zufrieden zu sein.

„Das ist ganz schön und gut", meinte Tiech, „aber bist du wirklich sicher, dass dies alles ist, was Werner an Unterlagen zum Projekt hinterlassen hat?"

„Ziemlich sicher. Ich habe das ganze Chalet durchsucht, mehr Material zum Projekt gibt es nicht", erwiderte Stephan Preskow.

Sylvia von Barnem schüttelte den Kopf. „Das kann ich mir nicht vorstellen, Werner war in diesen Dingen sehr sorgsam. Da müssen noch irgendwo Papiere existieren. Das da", sie berührte die Blätter, „ist höchstens ein Bruchteil des Materials, von dem Werner berichtet hat."

„Vielleicht besitzt Rothenstolz weitere Unterlagen? Er hat doch etwas in die Richtung angedeutet?", fragte Preskow.

„Rothenstolz?" Markus Tiech blickte von dem Blatt auf, das er las. „Der Mann hatte einen Unfall und liegt bei uns in der Klinik im Koma. Was immer Rothenstolz weiß, er wird uns nichts mitteilen können."

Auf Sylvia von Barnems Stirn zeigte sich eine ärgerliche Falte.

„Das ist doch unmöglich. Jetzt fällt der Mann aus, der weiterhelfen könnte."

„Bist du sicher, dass Rothenstolz Informationen besitzt? Ich hatte den Eindruck, der Kerl wollte sich nur aufspielen", meinte Tiech.

„Ich glaube Rothenstolz. Warum sollte er zu Sylvia kommen, wenn er nicht wirklich einen Grund dazu gehabt hätte? Es sei denn", Preskow wandte sich an Frau von Barnem, „Friedrich Rothenstolz kennt Sylvia besser, als sie uns glauben machen will."

„Was redest du für einen Unsinn, Stephan! Ich habe Herrn Rothenstolz nur einmal vorher gesehen. Letztes Jahr auf dem Segeltörn mit Werner."

„Warum kommt der Mann direkt zu dir?", fragte Tiech.

„Das weiß ich doch nicht!", antwortete Frau von Barnem gereizt.

„War Rothenstolz nicht noch ein zweites Mal da?", fragte Stephan Preskow lauernd. „Kann es sein, dass er dir dann das gegeben hat, was er für Werner aufbewahren sollte?"

„Nein, das hat er nicht, und jetzt sollten wir das unerquickliche Gespräch beenden", erwiderte Sylvia von Barnem im scharfen Ton. „Ich bin müde und will zu Bett. Also, meine Herren!"

Ihre Gäste brachen auf. An der Tür drehte sich Stephan Preskow noch einmal zu Sylvia von Barnem um.

„Das Thema ist noch nicht erledigt, meine Liebe!"

„Ich denke schon", sagte sie mit Nachdruck und lächelte. „Bis Freitag, kommt gut nach Hause."

Frau Dr. von Barnem schloss die Haustür. Sie öffnete die Hand und betrachtete den Zettel, den *er* ihr in die Hand gedrückt hatte: *Ich rufe dich morgen an!*

Sylvia von Barnem seufzte, auch das noch!

Sie waren stets zu fünft gewesen. Markus, Stephan, Sylvia und Werner. Johann Wehner war erst später zu ihnen gestoßen. Eine Gruppe, die manches verband. Die Freude an der Jagd, am Segeln, an Partys und am schnellen Geld. In Sachen Geld hatte Werner immer gute Ideen gehabt. Er besaß einfach einen Riecher für finanzielle Chancen und Zukunftsoptionen. Manches war gewagt gewesen, aber Werners Spekulationen gingen immer gut aus. Davon waren alle überzeugt. Nur bei

168

seinem letzten Projekt hatten einige der Freunde nicht mitziehen wollen. Die Sache schien zu riskant und einige Nummern zu groß. Werner störte das nicht und er machte sich allein daran, das Ding durchzuziehen. Ob es ihm gelungen war, wussten sie nicht. Jedenfalls war Werner tot und die Polizei suchte seinen Mörder. Und den von Felix sowie den Mörder Ludwig Ganzels! Ob die Kommissarin und ihr Inspektor die Verbindungen kannten? Wahrscheinlich nicht und die geschäftliche Seite würden diese Beamtenseelen ohnehin nicht verstehen. Das Alibi jedenfalls stand felsenfest. Die Polizei würde noch einige Zeit herumstochern, irgendwann aber den Fall zu den Akten legen. Oder sollte man der Kommissarin vielleicht einen Täter auf dem Tablett servieren? Franz Harth eignete sich gut für die Rolle. Mal sehen. Unnötig, sich über die Polizei Sorgen zu machen. Eher störten die beiden Journalisten, die überall herumschnüffelten. Dieser Fotograf war heute Abend mit Geissler von den Nachrichten in der Lavazzabar gesehen worden. Mit im Gefolge war die Frau von der SchwäPo, die Kollegin Stromskys. Viel zu viel Öffentlichkeit. In der Hinsicht konnte man nur hoffen, das Stromsky seinen Auftrag ordentlich ausführte. Ein kleiner Unfall zur Warnung mochte genügen. Auf jeden Fall musste etwas geschehen. Die Gruppe fing schon an, sich gegenseitig zu verdächtigen. Franz Harth ... eine interessante Idee!

Jörg Melcher drückte die Klinke an der Seitentür, sie war offen. Er trat hinein und kam direkt in die große, im Halbdunkel liegende Papierhalle. Melcher schaute sich um. Links und rechts standen breite Regale mit Pappe und Kartons. Auf dem glatten Boden lagerten weitere Container. Seitlich waren riesige Papierrollen bis zur Decke gestapelt. Eintönig klang das Rattern und Surren der Druckmaschinen, sonst war es still. Eine fast unheimliche, nächtliche Leere. Er durchquerte den Raum und wandte sich nach rechts. Seine Schritte hallten laut in der weiten Halle. Vor ihm führten Metallstufen hoch zur Druckkontrolle, wo er Carolin treffen sollte. Melcher wollte gerade die Treppe nach oben steigen, da hörte er, wie irgendwo in der Halle eine Tür geöffnet wurde. Er drehte sich um und blickte in die Richtung. Im Licht der Nachtbeleuchtung sah er oben auf dem Treppengang eine füllige Gestalt von links hereinkommen und sich zu den Rotationsmaschinen wenden. Die Gestalt blieb stehen, beugte sich über das Geländer und starrte zwischen den Rollen in seine Richtung. Jörg Melcher erkannte die Person, es war Peter Stromsky. Er winkte Carolins Kollegen zu.

„Nicht erschrecken, ich bin es, Jörg Melcher."

Peter Stromsky hob ebenfalls die Hand, schien kurz zu überlegen und stieg dann die Treppe zu Jörg Melcher hinab.

„Jörg, was machen Sie hier? Fast hätte ich Sie für einen Einbrecher gehalten!" Seine Stimme zitterte leicht und sein Gesicht wirkte in der nächtlichen Beleuchtung unnatürlich bleich.

„Tut mir leid, dass ich Sie erschreckt habe, Peter. Ich bin auf dem Weg zu Carolin, eine mitternächtliche Besprechung. Und Sie, müssen Sie Überstunden machen?"

Peter Stromsky wischte sich mit einem Taschentuch Schweiß von der Stirn, dann antwortete er.

„Nein, ich ... ich hatte oben etwas zu tun, und da hörte ich die Tür gehen und wollte nachschauen, wer hier in der Halle ist. Aber ich will nicht weiter stören."

„Hallo, wer ist da unten?"

Oben auf der Empore stand Carolin und schaute zu den beiden Männern hinab.

„Doppelter Besuch für dich", antwortete Melcher. „Peter und ich."

„Nein, ich bin nur zufällig hier", widersprach Peter. „Ich bin so gut wie weg."

Er hob die Hand kurz zum Gruß, drehte sich um und verschwand eilig zum hinteren unteren Durchgang. Jörg Melcher stieg die Treppe zu Carolin hinauf.

„Hallo Jörg, du bist wirklich pünktlich."

Eine Tür fiel ins Schloss.

„Was Peter allerdings hier wollte, ist mir schleierhaft."

„Er sagt, er habe die Tür gehört. Aber ich war sehr leise. Von oben kann er eigentlich nichts gehört haben." Melcher sah sinnend in die Richtung, in der Peter Stromsky verschwunden war.

„Dein Peter wirkte irgendwie nervös oder so, als hätte ich ihn bei einer Arbeit gestört."

„Eigentlich gibt es keinen besonderen Grund, warum er um diese Zeit im Hause ist. Wahrscheinlich hat er etwas vergessen oder nicht erledigt und es ist ihm peinlich, gesehen zu werden."

„Woher kommt Peter eigentlich? Ein Schwabe scheint er mir nicht zu sein", erkundigte sich Jörg.

„Peter ist in Westfalen am Rande des Teutoburger Waldes aufgewachsen. Seine ersten Zeitungserfahrungen machte er mit siebzehn beim Vlothoer Anzeiger. Nach Aalen kam er angeblich der Liebe wegen. Ein fähiger Kollege", antwortete Carolin. „Aber lassen wir Peter Peter sein und gehen in mein Büro, ich bin hier oben fertig."

Sie durchquerten die Halle, öffneten eine Nebentür und bogen in den breiten Gang, der in den Bürotrakt führte. An seinem Ende lagen Treppenhaus und Aufzug. Sie fuhren in den zweiten Stock in Carolins Büro.

„Setzen wir uns!" Carolin setzte sich auf ihren Drehstuhl und Melcher nahm auf dem Besuchersessel Platz. Sie holte aus einem kleinen Kühlschrank Mineralwasser und zwei Gläser.

„Wie gehen wir weiter vor?", fragte sie ihn. „Du hast erzählt, Werner Bauer sei mit Yvonne Schneider zusammen gewesen. Eine Studentin aus Stuttgart Hohenheim, die Nichte von Johann Wehner. Was weißt du noch über sie?"

„Bislang nichts, ich werde mich mit ihr in Verbindung setzen und die junge Frau befragen. Allerdings muss ich mich morgen früh erst einmal selbst befragen lassen. Die Kommissarin hat mich für neun Uhr vorgeladen."

„Was will die schon wieder von dir?"

„Was wohl? Informationen zum Fall, wahrscheinlich über den Abend im Löwenbräu und und. Aber", Melcher grinste, „natürlich werde ich meinerseits versuchen, so viel wie möglich aus der Dame herauszubekommen."

„Die soll ausgerechnet dich in ihre Ergebnisse einweihen?"

„Das wird sie natürlich nicht, aber Fragen sind oft verräterisch. Lass mich nur machen."

„Gut, wenn du mit der Polizei zu tun hast, werde ich Yvonne Schneider übernehmen. Arbeitsteilung, okay?", schlug Carolin vor.

Eigentlich hätte sich Melcher gern selbst mit der Studentin beschäftigt, aber es gab kein überzeugendes Argument gegen Carolins Vorschlag. Er stimmte also zu.

„Was ist mit Sylvia von Barnem? Haben wir irgendeine Möglichkeit, abzuklären, wo sich die Dame zu den verschiedenen Tatzeiten aufgehalten hat?", fragte Carolin.

„Das scheint mir schwierig zu sein. Ich könnte versuchen, die Nöhler in dieser Hinsicht zu befragen. Aber ich fürchte, Frau Kommissarin wird mir keine Auskunft geben." Er beugte sich vor und schenkte Carolin und sich selbst Wasser ein, trank dann einen Schluck.

„Außerdem halte ich es für verfrüht, uns auf Frau von Barnem zu fixieren. Dieser Professor Tiech und Stephan Preskow scheinen mir ebenso verdächtig. Und eigentlich auch der Brauer. Wobei ich fast glaube, dass der Tod von Ludwig Ganzel mit dem von Werner Bauer nichts zu tun hat."

„Warum sonst musste Ganzel sterben?", fragte Carolin.

„Vielleicht hat das etwas mit der Brauerei zu tun. Oder irgendeine Privatangelegenheit. Vielleicht hat Ganzel jemanden beleidigt, was weiß ich, Motive kann es viele geben. Wer sagt uns denn, dass nicht jemand von den anderen Gästen Ganzel ermordet hat? Da fehlen uns leider die Informationen."

„Du magst recht haben", nickte Carolin. „Konzentrieren wir uns auf den Fall Werner Bauer. Markus Tiech, Stephan Preskow, Frau von Barnem und Johann Wehner, vielleicht auch Franz Harth stehen im Zentrum der uns bekannten Fakten. Wenn die Vorgeschichte eine Rolle spielt, fallen allerdings Harth und Wehner als Verdächtige weg und es bleiben zwei Männer und eine Frau übrig."

„Wobei wir erneut bei unserer Dreierkombination gelandet wären", meinte Melcher. „Ich wüsste zu gern, wer die Frau auf dem Friedhof gewesen ist", sagte er unvermittelt.

„Bei der Beerdigung von Felix Menckhoff? Siehst du einen Zusammenhang?"

Melcher nickte. „Ich bin ziemlich sicher, dass da eine Verbindung besteht. Wenn wir wüssten, wer die Frau in Schwarz gewesen ist, wären wir bestimmt weiter."

Um Gotteswillen! Beinahe wäre er zum Mörder geworden! Fast war er so weit gewesen, dass er eine der
Rollen umstoßen und Carolin darunter begraben wollte. Zum Glück war Jörg Melcher aufgetaucht und hatte
ihn im letzten Augenblick von seinem wahnsinnigen Tun
abgehalten. So ging es nicht weiter. Er musste die Sache
beenden. Musste sich für seine Tat stellen und alles gestehen. Auch das, was er eben hatte tun wollen. Und
erzählen, wer ihn dazu angestiftet hatte. Aber, überlegte
Peter Stromsky, was ist, wenn alles ein Irrtum war und
er die Dinge missverstanden hatte? Es konnte gut sein,
dass sich alles in seinem Kopf abgespielt hatte. Wenn er
trank, war er mitunter nicht völlig Herr seiner Sinne.
Deswegen hielt er sich mit dem Trinken meist völlig
zurück. Aber neulich, nach der Feier … Er sollte dem
Ganzen noch eine Chance geben und anrufen. Anrufen
und ein Treffen ausmachen, vielleicht klärte sich alles.
Vielleicht war alles nur ein Missverständnis. Wieder fiel
ihm Carolin ein. Sie waren Kollegen und arbeiteten eng
miteinander. Wie hatte er nur im Entferntesten an so
etwas denken können … Wie konnte er die Geschichte
wiedergutmachen? Stromsky überlegte. Carolin war an
diesem Fall dran, mit der abgestürzten Cessna. Der Pilot
stammte aus Unterkochen. Seine Schwester wohnte mit
ihrem Mann dort. Er sollte Carolin an sie verweisen, seine Schwester kannte Gott und die Welt, möglich, dass
sie auch den Toten gekannt hatte und Carolin weiterhelfen konnte. Stromsky atmete tief durch. Langsam fühlte
er sich wieder besser. Ja, er würde alles klären.

Markus Tiech griff zum Telefon und wählte die be-
kannte Nummer.
„Hallo, hier Markus. Du bist auch auf der Jagd? …
Da könnten wir doch ein wenig Zeit füreinander finden,

meinst du nicht? Wo es neulich nicht geklappt hat … An mir hat es nicht gelegen … Versteht sich von selbst … Gegen drei Uhr geht es los, du kennst die alte Hütte bei der Sautränke. Ich sorge dafür, dass wir ungestört sind … Bis dann, ich freue mich."

Professor Tiech legte auf und rieb sich die Hände. Dann machte sich der Chefarzt für die Visite bereit.

Der Donnerstag war sommerlich heiß. Bereits um neun Uhr morgens zeigte das Thermometer 24° im Schatten. Jörg Melcher klopfte an die Bürotür von Kommissarin Claudia Nöhler. Drinnen rührte sich nichts. Er klopfte erneut, und als wieder keine Antwort kam, trat er entschlossen ein. Das Zimmer war leer. Melcher blickte sich um. Deutsche Büroeinrichtung Standard, ein einfacher Holzaktenschrank, zwei Stühle, ein christlicher Abreißkalender an der Wand, auf dem Fenstersims einige kränkliche Grünpflanzen. Vor ihm der Schreibtisch, darauf Akten und der PC. Der Computer summte. Melcher trat an den Schreibtisch und drehte den Bildschirm in seine Richtung. Der Dateimanager war geöffnet, eine Vielzahl von Ordnern verteilte sich über den Schirm. Sie trugen Namen wie *Meissing*, *Gellert*, *Rossman* etc. und *Bauer* sowie *Ganzel*! Melcher überlegte. Im Nebenraum telefonierte jemand, von der Straße hörte er Verkehrsgeräusche. Auf dem Gang war es ruhig. Die Gelegenheit war günstig. Jörg Melcher griff in seine Hemdtasche und holte seinen Stick hervor. Er trat hinter den Schreibtisch und steckte den Stick in den passenden PC-Eingang. Das Programm erkannte ihn, mit zwei Klicks holte er sich Kopien der Bauer- und Ganzeldateien auf den Stick und zog diesen wieder heraus. Er verließ seinen Platz, schaltete den Bildschirm aus und drehte ihn zurück.

Auf dem Gang erklang das Klappern von Absätzen. Rasch setzte sich Jörg Melcher auf den Besucherstuhl, steckte den Datenträger ein und holte ein kleines rotes Notizbuch hervor. Als die Tür sich öffnete, schien er mit Lesen beschäftigt. Claudia Nöhler kam herein. Heute war sie der Hitze entsprechend sommerlich gekleidet. Der Rock war für eine deutsche Beamtin erstaunlich kurz und zeigte ein paar durchaus attraktive Beine.

Die Kommissarin runzelte die Stirn, als sie Melcher sah.

„Was machen Sie hier? Wer hat Sie hereingelassen?"

„Guten Morgen, Frau Nöhler. Sie hatten mich für neun Uhr bestellt. Ich bin pünktlich."

Die Polizistin warf einen misstrauischen Blick auf Melcher und ihren Schreibtisch. Es schien, als schätze sie den Abstand zwischen Melcher und dem PC ab.

„Sind Sie schon lange da?", fragte sie ihn.

„Ich sagte doch, ich bin gerade gekommen. Warum so unfreundlich, Frau Nöhler. Geht man bei der Aalener Polizei so mit Zeugen um?"

Die Kommissarin setzte sich an ihren Schreibtisch. Sie warf einen prüfenden Blick auf die Akten, konnte aber nichts Auffälliges feststellen. Dann bemerkte sie, dass der PC an- und der Bildschirm ausgeschaltet war. Sofort erwachte wieder das Misstrauen in ihr.

„Waren Sie an meinem PC?"

„Wie käme ich dazu?" Melcher lächelte. „Würde es sich denn lohnen?"

„Ich wüsste nicht, was Sie das angeht!", antwortete die Kommissarin spitz. Sie bückte sich und holte ein Diktiergerät aus der Schublade. Frau Nöhler baute das Gerät auf dem Schreibtisch auf, nahm das Mikro und schaltete auf Aufnahme.

„Donnerstag, 25.Juni, 9:07 Uhr. Verhör Jörg Melcher

176

im Fall Ludwig Ganzel. Vernehmende Claudia Nöhler, Kommissarin." Sie wandte sich an Melcher.

„Herr Melcher, Sie wissen, warum Sie hier sind. Sie waren am Abend der Ermordung Ludwig Ganzels im Löwenbräu anwesend. Ich möchte von Ihnen den exakten Ablauf des Abends berichtet bekommen."

„Aus meiner Perspektive?"

„Natürlich, aus welcher sonst? Erzählen Sie!"

Jörg Melcher lehnte sich zurück und berichtete vom Brauereifest am letzten Donnerstag. Er erzählte von der Führung am Anfang, von den Reden, nannte die Anwesenden und die ungefähren zeitlichen Abläufe.

„So gegen zehn bin ich aufgebrochen. Zusammen mit Herrn Geissler von den *Nachrichten*. Geissler wurde von seiner Frau abgeholt, ich habe ein Taxi genommen."

„Das wird von Herrn Geissler bestätigt", meinte die Kommissarin. „Mir geht es nicht um Ihr Alibi. Ich will wissen, ob jemand von den Gästen zwischendurch den Gastraum verlassen hat?"

Melcher überlegte. Wie konnte er es anstellen, dass die Polizistin verriet, wen sie verdächtigte. Natürlich hatte er jetzt die Ordner, aber das gesprochene Wort war meist verräterischer als trockene Mitschriften.

„Nun?", fragte die Kommissarin ungeduldig. „Ist Ihnen jemand aufgefallen?"

„Da war ein ständiges Hin und Her, bei den vielen Leuten ..."

„Herr Melcher, Sie wissen, was ich meine. Hat jemand von Ihrem Tisch den Raum verlassen? Herr Harth oder Dr. Kolzer oder jemand anderes?"

„Wenn Sie so fragen. Professor Tiech war für eine Weile draußen und dieser Fußballtrainer ..."

„Der Trainer? Das ist interessant, Herr Maier bestreitet das nämlich. Und sonst?"

„Der Teilhaber des verstorbenen Dr. Bauer.“

„Stephan Preskow?“, hakte die Kommissarin nach. „Und noch jemand? Frau von Barnem vielleicht?“

„Sie meinen diese Dunkelblonde?“

„Herr Melcher, erzählen Sie mir nicht, Sie wüssten nicht längst alles über und von Frau Dr. von Barnem. Also, war die Dame draußen oder nicht?“

„Wenn Sie so fragen, ja, ich erinnere mich. Und Professor Tiech und Herr Preskow waren ziemlich zur gleichen Zeit draußen“, antwortete Melcher. Worauf wollte die Kommissarin hinaus? Ein gemeinsamer Mord von Tiech, Preskow und Frau von Barnem an Ludwig Ganzel?

„Was heißt ‚ziemlich‘? Gleichzeitig, hintereinander, zeitversetzt? Oder wie?“ Die Kommissarin wurde langsam ärgerlich.

„Kurz hintereinander. Erst Frau von Barnem, dann zwei, drei Minuten später Professor Tiech und schließlich Herr Preskow.“

„Das ist doch eine klare Aussage. Haben Sie sonst etwas bemerkt?“

„Nein“, meinte Melcher, „sonst nichts.“

„Und zum Flugzeugabsturz, ist Ihnen dazu noch etwas eingefallen?“

„Nein, ich habe Ihnen doch schon alles gesagt und Sie mit Bildmaterial versorgt!“ Melcher gelang es, seiner Stimme einen leicht vorwurfsvollen Ton zu geben.

„Das nehme ich Ihnen nicht ab. Aber machen wir für heute Schluss. Ich lasse das Ganze schreiben. Sie kommen in den nächsten Tagen vorbei und unterzeichnen das Protokoll.“

Deswegen hatte ihn die Nöhler kommen lassen? Die paar Fragen hätte sie ihm schon neulich stellen können. Eigenartig. Jörg Melcher stand auf und verließ das

Büro. Er fuhr zurück in die Pension und packte alles ein. Carolin und er wollten am Abend nach Stuttgart fahren. Carolin würde Yvonne Schneider treffen. Und Jörg Melcher brauchte andere Kleidung für den Jagdausflug, zu dem ihn Joachim Geissler mitnahm.

Den Abend wollten Carolin und er gemeinsam verbringen. Stuttgarter Nachtleben war angesagt, mal sehen, wie sich der Abend entwickeln würde. Jörg Melcher konnte sich einiges vorstellen.

6. Kapitel – Auf auf zum fröhlichen Jagen

Es blies ein Jäger wohl in sein Horn. Und alles was er blies, das war verlorn ... Er zog sein Netz wohl über den Strauch, da sprang ein schwarzbraunes Mädel heraus. „Schwarzbraunes Mädel entspringe mir nicht. Hab große Hunde, die holen dich." „Deine großen Hunde die holen mich nicht, sie wissen meine hohen weiten Sprünge nicht." „Deine hohen Sprünge, die wissen sie wohl. Sie wissen, dass du heute noch sterben sollst." „Sterbe ich nun, so bin ich tot, begräbt man mich unter die Röslein rot." Jagd war Tod, rosenrot tot – an dieser Aussage war mehr, als mancher dachte. Der Jäger lächelte und nahm sein Gewehr.

Jörg Melcher stand, einen Rucksack halb über die Schulter geworfen, vor dem beleuchteten Bahnhof und wartete. Er fröstelte. Halb zwei Uhr morgens. Um diese Zeit war es ziemlich frisch. Drei Minuten später fuhr von der Stadtmitte her ein dunkelgrüner Landrover vor und stoppte. Joachim Geissler öffnete die Beifahrertür: „Einsteigen, es geht los!" Melcher kletterte ins Auto. Sie verließen Aalen und fuhren in die dunkle Nacht hinein.

Sie fuhren gut eine Stunde. Erst in Richtung Heidenheim, später über kleine Nebenstraßen und schließlich einen schmalen Forstweg entlang, der in ein Waldgebiet führte. Gegen halb drei erreichten sie die Jagdhütte. Seitlich der Hütte standen bereits einige Geländewagen. Die Männer nahmen ihr Gepäck, stiegen aus und liefen zum Eingang.

Joachim Geissler ging voran und öffnete die Tür.

Durch einen schmalen Vorraum kamen sie in die Hauptstube. Dort saßen etwa ein dutzend Männer und

Frauen, alle in Jagdgrün gekleidet. Der Raum selbst wirkte sehr rustikal. Eine trübe Hängelampe tauchte alles in schwaches Dämmerlicht. An den Wänden hingen Bilder, die Jagdszenen zeigten. Da und dort waren auch Kunstbeilagen aus Jagdzeitungen angeheftet. Dazu dekorativer Schmuck: Flinten, Hundekoppeln, Rucksäcke, Jagdflaschen, Pfeifen, Tabaksbeutel, verwitterte Hüte. Ein breiter Tisch aus rohen Brettern füllte eine Seite der Hütte aus. In der anderen Ecke bullerte ein Ofen und auf seiner Platte brodelte Wasser im Kessel. Vor dem Ofen lagen mehrere Jagdhunde.

Geissler und Melcher wurden von einem hochgewachsenen Mann begrüßt. Markus Tiech, den Melcher in seiner Jägerkluft erst auf den zweiten Blick erkannte. Auch andere „Bekannte" zeigten sich, Frau von Barnem, Stephan Preskow, Franz Harth und Johann Wehner. Dazu weitere Personen der Aalener Gesellschaft, unter anderem Ulrich Hausmann, der Landtagsabgeordnete und Olaf Scholz von den Scholzwerken.

Man stärkte sich, trank Kaffee und Kurze zum Aufwärmen. Aß Landbrot mit Mettwurst, Butter und Eiern. Alles gewollt einfach und rustikal.

Melcher betrachtete die Anwesenden unauffällig. Als er mit Joachim Geissler hereingekommen war, hatte er einige überraschte Blicke wahrgenommen. Nicht jeder der Anwesenden schien von dem doppelten Presseaufmarsch begeistert zu sein. Aber vielleicht täuschte er sich auch und man brachte ihm nur die übliche Neugier entgegen. Neben ihm saß Franz Harth, der Melcher gleich einen Schnaps einschenkte und ihn dann in ein Jagdgespräch verwickelte.

Er erzählte von der Rotwildjagd.

„Der Jäger ist vor allem auch Heger und Hüter des Waldes. Eine zahlenmäßige Überhege schadet Wald und Wild. Sehen Sie, Herr Melcher, wir müssen jagen. Eine ausgewogene Alters- und Geschlechtergliederung sind für die Gesunderhaltung des Rotwildes absolut wichtig. Eine gute Rotwildjagd bemüht sich um lebensraumangepasste Wilddichten und um eine wildbiologisch richtige Abschussgliederung zur Verbesserung der Lebensraumgestaltung."

„Und", fragte Melcher, „haben Sie Ratschläge für die Jagd selbst?"

„Na ja", meinte Harth und schenkte beiden neu ein, „um erfolgreich Rotwild jagen zu können, braucht es gute Revier- und Bejagungskenntnisse, ein gutes Gewehr wie meine Winchester – und natürlich auch Glück. So und jetzt eine Zigarette. Ich rauche eigentlich selten, aber als Einstimmung auf die Jagd. Wollen Sie auch eine?" Er hielt Melcher sein Päckchen hin. „Danke, ich gewöhne mir das Rauchen zwar gerade ab, doch zur Feier des Tages ..."

Die Männer rauchten schweigend.

Kurz vor drei Uhr brach die Gesellschaft auf. Sie gingen in mehreren Gruppen, die einen Teilbereich des Reviers mit entsprechenden Hochsitzen zugeteilt bekommen hatten. Melchers Partner waren Franz Harth und zwei weitere Männer, die sich ihm als Kurt und Bernd vorstellten.

Sie drangen in den Wald ein. Franz Harth ging voran, direkt unterhalb eines Hanges entlang. Er trug einen Rucksack und um die linke Schulter sein Jagdgewehr. Kurt und Bernd waren ähnlich ausgerüstet. Bernd führte zusätzlich ein schmales Jagdhorn in einem braunen Etui mit sich. Mitten durch kniehohes Gras, Himbeeren und Buchenausschlag führte ihr Weg. Hüfthoch und alles nass, wie aus dem Wasser gezogen, tief gebeugt unter der Wucht des Frühtaus. Die Hosen färbten sich schwarz, bald stieg Melcher die Feuchte bis zum Knie. Der Weg war vom letzten Gewitterregen aufgeweicht, teilweise grundlos. Jeder Schritt musste auf dem schlüpfrigen, zähen Lehmboden überlegt werden. Tückische Steine, die zu vermeiden waren, und dicke Weinbergschnecken, die unter dem Tritt laut krachten. Hier und da hingen im Bogen Buchenzweige herab, die den Nacken mit Güssen versahen. Mal ging es durch eine Dickung, mal durch Gestrüpp von Nesseln und Tollkirsche. Jetzt einen Schotterabhang hinab, dann hinauf durch ein Gewirr von Brombeeren, übersät mit glitzernden Perlen; jeder Tritt Mühe, jeder Schritt Anstrengung. Bald dampfte Melchers Hemd, und von der Stirn tropfte der Schweiß. Jeder Stoß des Morgenwindes jagte Schauer über den Rücken. Morgendämmerung, Zeit zum Nachdenken.

Über den Abend, den Melcher mit Carolin in Stuttgart verbracht hatte. Sie waren gegen 18 Uhr in Stuttgart angekommen. Melcher hatte einen Termin mit Labrenz, der wegen des Mordartikels drängte. Carolin traf sich parallel mit Yvonne Schneider in Degerloch. Sie verabredeten sich für halb neun zum Essen im *Fässle*, einem Restaurant in der Löwenstraße.

Als Melcher kam, war Carolin bereits da und wartete auf ihn. Er setzte sich, ein Kellner brachte die Karte. Sie bestellten das gebratene Bachsaiblings-Filet auf Blattspinat mit Bärlauchravioli. Dazu einen Bönnigheimer Sonnenberg und eine große Flasche Wasser. Während sie auf das Essen warteten, erzählte Carolin von ihrem Besuch bei Yvonne Schneider.

„Frau Schneider ist ziemlich betroffen von Werner Bauers Tod. Es scheint zwischen den beiden etwas Ernstes gewesen zu sein. Bauer hat angeblich sogar von Heirat gesprochen, was Frau Schneider sich aber noch nicht vorstellen konnte."

„Und Sylvia von Barnem? Weiß sie etwas von ihr?"

„Ich habe sie direkt gefragt. Frau Schneider kennt Sylvia von Barnem, sie ist ihr zusammen mit Werner Bauer mehrmals begegnet. Sie hatte nicht den Eindruck, Frau von Barnem sei nur im Geringsten eifersüchtig gewesen. Sie meinte, Sylvia habe mit Bauer schon seit einem halben Jahr nichts mehr gehabt und sich längst anderweitig getröstet."

„Das ist interessant. Wusste sie etwas über die ‚Tröstung'?"

Carolin schüttelte den Kopf. „Nein, wer der Mann ist, konnte sie mir nicht sagen."

Das Essen kam und beide widmeten sich dem Bachsaibling.

„Sag mal", fragte Carolin nach einer Weile, „kennst du die blonde Frau dort drüben? Sie schaut dauernd zu uns herüber!"

Jörg Melcher blickte in die angesprochene Richtung. Dort hinten in einer Ecke saß Mimi in Begleitung eines jüngeren Mannes. Ihre Blicke kreuzten sich und Melcher nahm wahr, wie in Mimis Augen ein ihm allzu gut bekanntes Funkeln aufstieg. In diesem Augenblick hätte er viel dafür gegeben, nicht mit Mimi im gleichen Lokal zu sein, zumindest nicht in Begleitung Carolins. Dann ging alles sehr schnell. Mimi stand auf, kam zu ihnen an den Tisch und lächelte.

Jörg Melcher wurde es abwechselnd heiß und kalt.

„Hallo Mimi", begrüßte er sie vorsichtig, „schön, dich hier zu treffen."

Mimi beachtete ihn kaum. „Ich nehme an, Sie sind Jörgs neue Mitarbeiterin aus Aalen", wandte sie sich, immer noch lächelnd, an Carolin. Carolin, die Mimis Mimik nicht kannte, lächelte zurück.

„Carolin Setlinger, nett, Sie kennen zu lernen."

„Die Kollegin ist von der *Schwäbischen Post*", assistierte Melcher. „Möchtest du dich nicht zu uns setzen?"

„Danke", Mimis Lächeln geriet immer breiter, „ich bin in Begleitung. Und wenn ich mich zu dir setze, könnte es zu heiß werden. Du scheinst jetzt schon ziemlich zu schwitzen."

In der Tat fühlte Melcher, wie ihm der Schweiß auf die Stirn trat. Auf was wollte Mimi hinaus? Sie beugte sich vor, griff in einer fließenden Bewegung zur Wasserflasche und schüttete den Inhalt über Melcher aus. Einen kurzen Augenblick saß er wie gelähmt, dann sprang er auf.

„Verdammt, Mimi, was soll das?"

„Nichts", sagte sie mit unschuldiger Miene, „eine kleine Abkühlung, damit dich deine neue Flamme nicht überhitzt." Dann drehte sie sich um und ging mit wiegenden Bewegungen zu ihrem Tisch zurück. Carolin, die das Geschehen mit offenem Mund verfolgt hatte, lachte schallend.

„Mensch, Jörg, die Frau kann mit dir offenbar machen, was sie will!"

Melcher versuchte, sich mit der Serviette abzutupfen. Viel half es nicht. Als schließlich noch der Geschäftsführer kam und sie aufforderte, das Lokal zu verlassen, war der Abend gelaufen. Carolin bat ihn, sie zurück nach Aalen zu fahren; Melchers weitere Pläne lösten sich somit in Luft auf. Er holte rasch die Kleidung, die er für die Jagd benötigte, aus der Wohnung und fuhr mit Carolin nach Aalen. Es war halb zwölf, als er Carolin bei ihrer Wohnung absetzte. Die Fahrt war schweigsam verlaufen, ein absoluter Reinfall, das Ganze. Zum Glück war wenigstens das Hotel, in dem er vor zwei Wochen gewohnt hatte, noch geöffnet und ein Zimmer frei. Melcher nahm sich ein Bier aus der Minibar und setzte sich aufs Bett. Auf Mimi war er ziemlich sauer. Was sollte diese dämliche Eifersuchtsaktion? Sie hatte ihn vor Carolin lächerlich gemacht! Sie hatten sich doch getrennt, und Mimi war selbst in Begleitung gewesen. Wer mochte dieser Jungspund sein? Hatte sie ihn vielleicht neulich auf ihrer Tagung kennen gelernt? Melcher nahm sich vor, der Sache nachzugehen ...

Stromsky hatte versagt und jetzt wurde er auch noch lästig. Forderte ein Gespräch. Umgehend, sonst würde er alles weitergeben, hatte Stromsky gedroht. Gut, er sollte sein Gespräch bekommen. Es würde sich schon eine Lösung finden. Aufmerksam starrte der Jäger auf den Waldrand. Eine undeutliche Bewegung. Die Gestalt in Grün hob langsam ihre Waffe. Da vorn, war da ein Bock? Es raschelte, dann ein eiliges Hetzen. Weg! Das Wild war durch die Lappen gegangen – zu langsam reagiert! Wenn man sich von seinen Gedanken ablenken ließ. Frühnebel stieg auf und die Sicht wurde schlechter.

Jörg Melcher schreckte aus seinen Gedanken auf. Er blieb stehen und schaute um sich. Bäume und Büsche, vorn eine Lichtung, über der Frühnebel lag. Außer ihm kein Mensch weit und breit. Seinen Nebenmann, Franz Harth, schien er irgendwo verloren zu haben. Und die anderen beiden Männer, Kurt und Bernd, schienen ebenfalls verschwunden. Wo war der Hochsitz, auf den er steigen sollte? Harth hatte ihm die Position gezeigt – und er war an dem Aufstieg vorbeigelaufen. Alles, weil ihm Mimi nicht aus dem Kopf ging. Ärgerlich.

Was nun? Am besten, er lief weiter. Irgendwann würde er wieder auf die anderen stoßen oder auf einer Straße herauskommen. Hinter der Lichtung schien das Dunkel grauer und heller zu werden. Der Tag kündigte sich langsam an, dort musste Osten liegen. Melcher entschied sich, in diese Richtung weiterzugehen. Bald traten die Bäume zurück, vor ihm lag eine Wiese im Dunst. Schon beim ersten Schritt sackte er ein, der Boden schien sehr feucht zu sein. Melcher wich nach rechts aus, einige Meter ging es gut, doch dann kreuzte ein Wasserlauf seinen Weg und zwang ihn, einen Bogen zu schlagen. Ein Stück lief es sich ordentlich. Erneut ein Bach, dieser schien flacher zu sein. Melcher watete vorsichtig hinein und merkte erst in der Mitte, wie das Wasser bis an seine Knie stieg. Mist, er war ohnehin schon ziemlich durchnässt. Zum Glück wurde der Boden auf der anderen Bachseite wieder fester. Jörg Melcher setzte sich auf einen Baumstumpf, zog die Schuhe aus und kippte das Wasser heraus. Auch die Strümpfe wrang er aus. Da, ein Geräusch. Melcher duckte sich unwillkürlich. Der Laut war vom Waldrand gekommen. Er spähte in die Richtung. Direkt ihm gegenüber stand im Dunst am Rande der Wiese eine hohe Gestalt. Ein Schmalreh, schlank und fuchsrot, auf dem Gras äsend. Keine zehn Schritt vor ihm hob es den Kopf mit dem schwarzbraunen, stark geperlten, krummen Gehörn, äugte in seine Richtung und verschwand plötzlich mit einem gewaltigen Satz. Aber es war nicht Melcher, der den Bock verscheucht hatte. Hinter sich, aus dem jenseitigen Waldstück, aus dem er gerade gekommen war, hörte er es knacken. Melcher drehte sich um, ob das Franz Harth oder einer der anderen Mitjäger war? Er hob seine Hand, um zu winken. Da fuhr es wie ein Feuerstrahl an ihm vorbei, ein Schuss, und gleich fiel ein weiterer Schuss. Direkt hinter ihm schlugen die Geschosse mit hässlichem Klatschen in den Boden. Der Wald warf dreimal den Knall zurück. Ohne nachzudenken, ließ Melcher sich in das Grass fallen und presste den Körper an den Boden.

Stille. Kein Laut.

Vorsichtig schob er den Kopf hoch und spähte in die Richtung, aus der geschossen worden war. Niemand war zu sehen. Melcher hob den Kopf noch etwas höher.

„Nicht schießen, ich bin es", schrie er, so laut er konnte.

Drüben blieb es weiterhin still. Dann hörte er ein Knacken und brechende Äste; etwas schien in den Büschen zu flüchten.

Melcher wartete einige Minuten, dann erst stand er vorsichtig auf. Er schlüpfte rasch in die Schuhe, nahm die Strümpfe, drehte sich um und eilte in den Buchenwald, in den vorhin der Rehbock gesprungen war.

Nach ungefähr hundert Metern hielt er keuchend an. Sein Herz pochte wild, aber er selbst war ruhig, war völlig ohne Angst oder Panik. Melcher lehnte sich an einen Baum und analysierte die Situation. Jemand hatte auf ihn geschossen, zweimal. Das stand eindeutig fest. Natürlich konnte man ihn im Dunst mit einem Wild verwechselt haben, aber dann hätte der Schütze sich doch gemeldet oder? Oder nicht, vielleicht war es demjenigen peinlich und er wollte nicht erkannt werden? Melcher hätte verletzt sein können! Hätte ein Zufallsschütze ihn einfach so seinem Schicksal überlassen? Melcher wusste darauf keine Antwort. Und wenn es kein Zufall war? Wenn sich unter den Jagdgästen ein Mörder befand? Wenn der Schütze der gleiche war, der auf Werner Bauers Cessna geschossen hatte? War er dem Täter zu nah gekommen? So nah, dass dieser nun ihn, Jörg Melcher, buchstäblich aufs Korn genommen hatte?

Melcher horchte auf. Geräusche näherten sich ihm, Stimmen und andere Töne. Ein brauner Schatten schoss auf ihn zu, einer der Jagdhunde. Kurz danach kamen drei Personen der Jagdrunde aus dem Grün des Waldes auf ihn zu: Markus Tiech, Stephan Preskow und ein anderer Mann, dessen Namen Melcher vergessen hatte.

Preskow grüßte und blickte sich suchend um.

„Wo ist Ihre Gruppe, Herr Melcher?"

„Wir haben uns verloren!", antwortete Jörg.

„Aber hier wurde doch geschossen?", fragte Markus Tiech.

„Nicht hier, drüben jenseits der Lichtung", korrigierte Melcher und zeigte in die Richtung, aus der er gekommen war. Im grauen Morgenlicht erschien dort in diesem Moment eine schemenhafte Gestalt, die sich auf sie zu bewegte. Rasch kam sie näher, und kurz darauf stand Sylvia von Barnem vor ihnen.

„Habt ihr gehört, da sind Schüsse gefallen?", fragte sie. Im gleichen Augenblick krachte es erneut, und, nach einer kurzen Pause, folgte ein weiterer Schuss.

„Das kam von der anderen Seite. Ich glaube, das muss Ihre Gruppe sein, Franz, Kurt und Bernd", rief Tiech.

Ein längeres Hornsignal tönte, das Halali. Ohne weitere Worte marschierten die Männer und Frau von Barnem in die Richtung, aus der der Klang erscholl. Bald erreichten sie eine weitere kleine Lichtung, ähnlich der, auf welcher Melcher den Rehbock gesehen hatte. Inmitten der weiß dampfenden Frühnebellandschaft erkannten sie Franz Harth und den Mann namens Kurt. Zu ihren Füßen lagen zwei Rehböcke. Rechts von ihnen stand Bernd, der noch einmal kräftig ins Horn blies und dann dieses absetzte.

„Sauber getroffen, Waidmannsheil!", wünschte Sylvia von Barnem dem Brauer und trat auf ihn zu. Sie reichte ihm einen Tannenzweig.

„Waidmannsdank", antwortete Franz Harth. „Wart Ihr auch erfolgreich? Ich habe euch schießen gehört!"

Frau von Barnem schüttelte den Kopf.

„Ich habe drüben in der *Sautränke* einen kapitalen Bock aufgescheucht, aber meine Schüsse gingen daneben."

„Und ihr?", fragte Harth die anderen Jäger. Inzwischen waren auch die letzten beiden Gruppen am Platz erschienen. Außer Johann Wehner, der einen Fuchs erlegt hatte, war niemand zum Schuss gekommen. Jörg Melcher schwieg und erzählte nichts von seinem Erlebnis.

Franz Harth schob dem Bock einen Zweig in den Äser, das Maul des Tieres.

„Ein sauberer Blattschuss", lobte einer der Männer, „das Tier war sofort tot."

Harth zog sein Jagdmesser und begann, assistiert von Frau von Barnem, das zur Strecke gebrachte Tier „aufzubrechen". Stephan Preskow holte inzwischen seinen Landrover.

Harth schnitt die Bauchdecke von unten auf und klappte sie zur Seite. Er griff in das Innere und zog Leber und Lunge hervor. Frau von Barnem teilte die beiden Organe und betrachtete genau das Innere.

„Alles in Ordnung, Franz. Sie haben einen gesunden Bock geschossen!"

Die Umstehenden lachten. Sylvia von Barnem löste das Herz heraus. Es war durch Harths Schuss aufgerissen worden. Der Jäger warf es den Hunden vor, die sich um ihren Teil der Beute zu balgen begannen. Jetzt wurde der Pansen entfernt und das übrige Gedärm. Dann hob der Brauer den Bock hoch, und der Schweiß, das Blut des Tieres, wurde mit Wasser ausgespült. Nun legten sie den Bock in einen Behälter und luden das Tier in Preskows Wagen. Kurt und Bernd hatten inzwischen ihren Bock ebenfalls aufgebrochen und ausgeweidet. Auch dieser wurde in Preskows Landrover gelegt.

Johann Wehner brach auf. Melcher fragte, ob er mitfahren könne, und kehrte mit Wehner nach Aalen zurück.

Unterwegs erzählte der andere von seinem Fuchs, den

er beim Morgenansitz erlegt und ihm den noch warmen Balg abgestreift hatte. Ausführlich schilderte Wehner, wie er den Hinterlauf von der Mitte der Brante aufgeschnitten, dann die Zehen sauber ausgelöst und am letzten Gelenk abgetrennt habe. Als Wehner an die Stelle kam, wie er den Fuchs an den Hinterläufen aufhängte und die Schnitte bis zum Weidloch verlängerte, um die Lunte, den Schwanz, aufzuschärfen, merkte Melcher, wie sich ihm langsam der Magen umdrehte. Er schloss die Augen und bemühte sich, die weitere Darstellung Wehners zu überhören.

... Nachdem der Balg gestreift ist und auch die Vorderläufe sauber ausgelöst sind, ist der Kopf dran. Die Gehörknorpel darf man nicht zu knapp abschärfen. Am besten ist es, sie aus den Gehören bis zum Rand herauszuschälen. Bei den Sehern sollen die Lidränder unbeschädigt am Balg verbleiben. Dann erfolgt das saubere Abtrennen der Nase, aus der alle Knorpelteile herausgelöst werden ...

Zu Hause trank Jörg Melcher mehr als einen Schnaps.

Kommissarin Nöhler hatte sich an diesem Samstagmorgen mit Inspektor Gödel im Büro verabredet. Sie war bereits vor Ort, als der Inspektor eintraf. Vor ihr auf dem Tisch lag ein beschriebenes Blatt. Sie reichte es Gödel. Der Beamte las und pfiff durch die Zähne.

Wer bereitete die Übernahme des Löwenbräu vor? Dr. Bauer! Wo war Ludwig Ganzel am Nachmittag des 12. Juni? Er jagte! Wo war Franz Harth am späten Abend des 14. Juni? Bei Professor Tiech im Klinikum! Was tat Harth am Abend des 18. Juni? Er war im Sudhaus! Für jede Frage eine klare Antwort: Was macht die Polizei? Nichts!

Er gab das Schreiben der Kommissarin zurück.

„Das fand ich gestern Abend in meinem Briefkasten. Ohne Anschreiben, ohne Absender und ohne Umschlag", erläuterte sie.

„Der Zettel war in Ihrem privaten Briefkasten?"

„Ja, aber herauszufinden, wo jemand wohnt, ist heutzutage ein Kinderspiel. Mich interessiert mehr, was Sie vom Inhalt halten?", antwortete Claudia Nöhler.

Gödel überlegte. „Eine mögliche Indizienkette wäre das schon – wenn die Fakten stimmen. Franz Harth könnte durchaus als Täter in Frage kommen. Nehmen wir an, Dr. Bauer hat Franz Harth durch bestimmte Finanzspekulationen in die Enge getrieben und die Brauerei sozusagen übernahmereif gemacht. Harth erkennt, in welche Lage ihn Dr. Bauers Aktionen gebracht haben. Er heuert Ludwig Ganzel an und dieser schießt auf die Cessna, um Bauer zu erledigen. Beide geben sich für die Tatzeit ein Alibi. Als Bauer überraschend überlebt, tritt der Brauer selbst in Aktion und erledigt den Rest, während er seinen Jägerfreund Professor Tiech im Klinikum besucht. Aber Ludwig Ganzel ist mit dem erhaltenen Honorar unzufrieden und erhebt weitere Forderungen. Harth weigert sich, mehr zu zahlen und bringt Ganzel mit hauseigenen Mitteln zum Schweigen." Der Inspektor schloss seine Darstellung.

„Das klingt ziemlich plausibel", überlegte Claudia Nöhler. „Aber ich frage mich, was dieser Brief soll? Der Brief lässt mich an Harths Schuld zweifeln."

„Sie meinen, die Aussagen sind zu offensichtlich, zu zweckgelenkt?", fragte der Inspektor.

„Ich habe den Eindruck, jemand will bewusst den Verdacht auf Harth lenken", antwortete die Kommissarin. „Dennoch, wir müssen den Hinweisen nachgehen. Sie könnten uns zu Harth führen oder auch zu jemand ganz anderem. Kümmern Sie sich bitte darum!"

Die Kommissarin legte das Papier zur Seite.

„Unabhängig davon sollten wir noch einmal alle Fakten abgleichen. Die Staatsanwaltschaft beginnt Druck zu machen. Es wird Zeit, den Täter einzukreisen, unsere Auswahl ist zum Glück nicht so groß. In Betracht kommen eigentlich nur Professor Markus Tiech, Frau Dr. von Barnem, Stephan Preskow, Franz Harth und Johann Wehner. Oder der große Unbekannte. Diese fünf Personen standen zu Werner Bauer in näherer Verbindung. Sie sind alle Jäger und damit Schützen. Sie alle waren während des Mordes an Ganzel in unmittelbarer Nähe. Allerdings besitzen nur zwei von ihnen direkte medizinische Kenntnisse."

„Das schon, aber bedarf es wirklich medizinischer Kenntnisse, um zu wissen, dass der Austausch eines Infusionsbeutels tödlich sein kann?", wandte der Inspektor ein.

„An dem Punkt waren wir bereits", meinte die Kommissarin. „Etwas fehlt noch, eine wichtige Information, ohne die wir nicht weiterkommen." Sie überlegte.

„Ich glaube, wir müssen mehr über die Vergangenheit und das Privatleben der fünf Verdächtigen erfahren. Da muss es einen wunden Punkt geben!"

„Ich kümmere mich erst einmal um Franz Harth", sagte der Inspektor. „Es müsste sich bald zeigen, ob etwas an diesem anonymen Schreiben dran ist oder nicht."

„Gut, und ich werde mich Stephan Preskows annehmen. Ich kann nicht sagen warum, aber der Mann scheint mir besonders verdächtig. Ich habe noch mal seine ersten Aussagen studiert. Er hat behauptet, mit Werner Bauer nur in geschäftlichen Kontakten gestanden zu haben. Dabei waren beide in den gleichen Vereinen. Preskow kannte Bauer weitaus besser, als er zugibt."

„Auf die Cessna kann er unmöglich geschossen haben", wandte Gödel ein. „Sein Alibi für die Zeit des Absturzes ist felsenfest."

Die Kommissarin schüttelte unwillig den Kopf. „Der Mann hat Schulden und gegen ihn läuft ein Verfahren wegen des Verdachts auf Steuerhinterziehung. Wenn Bauer in Liechtenstein oder in der Schweiz ein Nummernkonto besaß, zu dem nur er und sein Teilhaber Zugang hatten, wäre Preskow aus dem Schneider. Es muss irgendwo noch eine Zweitwohnung mit Hinweisen auf die wahren Firmenaktivitäten geben. Ich nehme Preskow seine angebliche Unwissenheit nicht ab! Er lässt Bauer durch einen Dritten erledigen und kassiert ab. Durchaus denkbar, oder?"

Der Inspektor nickte zustimmend.

„Womit wir wieder bei einem möglichen Täter Ganzel wären", schloss Claudia Nöhler ihre Überlegungen. „Machen wir hier Schluss, wir haben genug zu tun."

Sie brachen auf, immerhin war Samstag und es gab auf der Welt noch andere Dinge, als einen Mörder zu finden und zu überführen.

Markus Tiech, Stephan Preskow, Franz Harth und Sylvia von Barnem saßen in der Hütte. Die übrigen Gäste waren bereits gefahren. Preskow hatte einen Stapel Heftmappen mit Unterlagen aus dem Auto geholt und verteilte diese. Franz Harth setzte eine Brille auf, um genau zu lesen. Markus Tiech und Sylvia von Barnem blätterten nur kurz in den Heftern und legten sie dann beiseite. „Warum ist Johann nicht geblieben?", wandte sich Frau von Barnem an Preskow. Der schüttelte ärgerlich den Kopf.

„Das weiß ich doch nicht. Da war irgendetwas mit seiner Frau. Ein Familienfest oder so etwas."

„Wirklich? Ist Wehner nicht vielmehr gefahren, weil

er von dem Projekt nichts hält?", bohrte die Fragerin nach.

„Unsinn, Sylvia. Das Projekt ist erstklassig. Eine einmalige Anlage mit hoher Gewinnerwartung. Das weiß Wehner genau so gut wie ich", erwiderte Preskow.

„Warum sagt er das nicht? Warum findet Johann immer Kritikpunkte?", schaltete sich Markus Tiech ein.

„Ach, das ist … das ist Blödsinn!", entfuhr es Stephan Preskow. „Der Mann weiß einfach nicht, um was es wirklich geht."

„Warum erklärst du es ihm nicht?", fragte Sylvia von Barnem lächelnd. „Oder weißt du selbst nicht genau, was Werner vorgehabt hat?"

Preskow zuckte zusammen, offenbar hatte Frau von Barnem einen wunden Punkt berührt. Er setzte zur Antwort an, da meldete sich Franz Harth zu Wort.

„Ich bin kein Fachmann, trotzdem würde ich gern wissen, warum der geplante Bodenkauf diesen Linien folgt. Vierzig Jahre früher hätte mir das nach dem Vorkauf einer geplanten Autobahntrasse ausgesehen. Aber um Autobahnen kann es wohl nicht gehen."

Harth zog aus seiner Tasche eine 25.000er Karte hervor und breitete sie auf dem Holztisch aus. Er nahm einen Stift und deutete auf die Karte.

„Wenn ich die einzelnen Kaufgebiete miteinander verbinde, sieht das ziemlich nach einer Straßenführung aus. Das beginnt bei Röthard und zieht sich rüber zum Braunenberg am Fernsehturm vorbei bis fast zur Autobahn."

Harth blickte zu den anderen. Die betrachteten die Eintragungen, die der Brauer vorgenommen hatte.

„Franz hat Recht", meinte Markus Tiech, „aber mir ist noch etwas anderes aufgefallen." Er wandte sich an Sylvia.

„Du hast doch bereits in der Gegend Land, oder?"

Sylvia von Barnem nickte. „Das kann gut sein. Ich weiß aber nicht genau, was und wo. Die Barnems haben in ihrer feudalen Blütezeit einen sehr umfangreichen Besitz erworben." Nachdenklich starrte sie auf die Karte.

„Hast du eine Idee, was Werner geplant hat?", unterbrach Stephan Preskow ihre Überlegungen. Sylvia von Barnem fuhr aus ihren Gedanken hoch.

„Ich? Nein, woher?" Sie nahm ihre Mappe und stand auf. „Ich denke, wir sollten Johann dabei haben. Ein Projekt dieser Größe muss abgesichert sein. Jetzt, Freunde, entschuldigt mich. Ich habe noch einen wichtigen Termin."

Sie wandte sich zum Gehen, blieb aber in der Tür noch einmal stehen.

„Markus, ich wäre dir dankbar, wenn du beim nächsten Mal die Presse nicht einlädst. Geissler von den *Nachrichten* mag gehen, aber diesen Melcher finde ich einfach unangenehm. Der Mann ist mir zu neugierig! Und mit Johann ist er auch mitgefahren."

Frau Dr. von Barnem verließ die Jagdhütte. Markus Tiech starrte ihr verärgert nach, dann fing er sich. Sylvia hatte Recht, verdammt Recht. Gegen den Kerl und seine Neugier musste er etwas unternehmen.

Carolin saß bei ihrem samstäglichen Frühstück und trank Darjeeling. Ein strahlender Tag. Später würde sie Jörg Melcher treffen, um die neusten Informationen zum Fall Bauer/Ganzel auszutauschen. Carolin sah dem Treffen mit gemischten Gefühlen entgegen. Sie dachte an den verkorksten Donnerstagabend und fühlte sich unwohl. Sie hätte Jörg Melcher nicht auslachen sollen. Er konnte schließlich nichts dafür, dass seine ehemalige

Freundin derart impulsiv reagiert hatte. Allerdings war Carolin nicht ganz sicher, ob Jörgs Verbindung zu dieser Mimi wirklich längst beendet war, wie er es ihr erklärt hatte. Ihre Aktion schien auf das Gegenteil hinzuweisen. Obwohl, Jörgs Ehemalige war in Begleitung gewesen, was sie aber nicht zu stören schien. Eine attraktive Frau war diese Mimi schon, das musste Carolin zugeben. Vielleicht ein wenig zu blond und auch die Figur schien etwas zu üppig zu sein. Gut, das waren Geschmacksfragen, die meisten Männer mochten es molliger. Carolin trank einen weiteren Schluck Tee. Sie hätte wirklich nicht über Jörg lachen dürfen. Aber als begossener Pudel sah er einfach zu drollig aus. Über den Geschäftsführer hatte sich Carolin jedenfalls geärgert. Dieses blonde Gift rastete aus und sie wurden aus dem Lokal heraus komplimentiert! Unmöglich! Wahrscheinlich hatte sie vor allem diese Tatsache Jörg verübelt.

Doch das war Schnee von vorgestern, es gab aktuell Wichtigeres. Jörg und sie wollten sich heute Mittag bei Carolin treffen, um ihre aktuellen Kenntnisse zusammenzufügen und endlich zu einem wirklichen Bild des Geschehens zu gelangen. Jörg hatte angedeutet, er habe brandheiße Informationen aus einer polizeilichen Quelle erhalten, die neue Aspekte zeigten. Carolin selbst hatte eifrig Archivarbeit betrieben und ihrerseits einige höchst interessante Fakten eruiert. Sie stand auf und räumte das Geschirr in die Küche. Carolin hatte die Zeit genutzt und, während Jörg jagte, sich als Sammlerin betätigt und Erdbeermarmelade eingemacht. Er würde um zwei kommen. Bis dahin wollte sie einkaufen und sich anschließend etwas aufhübschen. Ob *Pudel* oder nicht, sie mochte ihn – und wenn eine wie Mimi wegen ihr ausrastete, schienen Carolins Chancen bei Jörg ganz gut zu sein. Wobei Carolin sich nicht sicher war, ob sie diese wirklich ausloten wollte oder lieber nicht. Carolins Gedanken wandten sich dem Praktischen zu. Sie nahm ihre Korbtasche sowie zwei Leinenbeutel und ging zum Einkaufen.

Als sie zwei Stunden später beladen zurückkam, hörte sie durch die Etagentür das Telefon läuten. Bis sie die Haustür geöffnet hatte und im Wohnzimmer war, verstummte das Läuten. Carolin schloss die Tür und trug die Taschen in die Küche. Sie packte alles aus und verteilte ihre Einkäufe in den Kühlschrank und die übrigen Schränke. Dann ging sie wieder zum Telefon. Sie drückte die Anzeige, um zu schauen, wer angerufen hatte. Die Nummer war nicht bei ihr verzeichnet, kam ihr aber bekannt vor. Sie setzte sich an den PC, startete und ging auf die Telefonnummernsuche. Die Nummer gehörte Peter Stromsky. Sie rief zurück, doch Peter meldete sich nicht. Schon halb zwei, Carolin legte den Hörer auf und eilte ins Bad. Jörg Melcher kam in einer halben Stunde und sie wollte vorher kurz unter die Dusche. Während sie im Bad war, klingelte das Telefon erneut, aber Carolin hörte es nicht. Dafür läutete es, gerade als sie mit allem fertig war, an der Tür. Es war Jörg Melcher.

Es klingelte an der Etagentür. Peter Stromsky stand vom Schreibtisch auf, ging nach draußen und öffnete. Überrascht trat er einen Schritt zurück.

„Sie? Mit Ihnen habe ich so schnell nicht gerechnet!"

„Ich darf trotzdem reinkommen?" Ohne Stromskys Antwort abzuwarten, drängte sich der Besucher an ihm vorbei in die Wohnung. Der Überraschungsgast trug, trotz der Wärme, einen grauen, bis zum Kinn geschlossenen Overall.

Stromsky starrte der Gestalt nach und folgte ihr dann in das eigene Wohnzimmer. Sein ungebetener Gast nahm auf dem Sofa Platz und blickte ihn erwartungsvoll an.

„Ein Kaffee wäre nicht schlecht, oder hast du keinen?"

„Ich, ich trinke nur Tee", stotterte Peter Stromsky.

„Dann einen Tee, ohne Zucker, aber mit viel Milch", kam die Anweisung. Die Stimme war befehlsgewohnt und Stromsky folgte ihr wie in Trance. Er schaltete den Wasserkocher an, maß zwei Löffel Tee ab und schüttete ihn in ein Glaskannensieb. Während er darauf wartete, dass das Wasser kochte, fand er langsam seine Fassung wieder. Nein, er würde sich nicht kommandieren und zum Werkzeug degradieren lassen. So etwas wie neulich Abend, wo er beinahe Carolin – eine solche Situation durfte sich nicht mehr ereignen. Das würde er sagen, gleich und direkt. Und, dass er nicht schweigen würde.

Er goss das Wasser in die Kanne, ließ den Tee drei Minuten ziehen und brachte ihn mitsamt den Tassen ins Zimmer. Er setzte alles auf dem kleinen Couchtisch vor dem Sofa ab. Peter Stromsky schenkte seinem Besuch ein.

„So", begann er, „ich muss da einiges klarstellen …"

„Entschuldige, wenn ich dich unterbreche, aber hast du vielleicht etwas Milch? Ohne Milch vertrage ich den Tee schlecht."

Diesmal wirkte die Stimme sanft und angenehm. Wieder erhob er sich, um Milch aus der Küche zu holen. Sein Besucher beugte sich leicht zur Tasse des Gastgebers vor. Peter Stromsky kam mit der Milch zurück und stellte diese vor die Tasse des Gastes ab. Er nahm aus einer Zuckerdose drei Stück Kandis und ließ diese in seine Tasse fallen. Er rührte um und hob die Tasse zum Mund. Stromsky probierte vorsichtig, pustete dann leicht über die Oberfläche und trank einen weiteren Schluck. Der Tee schmeckte etwas bitterer als sonst, stellte er fest, doch seine Gedanken waren auf den Satz konzentriert, den er vorhin hatte beginnen wollen. Peter Stromsky setzte neu an.

„Ich bin nicht bereit, Dinge zu tun, die anderen Menschen schaden ..."

„Das hat doch niemand von dir verlangt, Peter. Du hast etwas missverstanden. Du hast angerufen und Antworten verlangt. Deswegen bin ich hier, um das Ganze aufzuklären."

Peter Stromsky blickte sein Gegenüber misstrauisch an. Er überlegte, was hatte die Stimme am Telefon genau zu ihm gesagt? Hatte er wirklich alles missverstanden? Er merkte, wie in ihm Hoffnung aufstieg. Vielleicht klärte sich alles zum Guten. Stromsky trank einen weiteren Schluck, die anfängliche Bitternis überdeckte der Kandisgeschmack. Sein Besuch nahm seine Tasse in die Hand, lehnte sich auf dem Sofa, ohne zu trinken, zurück und blickte ihn an.

„Weißt du, Peter, du nimmst manches viel zu ernst. Es ging um einen Scherz, um eine kleine Wette unter Freunden, um sonst nichts. Selbstverständlich wäre Frau Setlinger nichts passiert. Oder was hast du gedacht?"

Was hatte er gedacht? Was dachte er? Peter Stromsky merkte, dass er schwitzte. Der Schweiß floss ihm in Strömen von der Stirn. Peter fühlte sich beunruhigt. Zwar war es ein heißer Tag und in letzter Zeit schwitzte er häufig, aber doch nicht so sehr wie gerade eben. Dann spürte er ein starkes Durstgefühl und trank die Tasse mit einem Zug leer. Er schenkte sich nach – und ließ die Kanne abrupt fallen. Sie zerbrach auf dem Boden. Ein plötzlicher, stechender Schmerz schoss wie eine glühende Nadel in seine Stirn. Er griff mit beiden Händen an seinen Kopf. Das Stechen steigerte sich, die Nadel bohrte sich tiefer in sein Denken. Vor seinen Augen verschwamm alles in rotgrünem Flammennebel. Peter Stromsky schrie. Er bäumte sich auf und fiel nach vorn, mitten in die Scherben der Kanne. Glassplitter drangen in sein Gesicht, er merkte es nicht mehr. Sein Körper bewegte sich kurz in konvulsivischen Zuckungen, dann lag er still.

Die Gestalt am Tisch hatte das Geschehen regungslos beobachtet. Jetzt erhob sie sich, stellte die eigene Tasse ab und streifte Plastikhandschuhe über. Der fremde Besuch ging in die Küche, öffnete die Klappen der Schränke und überprüfte das Geschirr. Eine Tasse wurde hervorgezogen und mitsamt der Untertasse ins Zimmer gebracht. Im Zimmer beugte sich die Gestalt über den Toten. Stromskys Finger wurden um den Tassenhenkel gelegt und der Tassenrand an den Mund gepresst. Die Tasse kam auf den neuen Unterteller und der Tee der Gasttasse wurde zur Hälfte hineingegossen. Jetzt holte der falsche Gast eine Plastiktasche hervor und schob die beiden zuvor benutzten Teetassen und Untertassen hinein. Die Hand fuhr in die Tasche, zog ein dünnes Büschel hervor, streckte sich aus und ließ da und dort etwas im Raum fallen. Ein anderer Gegenstand wurde hervorgeholt und achtlos auf dem Boden geworfen, als ob er verloren worden sei. Dann eilte die Gestalt zum Schreibtisch und machte sich an eine rasche Durchsuchung der Papiere. Der PC summte und der Bildschirm leuchtete auf, als die Maus berührt wurde. Ein schneller Klick in die Dokumente, nichts Interessantes oder von Belang. 14:15 Uhr. Daneben das Handy, eingesteckt. Ein letzter prüfender Blick rundum. Die Gestalt im Overall stand auf und verließ die Wohnung. Draußen ließ sie eine Zigarettenkippe fallen, trat dann zum Aufzug und fuhr in den Keller. Unten ging es quer durch die Gänge und durch einen der Seitenausgänge des weitläufigen Mietgebäudes hinaus. Hinter einem Busch schlüpfte Stromskys Besuch aus dem Overall, knüllte diesen zusammen und quetschte ihn zu dem Geschirr in die Tüte. Zwei Straßen weiter wurde eine Autotür geöffnet und ungesehen fuhr Stromskys letzter Gast zum nächsten Termin davon.

„Hallo Jörg, komm nur rein."
„Tag, Carolin."
Sie führte Jörg in ihr Arbeitszimmer. Jörg Melcher stellte seine Mappe ab und den Laptop auf den Tisch. Er holte einige Papiere hervor und einen Stick.

„Du bist gut ausgerüstet. Hast du Neues entdeckt?", fragte Carolin. „Aber bevor wir anfangen, mache ich uns frischen Tee. Die Kanne ist leer. Du trinkst doch Tee?", wandte sie sich an Melcher. „Mir ist Tee lieber als Kaffee."

„Das kommt auf die Tageszeit und meine Verfassung an. Eigentlich bin ich Kaffeetrinker. Wenn Tee, dann mit Milch und ohne Zucker", antwortete Jörg Melcher.

„Ohne Zucker?" Carolin schüttelte sich. „Ich mag's süß!"

Sie ging in die Küche, um Wasser aufzusetzen. Jörg Melcher fuhr den Laptop hoch. Er öffnete die Dateien, die er bei Claudia Nöhler „entdeckt" hatte:

Profile

_Dr. Sylvia von Barnem__, geborene Frenzel *1971_
Studium in Freiburg 1990–1998 (Medizin). 1999 Heirat mit Hartwig von Barnem. 2001 Witwe wg. Autounfall d. Mannes. Stille Teilhaberin der Löwenbräu Brauerei. Großes Vermögen an Grund und Boden. Vorsitzende der Jägerinnenvereinigung, Mitglied Yacht-Club sowie im Golfclub Aalen. Lionsclub. Kannte Dr. Werner Bauer seit Studium. Zeitweise mit ihm zusammen.

Dr. Werner Bauer *1970 †2009
Studium Bwl in Freiburg 1990 – 1996. 1996 – 2001 Finanzmanager in Frankfurt bei der Commerzbank. Hauptinhaber Financial Consulting GmbH Friedrichshafen. Besaß Pferd und Yacht, war Mitglied im Yachtclub und Reitverein, Jäger, Golfclub. Zeitweise Begleiter von Frau von Barnem. Zu versteuerndes Jahresbruttoeinkommen 70.000 Euro gleich 40.000 Euro netto. Kosten seiner Hobbys und die Vereinsbeiträge summierten sich über 30.000 Euro. Zweitwohnung? Auslandskonten?

Ludwig Ganzel *1951 †2009, Brauer.
Ausbildung 1969 – 1972 in Weihenstephan. Seit 1973 im Löwenbräu. Ehren-Kreisjägermeister. Tochter Dorothea, 22, Studentin (Alibi für alle Tatzeiten).

Franz Harth *1970 Besitzer des Löwenbräu. Jäger. Verheiratet mit Lotte Harth, geb. Möhl, *1975. Zwei Kinder.*

Felix Menckhoff * 1981 †2009. Pilot, mit Werner Bauer befreundet. Sportlehrer im Tennisclub*

Stephan Preskow * 1970
Studium Bwl in Freiburg 1990 – 1996. 1996 – 1999 Finanzmanager bei der Martin KG Freiburg, seit 2000 freier Unternehmensberater, Mitinhaber Financial Consulting GmbH Friedrichshafen, Kreisjägermeister, Mitglied Yacht-Club sowie im Golfclub. Geschäftspartner Dr. Bauers

Professor Dr. Markus Tiech *1969
Chefarzt in der Chirurgie am Ostalb-Klinikum. Studium

in Freiburg 1990 – 1998 (Medizin) Jäger. Mitglied Yacht-Club sowie im Golfclub Aalen. Lionsclub

Johann Wehner *1967
Leiter der Ostalbsparkasse. stellvertretender Kreisjäger-meister, Mitglied Yacht-Club sowie im Golfclub Aalen. Verheiratet mit Monika Wehner, geb. Schneider * 1976.

<u>*Alibis für den 12.Juni:*</u>
Frau Dr. von Barnem: Ärztekongress in Baden-Baden gewesen. Bestätigt (Hotel und Teilnehmerliste mit Anmeldung).
Stephan Preskow: geschäftlich in Prag, flog am Sonntag von dort nach Budapest. Bestätigt durch Zeugen.
Professor Dr. Markus Tiech: Dienst in der Klinik. Bestätigt durch Zeugen und Liste.
Johann Wehner: bis gegen 17 Uhr in der Bank. Bestätigt durch Zeugen.
Franz Harth: mit Ludwig Ganzel bis ca. 20 Uhr in der Brauerei. Unbestätigt

Melcher öffnete eine weitere Datei:

Im geschmolzenen Kabinenglas (Frontseite) wurden Spurenelemente einer Bleilegierung festgestellt, die flugzeugfremd sind (...) Die Legierung ist von ihrer Zusammensetzung typisch für Projektilummantelungen, so dass von einer Fremdeinwirkung durch ein oder mehrere Geschosse ausgegangen werden kann ... las er.

Carolin kam mit dem Tee zurück ins Zimmer und blickte ihm über die Schulter.
„Mensch, Jörg, woher hast du die Dateien?"
„Die Kommissarin hat sie mir zur Verfügung gestellt",

behauptete Melcher frech. „Ehrlich gesagt, vielmehr als wir wissen die auch nicht."

„Immerhin gibt es für den 12. Juni Alibis. Das ist doch etwas", wandte Carolin ein. „Und sie wissen, dass auf die Cessna geschossen worden ist. Vielleicht sollten wir deiner Kommissarin endlich die Patronenhülse übergeben?", fragte sie Jörg Melcher.

„Das hat Zeit, vielleicht brauchen wir die Hülse noch für etwas anderes", meinte Jörg. „Jedenfalls können wir, wenn die Fakten stimmen, einige unserer Verdächtigen von der Liste streichen. Es bleibt eigentlich nur noch Franz Harth übrig", fügte er hinzu.

„Oder das Duo Harth/Ganzel", wandte Carolin ein. „Der eine schießt, sie geben sich gegenseitig Alibis, und als Ganzel zu viel fordert, bringt ihn Harth um."

„Nein!", Jörg schüttelte den Kopf. „Ich kann Franz Harth nicht als Mörder sehen. Der Mann ist durch und durch integer. Ich habe ihn ein wenig bei der Jagd kennen gelernt."

„Du warst auf der Jagd? Ich wusste nicht, dass du so blutrünstig veranlagt bist."

„Ich war Gast", erklärte Jörg, „zusammen mit Joachim Geissler. Und, du glaubst nicht, jemand hat auf mich geschossen! Ich stand auf einer Lichtung und plötzlich krachten zwei Schüsse. Der Schütze war höchstens hundertfünfzig Meter entfernt."

„Wer hat auf dich geschossen?"

„Wenn ich das wüsste. Ich dachte erst, der Schütze habe mich mit einem Wild verwechselt. Doch mittlerweile glaube ich, dass er genau gewusst hat, auf wen er schießt."

„Wieso bist du nicht tot?", fragte Carolin.

„Was? Ich bin froh, nicht erschossen worden zu sein. Was soll die blöde Frage?", empörte sich Jörg.

Carolin seufzte. „Wenn du auf der Lichtung stehst und jemand aus dem Wald aus hundertfünfzig Meter Entfernung mit einen Jagdgewehr mit Zielfernrohr auf dich schießt, ist unwahrscheinlich, dass er dich nicht trifft. Schon gar nicht, wenn das jemand ist, der eine Cessna im Anflug abschießen kann. Das waren Warnschüsse!"

Melcher überlegte kurz, dann stimmte er Carolin zu.

„Du hast Recht, daran habe ich noch nicht gedacht."

„Wo waren die anderen Jagdteilnehmer? Käme jemand von ihnen in Frage?", forschte Carolin.

„Schwer zu sagen. Angeblich haben nur Franz Harth, dieser Bernd, Johann Wehner und Sylvia von Barnem geschossen. Das heißt", Jörg überlegte, „unsere Frau Doktor kam aus dem Waldstück, aus dem auf mich geschossen wurde. Allerdings einige Zeit später."

„Das muss nichts heißen. Die Waffen hast du nicht überprüft?"

„Natürlich nicht, wie sollte ich? Ich habe niemandem von den Schüssen erzählt."

„Es könnte also Frau von Barnem geschossen haben", überlegte Carolin.

„Am 12. Juni war sie definitiv nicht die Schützin!"

„Schade", meinte Carolin, „sie wäre eine herrliche Verdächtige. Sylvia von Barnem war fast ein Vierteljahr mit Felix Menckhoff zusammen!"

„Was?", Jörg Melcher sprang vor Überraschung auf. „Wo hast du diese Neuigkeit her?"

„Yvonne Schneider hat mich gestern angerufen. Ihr ist eine Szene eingefallen. Werner Bauer und sie begegneten einmal Sylvia von Barnem bei einer Veranstaltung. Frau Schneider reagierte, wie sie mir gestand, leicht eifersüchtig, als die beiden sich umarmten. Bauer lachte nur und beruhigte sie. Sylvia habe längst ihr wörtliches Glück gefunden."

„Ich verstehe, *Felix* und *Glück*, aber ein Beweis, dass mit ‚Felix' Menckhoff gemeint war, ist das nicht."

„Deswegen bin ich direkt zum Wohnort der Eltern des toten Piloten gefahren. Nach Unterkochen."

„Die Eltern haben mit dir gesprochen?", fragte Melcher ungläubig.

„Nein, ich habe die Leute natürlich in Ruhe gelassen. Die *Schwäbische Post* ist nicht die *Bildzeitung*. Ich habe mich lediglich umgehört, auf dem Lande bekommen die Leute viel mit. Jedenfalls sind Sylvia von Barnem und Felix Menckhoff mehrfach zusammen gesehen worden."

„Immer noch kein Beweis. Und wie kommst du auf das ‚Vierteljahr'?"

„Beim Silvesterempfang trat Werner Bauer gemeinsam mit Frau von Barnem auf."

„In den Nachrichten wurde sie nicht erwähnt", wandte Melcher ein.

„Jedenfalls nicht in der Internetversion. Ich habe mir deswegen eine Druckausgabe der *Schwäbischen Post* besorgt. Unser Bericht führt Frau von Barnem natürlich an."

„Da habt ihr die Konkurrenz eindeutig geschlagen", lobte Melcher.

„Ganz im Dienste der Sache", erwiderte Carolin. „Bei einer Faschingsveranstaltung wurde Sylvia von Barnem mit Felix Menckhoff gesehen. Das war im Februar, es folgten März und April. Beim Unterkochener Tanz in den Mai tanzte Menckhoff allerdings sehr innig mit einer anderen. Daher gehe ich davon aus, dass die Verbindung zwischen Frau von Barnem und ihm zu Ende war oder beendet wurde", schloss Carolin ihre Beweisführung.

„Woher hast du die Informationen?"

„Peter Stromsky rief mich ebenfalls gestern an und

erzählte, seine Schwester Sonja wohne in Unterkochen und könne mir vielleicht Informationen zu Felix Menckhoff geben. Ich habe gleich mit Frau Landauer einen Termin ausgemacht. Am Nachmittag war ich bei ihr. Eine nette, sehr offene Frau. Wir haben uns zwei Stunden unterhalten, und jetzt weiß ich alles über Unter- und Oberkochen!", meinte Carolin lachend. „Peter rief übrigens auch vorhin an, aber als ich zurückrief, war er wohl wieder unterwegs. Vielleicht hat er weitere Informationen für uns."

„Er scheint dich zu mögen", sagte Melcher.

„Keine Eifersucht, Peter ist okay und wir arbeiten gut zusammen. Mehr ist da nicht", beruhigte Carolin Melcher. *Bist du wirklich eifersüchtig?*, dachte sie. *Interessant!* „Manchmal mache ich mir Sorgen um Peter. Es gibt Tage, da wirkt er tief melancholisch."

„Neulich Nacht fand ich ihn sehr seltsam", warf Melcher ein.

„Lassen wir Peter. Wie machen wir weiter?", fragte Carolin.

„Langsam, nicht so hastig. Wer war denn die Frau, wegen der Menckhoff Sylvia von Barnem hat sitzen lassen?"

„Das wusste Sonja nicht. Sie meint, es sei jemand von außerhalb gewesen. Eine gewisse Doro. Der Name ist ein paar Mal gefallen. Jedenfalls sehr jung und sehr hübsch."

„Sylvia von Barnem ist sehr attraktiv!", entgegnete Jörg.

„Aber schon achtunddreißig!"

„Das ist doch kein Alter!"

„Vielleicht für Menckhoff? Frau von Barnem war zehn Jahre älter als er und seine Maitanzpartnerin scheint erheblich jünger gewesen zu sein."

„Kann sein, kann nicht sein", brummte Melcher, der plötzlich die Last seiner Jahre fühlte. „Was ist mit dem Namen? Doro, das klingt wie eine Abkürzung. Vielleicht von Doris?"

„Oder von Dorothea?", schlug Carolin vor.

„Dorothea?" Melcher überlegte. „Stand da nicht etwas in dem Material der Nöhler?" Er scrollte sich durch den Text. „Halt, da ist es:

Ludwig Ganzel, *1951 †2009, Brauer. Ausbildung 1969 – 1972 in Weihenstephan. Seit 1973 im Löwenbräu. Ehren-Kreisjägermeister. Eine Tochter Dorothea, 22, Studentin (Alibi für alle Tatzeiten).

„Du meinst, die Frau, die Sylvia von Barnem Felix Menckhoff ausgespannt hat, ist Dorothea Ganzel, die Tochter des ermordeten Brauers?", fragte Carolin ungläubig.

„Das ist gut möglich. Wenn Sonja, die Schwester von Peter Stromsky, sie gesehen hat, müsste sie Dorothea wiedererkennen."

„Das müssen wir umgehend klären. Wenn deine Annahme stimmt, ergeben sich für ein Mordszenario völlig neue Varianten. Ludwig Ganzel könnte auf das Flugzeug geschossen haben, weil Felix Menckhoff sich für Ganzels Geschmack zu sehr für Dorothea interessiert hat."

„Oder er ließ sich aus diesem Grund bereitwillig anheuern!", warf Melcher ein.

„Anderenfalls könnte sich auch Sylvia von Barnem an dem ungetreuen Geliebten gerächt haben."

„Aber warum musste dann Werner Bauer sterben?", fragte Melcher.

„Auch wegen seiner Untreue!", erwiderte Carolin.

„Blödsinn, das Thema war doch für Frau von Barnem längst vom Tisch", erwiderte Melcher.

„Oder der Mord an Bauer war eine typische Verdeckungstat", schlug Carolin vor. „Nein, das ist viel zu kompliziert gedacht. Jetzt klären wir erst einmal, ob Dorothea Ganzel wirklich mit der Maitänzerin Doro identisch ist und dann sehen wir weiter. Wir fahren am besten zu der Frau hin, vielleicht kann uns Frau Ganzel mehr erzählen. Am Samstag ist sie sicher zu Hause."

Franz Harth war ziemlich verärgert. Irgendein humoriger Mensch hatte gegen 13 Uhr in der Brauerei angerufen und für den Nachmittag einige Kisten *Zwickl* bestellt, mit der Bitte, diese gegen halb drei direkt in der Wiener Straße 5 anzuliefern. Harth war am späten Vormittag von der Jagdhütte zurückgekehrt. Er hatte sich frisch gemacht und umgezogen und wollte in der Brauerei eigentlich nur kurz nach dem Rechten sehen, da kam der Anruf. Außer ihm war niemand im Hause. Er arbeitete ein wenig im Büro, sortierte Papiere und prüfte Rechnungen. Gegen zwei machte er sich daran, die Lieferung fertig zu stellen. Er wuchtete die bestellten Kisten in den Transporter und fuhr los. Zehn Minuten später hielt Franz Harth in der Wiener Straße. Er klingelte und trat, da die Tür angelehnt war, ins Haus. Franz Harth fuhr hoch in den dritten Stock, wo der Kunde wohnen sollte. Auf der linken Seite stand auf einem Messingschild der Name und Harth klingelte erneut. Aber niemand öffnete ihm. Er probierte an der Tür, diese war geschlossen. Verärgert fuhr Harth in das Erdgeschoss. Beim Aussteigen aus dem Fahrstuhl stieß er mit einer jüngeren Frau zusammen und brummte eine knappe Entschuldigung. Er verließ das Haus und kehrte zur Brauerei zurück. Ein wirklich dummer Scherz.

So ein Rüpel! Sonja Landauer stieg in den Aufzug und drückte die dritte Etage. Oben klingelte sie bei Stromsky. Zwei-, dreimal, Peter schien nicht zu Hause zu sein. Schade, Sonja hatte ihren Bruder überraschen wollen. In letzter Zeit hatte er sich kaum noch bei ihr blicken lassen. Heute hatte sie extra einen Marmorkuchen gebacken, um ihm eine Freude machen. Jetzt war er nicht zu Hause, sie hätte vorher anrufen sollen. Aber den Kuchen konnte sie ihm trotzdem dalassen. Sonja holte die Form hervor, zögerte dann. Sie stellte den Kuchen lieber nicht vor die Tür. Die Nachbarn hielten zwei Hunde und für die hatte sie nicht gebacken. Sonja zog den Schlüssel, den ihr Peter gegeben hatte, aus der Tasche und schloss die Tür auf.

Sie trat in den Flur. „Peter?" Keine Antwort, er schien wirklich nicht zu Hause zu sein. Sonja öffnete die Tür zum Wohnzimmer und erstarrte. Dort lag Peter, inmitten von Scherben, und bewegte sich nicht.

Der Notarzt Dr. Mesterheimer konnte nur noch den Tod feststellen. „Sieht nach einem Herzversagen aus. Hatte Ihr Bruder Herzprobleme gehabt?"

„Davon hat er nie etwas gesagt", antwortete Sonja Landauer unter Tränen. „Er war ein wenig korpulent, und wenn es heiß war, geriet er schnell ins Schwitzen."

„Nun, heiß ist es heute schon", meinte der Arzt. „Wie alt war ihr Bruder?"

„Im Mai ist er 34 geworden."

„Das ist kein Alter. Gab es Probleme, hatte er mehr als gewöhnlich Stress?", forschte Dr. Mesterheimer weiter.

„In letzter Zeit wirkte Peter sehr angespannt. Irgendetwas bedrückte ihn. Er klagte darüber, dass ihm nichts mehr schmecke. Allenfalls Süßes. Deswegen wollte ich ihm heute den Kuchen vorbeibringen."

„Symptome von Belastung, Appetitmangel, das passt alles zum Herzversagen. Ich nehme vom Tee sicherheitshalber eine Probe mit. Aber ich denke, die Todesursache ist eindeutig."

Der Arzt schaute sich um. „Ist Ihnen sonst etwas aufgefallen?"

„Nein, alles sieht normal aus."

„Ihr Bruder war allein und die Tür geschlossen?"

„Ja, warum fragen Sie?"

„Für meinen Bericht, ich muss alles festhalten. Ihr Bruder war allein, ein Fremdverschulden kann somit ausgeschlossen werden."

Dr. Mesterheimer erhob sich.

„Wir werden Ihren Bruder mitnehmen. Es kann sein, dass zwei, drei kleinere Untersuchungen notwendig sind."

„Wollen Sie meinen Bruder obduzieren lassen?", fragte Sonja Landauer erschrocken.

„Nein", beruhigte sie der Arzt. „Es werden lediglich einige Gewebeproben entnommen und Abstriche gemacht. Das ist Vorschrift bei überraschenden Todesfällen. Am Montag, spätestens am Dienstag wird der Leichnam Ihres Bruders zur Beerdigung freigegeben."

Die Träger hoben den Körper Peter Stromskys auf eine Bahre und trugen ihn davon. Der Arzt fragte Frau Landauer, ob sie noch Hilfe bräuchte. Sonja verneinte, sie würde allein klarkommen. Dr. Mesterheimer verabschiedete sich und verließ die Wohnung. Die Tür schloss sich, Stille kehrte ein.

Lange saß Sonja Landauer da und starrte vor sich hin. Schließlich erhob sie sich. Sie musste etwas tun, irgendetwas. Sie sah sich im Zimmer um. Auf dem Boden lagen noch die Reste der zerbrochenen Glaskanne. Sonja Landauer begann aufzuräumen. Als Erstes entfernte sie die großen Scherben vom Boden. Dann holte sie aus dem Besenschrank den Staubsauger hervor und fing an, den Rest aufzusaugen. Während sie saugte, stieß die Bürste an einen harten Gegenstand, der unter einem der Sessel lag. Sonja schaltete den Staubsauger aus und bückte sich. Sie packte das Ding und hielt es hoch. Es war ein Mehrzwecktaschenmesser im dunkelgrünen Etui. Was Peter alles gehabt hatte – sie legte das Messer langsam auf den Schreibtisch.

Peters Schreibtisch – und Peter war tot.

Sonja stand da und Tränen liefen ihr über das Gesicht. Draußen fuhren Autos, irgendwo klang Radiomusik.

Das Telefon auf dem Schreibtisch läutete, automatisch hob Sonja ab. Doch niemand meldete sich.

Franz Harth fuhr die Auffahrt zur Brauerei hoch. Oben stand ein dunkelblauer Porsche, in den gerade Stephan Preskow einsteigen wollte. Er drehte sich zu dem Lieferwagen um und wartete. Harth hielt an. Er verließ den Wagen. Preskow kam auf ihn zu.

„Grüß dich, Franz. Ich dachte schon, du kämst heute nicht mehr hierher."

„Tag Stephan, was führt dich hierher?"

„Ich habe einige Unterlagen dabei, die ich in der Eile vorhin vergessen habe, dir zu geben. Vielleicht hast du am Wochenende Zeit, sie dir genauer anzuschauen." Er ging zum Auto, bückte sich und holte einen hellblauen Ordner hervor, den er Franz Harth reichte. Harth öffnete den Ordner und blätterte in ihm, dann schaute er auf.

„Das kenne ich alles schon, du hast mir die Unterlagen bereits vor einer Woche gegeben." Harth streckte dem anderen den Ordner hin. „Sieh selbst!"

„Wirklich?" Preskow nahm den Ordner und warf einen prüfenden Blick hinein. „Wo habe ich nur meinen

Kopf? Du hast Recht, Franz. Da bin ich völlig umsonst hierher gefahren."

„Na ja, das kann mal vorkommen", tröstete ihn Franz Harth. „Willst du kurz auf ein Bier hereinkommen?"

„Nein, danke, ich muss gleich weiter. Ich habe noch eine Verabredung."

Preskow stieg in seinen Porsche, startete und wendete das Fahrzeug. Dann fuhr er davon. Franz Harth schaute ihm hinterher, schüttelte den Kopf und machte sich ans Abladen. Die Tür zum Lagerraum war offen. Er musste heute Mittag vergessen haben, sie abzuschließen. Er trat ins Lager und warf einen prüfenden Blick auf die dort stehenden Kisten. Alles schien unberührt zu sein, offenbar hatte während seiner Abwesenheit niemand den Raum betreten. Franz Harth brachte die Kisten aus dem Auto zurück an ihren Kellerplatz, dann fuhr er nach Hause.

Carolin Setlinger und Jörg Melcher klingelten an der Tür des kleinen Reihenhauses in Wasseralfingen. Kurze Zeit später wurde ihnen geöffnet. Vor ihnen stand eine junge Frau. Lange, blonde Haare, eine gute Figur und ein ausgesprochen hübsches, vielleicht sogar schönes Gesicht, wie Jörg feststellte.

„Frau Ganzel?", fragte Carolin.

Die junge Frau nickte: „Ja, und wer sind Sie?"

Carolin stellte Jörg und sich vor.

„Wenn Sie von der Presse sind. Ich werde Ihnen keine Auskünfte über meinen Vater geben. Es ist alles schwer genug, da muss ich nicht noch irgendwelche Spekulationen über ihn in der Zeitung lesen", wehrte Frau Ganzel ab und wollte die Tür schließen.

„Einen Moment noch, Frau Ganzel. Es geht nicht um Ihren Vater", erwiderte Melcher. „Aber vielleicht könnten wir das drinnen besprechen?"

Dorothea Ganzel überlegte kurz, dann bat sie die beiden Reporter ins Haus. Sie führte sie ins Wohnzimmer und sie setzten sich. Frau Ganzel schaute Jörg Melcher an. „Nun, worum geht es?"

„Wir beschäftigen uns primär mit dem Fall Bauer. Sie wissen, der Mann, der vor zwei Wochen mit einem Flugzeug abstürzte, überlebte und zwei Tage später ermordet wurde", erklärte er.

Dorothea Ganzel nickte. „Ich kenne die Zusammenhänge. Mein Vater war mit Dr. Bauer befreundet, aber das habe ich bereits der Polizei erzählt."

Die Information überraschte Melcher. Ludwig Ganzel hatte ihm gegenüber behauptet, Werner Bauer nie gesehen, geschweige gekannt zu haben. Er ließ sich seine Überraschung jedoch nicht anmerken.

„Nun, wir sind bei unseren Recherchen zum Fall Bauer darauf gestoßen, dass Sie vielleicht mit Felix Menckhoff, dem toten Piloten, befreundet waren?"

Ein Schatten zog über Frau Ganzels Gesicht.

„Befreundet ist nicht das richtige Wort. Ich habe Felix beim Tanz in den Mai kennen gelernt. Wir haben einen sehr schönen Abend miteinander verbracht, mehr war da nicht."

„Sie haben sich nicht wieder getroffen?", fragte Carolin überrascht.

„Nur einmal und das war keine sehr angenehme Begegnung."

„In welcher Hinsicht?", forschte Carolin nach.

„Es gab einen Auftritt. Nicht mit Felix, sondern mit einer Frau. Es war in Konstanz, dort studiere ich, eine Woche nach dem Maifest. Ich traf Felix vor einem Café und freute mich. So ganz hatte ich nicht verstanden, warum er sich nach dem Abend nicht gemeldet hatte. Er schien sich ebenfalls zu freuen und dann kam diese

Frau hinzu. Sehr gut gekleidet, durchaus attraktiv, keine Frage. Sie zischte Felix etwas zu und wandte sich dann direkt an mich."

„An Sie?"

„Ja. Sie meinte, ich solle gefälligst mit Studenten spielen und gestandene Männer in Ruhe lassen, sonst würde sie mir Ärger machen. Ich war ziemlich perplex, denn eigentlich hatte ich mit Felix nur einen sehr netten Abend erlebt."

„Wissen Sie, wie die Frau hieß?"

„Damals nicht. Aber ich habe sie zwei Wochen später in der Brauerei gesehen und meinen Vater nach ihr gefragt. Sie heißt Sylvia von Barnem. Mein Vater und Franz Harth waren mit ihr im Gespräch."

„Wie hat eigentlich Felix auf die Attacke Frau von Barnems reagiert?", wollte Jörg Melcher wissen.

„Gar nicht, das war es ja. Der stand dabei, wurde puterrot und sagte kein Wort. Ein Waschlappen!" Man merkte es Dorothea Ganzel an, dass sie sich immer noch ärgerte.

„Aber jetzt ist Felix tot und das alles zählt nicht mehr."

Weiteres wusste Frau Ganzel nicht zu berichten. Carolin Setlinger und Jörg Melcher dankten ihr für die Informationen, verabschiedeten sich und gingen.

Sie fuhren in Carolins Wohnung.

„Höchst interessant und Wasser auf deine Mühlen", meinte Jörg.

„Wieso Wasser?", fragte Carolin zurück.

„Nun, du verdächtigst doch Sylvia von Barnem. Jetzt gebe es ein Motiv. Eifersucht!"

„Aber das ist kein Beweis, zu vieles ist offen bzw. unklar. Was ist zum Beispiel mit Bauers Spekulationen? Welche Rolle spielt dieser Stephan Preskow? Markus

Tiech hatte, wie mir Andrea erzählte, am Abend des Todes von Werner Bauer Dienst im Ostalb-Klinikum. Könnte er nicht der Mörder sein? Jede Menge Fragen, die auf Antwort warten!"

„Aber vielleicht nicht mehr heute. Ich habe Hunger. Was hältst du davon, heute Abend mal wieder das *Da Vito* aufzusuchen?", schlug Jörg vor. „Das Lokal hat ein gewisses Etwas und bei gutem Essen und gutem Wein spricht sich's leichter."

„Einverstanden, ich ziehe mich um und wir treffen uns dort um acht. Reserviere uns einen Tisch, das Lokal ist samstags gut besucht."

Helmut Maier saß beim Abendbrot und betrachtete seine Ehefrau Heike. In den letzten zwei Jahren war Heike ganz schön mollig geworden, um nicht zu sagen rund. Gut, Helmut strich sich über den Bauch. Er selbst hatte auch ein wenig zugelegt. Aber bei Männern kam es mehr auf die inneren Werte und den Erfolg an. Sandra jedenfalls fand ihn sehr anziehend und ausgesprochen männlich, wie sie ihm mehrfach versichert hatte. Komisch nur, dass sie sich, seit der VFR abgestiegen war, kaum mehr meldete. Andererseits, erst vor kurzem hatte er bestätigt bekommen, dass er jedenfalls in einer anderen Liga spielte. Diese Frau auf dem Brauereifest, der er unerwartet begegnet war. Ihr Temperament und ihr wunderbarer Körper folgten ihm bis in seine Träume. Eigentlich hatte er Sandra treffen wollen und war im Durchgang zum Lager auf sie gestoßen. Wer mochte die Unbekannte nur gewesen sein? Schade, dass er sie nicht erkannt hatte. Es war einfach zu dunkel gewesen. Obwohl, da war etwas gewesen, das ihm bekannt vorkam. Dieser Duft, wo hatte er ihn schon einmal gerochen? Er kam nicht drauf, Pech. Zu gern hätte er das Spiel wiederholt. Parallel hatte sich angeblich der Mord ereignet. Das gab der Sache zusätzlich einen Kick. Er trank sein Glas aus. Na ja, manchmal konnte ein Mann nicht alles haben. Helmut Maier öffnete ein weiteres Bier, sein viertes. So übel war Heike auch nicht. Samstagabend, er grinste sie breit an und zwinkerte ihr zu.

Claudia Nöhler kam gerade zur Haustür herein, da läutete ihr Telefon. Das Display zeigte: *Nummer unterdrückt*. Sie nahm ab und meldete sich. Vom anderen Ende hörte sie eine verzerrt klingende Stimme.

„Ein neuer Mord. Die Polizei schläft! Wie lange noch?" Eine Pause folgte.

„Hallo? Wer sind Sie? Von welchem Mord sprechen Sie?"

„Fragen Sie Franz Harth!", antwortete die Stimme.

„Ich weiß nicht, was Sie meinen. Erklären Sie mir das doch bitte!"

Die Kommissarin versuchte, Zeit zu gewinnen. Vielleicht, dass der Anrufer etwas mitteilte, was seine Identität verriet.

„Stromsky ist tot!", sagte die Stimme und hatte dabei einen fast höhnisch klingenden Unterton. „Wer ist Stromsky?", fragte Claudia Nöhler.

Ihr antwortete nur das Tuten des Telefons. Sie drückte auf die Gabel und rief Inspektor Gödel an.

„Nöhler, hören Sie Herr Gödel, ich habe eben einen merkwürdigen Anruf erhalten." Sie berichtete vom Gespräch und beauftragte Gödel, festzustellen, von wo der Anruf gekommen war und ob ein gewisser Stromsky, Vorname unbekannt, verunglückt oder sonst wie zu Tode gekommen wäre. Gödel versprach, der Sache gleich nachzugehen. Sie beendete das Gespräch und wählte die nächste Nummer. Niemand nahm ab.

Auch zwei weitere Versuche endeten ergebnislos. Erst ihr vierter Versuch hatte Erfolg.

„Barnem?"

Claudia Nöhler legte auf. Von ihren vier Verdächtigen waren drei unterwegs gewesen. Vielleicht half ihr der anonyme Anruf mehr, als der Unbekannte gedacht hatte. Die Kommissarin lächelte.

7. Kapitel – Wenn Rothenstolz erwacht

*Langsam wurde es zuviel. Vier Tote und nichts war
gelöst. Dem, was Werner gewollt hatte, waren sie kein
Stück näher gekommen. Wo befanden sich die Papiere,
wo seine Pläne? Nur Rothenstolz konnte helfen, doch
Rothenstolz lag im Koma. Die Gruppe zerfiel, jeder miss-
traute jedem. Jeder wünschte und wollte. Langsam ließen die Kräfte nach und die Düsternis wuchs. Und wenn
die Nacht kam, folgte die Angst. Es blieb die Hoffnung,
dass Rothenstolz erwachte …*

Am Sonntag, den 28. Juni herrschte ein herrlich heißes
Sommerwetter, das seine angesammelte Kraft in der Nacht
mit einem heftigen Gewitter entlud. Auch in Röthard fiel
der Regen wie aus Kannen. Die Straßen waren um diese
Zeit menschenleer und ohne Verkehr. Nur im Garten eines
schmalen Hauses am Ortsrand harrte inmitten der nassen
Büsche eine dunkle Gestalt und betrachtete die Umgebung
mit aufmerksamen Blicken. In der Nachbarschaft schien
alles ruhig, die Fenster waren dunkel und die Bewohner
schienen zu schlafen. Die Gestalt verließ die schützenden
Büsche und glitt wie ein Schatten durch den Regen zum
Haus. Im Schutz des Dachvorsprungs hielt sie an. Rechts
war eine Tür und daneben befand sich eine Holzkiste.
Der Schatten bückte sich und hob die Kiste an. Eine
Lampe blitzte auf und in ihrem Lichtkegel zeigte sich ein
Schlüsseletui. Glück gehabt, alles lief bestens. Die Tür
wurde aufgeschlossen und die dunkle Gestalt schlüpfte ins
Haus. Zwei Stunden vergingen, das Gewitter war längst
weitergezogen, da erschien der nächtliche Besucher wieder an der Tür. Diese wurde verschlossen, das Etui an seinem Platz deponiert und die Gestalt verschwand lautlos,
wie sie gekommen war, im graudämmrigen Morgenlicht.

Montag, 29. Juni. Kommissarin Nöhler hatte es amtlich. Am Samstagmittag gegen 14 Uhr hatte ein gewisser Peter Stromsky einen Herzanfall erlitten. Der von der Schwester des Toten, Sonja Landauer, herbeigerufene Notarzt Dr. Mesterheimer hatte nur noch den Tod feststellen können. Herr Stromsky war als Fotograf für die *Schwäbische Post* tätig, soweit eine erste Information. Ein tragischer Fall, aber was hatte das mit Franz Harth zu tun und mit den übrigen Morden? Oder sollte hinter dem Tod Peter Stromskys mehr stecken? Die Kommissarin wählte die Nummer der *Schwäbischen Post,* um weitere Informationen über den Toten zu erlangen. Sie wurde an Carolin Setlinger weitergeleitet. Frau Setlinger schien vom Tod ihres Kollegen sehr betroffen. Sie berichtete, dass dieser sie am Samstag mehrmals telefonisch zu erreichen versucht habe. Worum es dabei gegangen sei, wisse sie leider nicht. Die Kommissarin bedankte sich und wollte schon auflegen, da kam ihr eine Idee.

„Hat Herr Stromsky in irgendeiner Verbindung zum Fall Bauer oder Ganzel gestanden, Frau Setlinger?", fragte sie.

„Am Tag, als der tote Brauer gefunden wurde, waren Peter und ich vor Ort. Ich habe mit den Mitarbeitern gesprochen und Peter hat Fotos vom Tatort gemacht. Meinen Sie, es besteht ein Zusammenhang mit seinem Tod? Aber Sie sprachen doch von einem Herzversagen?"

„Zurzeit kann ich Ihnen zu den Ermittlungen keine Angaben machen", antwortete Claudia Nöhler. „Vielen Dank für Ihre Auskunft."

Sie starrte auf das Telefon. Es gab eine Verbindung zu Franz Harth … Es klopfte und kurz darauf trat Inspektor Gödel ins Zimmer.

„Der anonyme Anruf kam von einem Handy, das auf Peter Stromsky angemeldet ist", informierte er die Kommissarin.

„Das ist der Name des Toten, eigenartig. Herr Stromsky wird bestimmt nicht selbst angerufen haben!"

„Es kommt noch besser. Der Anrufer könnte mit seinen Aussagen Recht haben. Peter Stromskys Herzversagen wurde womöglich durch Fremdeinwirkung hervorgerufen. Dr. Mesterheimer hat den Toten im Krankenhaus ordnungsgemäß untersuchen lassen und der Arzt dort ist auf Unregelmäßigkeiten gestoßen, die er nicht erklären kann. Der Leichnam ist in die Gerichtsmedizin überführt worden. Dr. Mack vom Pathologischen Institut wird eine Obduktion durchführen."

„Das heißt, wir müssen sofort in die Wiener Straße, wo Stromsky gewohnt hat. Die Wohnung des Toten ist, wenn Stromskys Tod wirklich auf Fremdeinwirkung beruht, der wahrscheinliche Tatort."

Die Kommissarin griff zum Telefon und bestellte die Spurensicherung in die Wiener Straße. Dann rief sie die Schwester des Toten und den behandelnden Notarzt an.

Zehn Minuten später fuhren der Inspektor und sie zum potentiellen Tatort Wiener Straße. Gödel überlegte:

„Wie kam der anonyme Anrufer an das Handy Peter Stromskys? Hat Stromsky es verloren oder hat der Mörder das Gerät mitgenommen und irgendwo entsorgt?"

„Mich interessiert, warum mit Stromskys Handy angerufen wurde. Wenn das der Täter war, kann er sich denken, dass wir den Besitzer herausfinden", meinte die Kommissarin. „Der Hinweis auf Franz Harth verliert dadurch an Glaubwürdigkeit."

„Vielleicht handelt es sich um einen Dritten, der sowohl Harth als auch Peter Stromsky kennt und einfach anonym bleiben will?", schlug Gödel vor.

„Dann frage ich das Gleiche, was Sie vorhin gefragt haben. Wie kam er an das Handy?"

Sie erreichten die Wiener Straße gleichzeitig mit der Spurensicherung. Ein Hausmeister öffnete ihnen die Wohnung. Die Kommissarin und ihr Inspektor, gefolgt von der Spurensicherung, traten ein. Vor ihnen lag ein schmaler Flur, rechts führte eine Tür in das Wohnzimmer. Claudia Nöhler blieb an der Schwelle stehen und warf einen Blick hinein. Eine Sitzgarnitur mit einem kleinen Tisch, mehrere Bücherregale und ein Schreibtisch, darauf der PC, bildeten die Einrichtung. An den Wänden hingen mehrere, sehr ausdruckstarke Landschaftsbilder und großformatige Fotografien. Der Raum wirkte insgesamt ordentlich und aufgeräumt, nur auf dem Teppichboden vor dem Beistelltisch waren Flecken zu erkennen.

„Ich habe vorhin mit Frau Landauer, der Schwester des Toten, gesprochen. Sie hat Peter Stromsky im Wohnzimmer inmitten von Scherben einer zerbrochenen Teekanne gefunden. Dr. Mesterheimer bestätigt ihre Aussage."

„Demnach stammen die Flecken dort vom Tee, den Herr Stromsky kurz vor seinem Tod getrunken hat", warf Gödel ein. „Wer weiß, was in dem Tee war."

„Und deswegen lassen wir den Kollegen der Spurensicherung den Vortritt. Wir schauen uns inzwischen in den anderen Räumen um. Ich übernehme das Schlafzimmer, schauen Sie sich die Küche an."

Die Beamten begannen mit ihrer Arbeit.

Friedrich Rothenstolz öffnete langsam die Augen. Er starrte auf eine weißlich graue Fläche. Wo war er? Vorsichtig hob er den Kopf. Um ihn steriles Weiß und medizinische Apparaturen; er lag in einem Bett und war offenbar im Krankenhaus. Wie kam er dorthin? Hatte er einen Unfall gehabt? Unwillkürlich hob er die Hand und befühlte den Kopf. Bandagiert, Arme und Beine schienen intakt, halt, nicht ganz, das linke Bein war verbunden. Er schien einen Unfall gehabt zu haben, daran erinnern konnte er sich nicht.

Die Zimmertür öffnete sich, eine Krankenschwester betrat sein Zimmer.

„Herr Rothenstolz, Sie sind ja erwacht!"

Die Schwester verschwand, um eine Minute später mit einem Arzt zurückzukehren. Dieser stellte sich Rothenstolz als Dr. Brixner vor und begann gleich mit einer Untersuchung. Puls, Blutdruck, Reflexe, die üblichen Prozeduren.

„Sie waren fast eine Woche ohne Bewusstsein. Wir haben schon befürchtet, dass Sie im Koma verbleiben. Wie fühlen Sie sich, Herr Rothenstolz?"

„Ich habe ein wenig Kopfschmerz, sonst ganz normal. Aber ich kann mich an den Unfall nicht erinnern."

„Das kommt vor, die Erinnerung kehrt meist schnell zurück. Schockamnesie. Wir werden Sie noch einen Tag beobachten. Morgen oder übermorgen werden Sie, wenn die Werte normal sind, nach Hause entlassen."

Der Mann ärgerte sich. Er hatte sich die halbe Nacht um die Ohren geschlagen und trotzdem nichts finden können. Wenn Rothenstolz irgendwelche Unterlagen besaß, dann waren diese nicht in der Wohnung in Röthard. Doch wo waren Werners Unterlagen? Er hatte sie Rothenstolz zur Aufbewahrung gegeben, das war sicher. Der Mann hatte es ihnen selbst erzählt. Wo konnte Rothenstolz sie deponiert haben? Der Mann nieste. Jetzt hatte er sich bei dieser nächtlichen Aktion auch noch erkältet. Dieser blödsinnige Regen. Was nun? Er musste die anderen anrufen, und klären, was sie von der Angelegenheit hielten. Natürlich würde er nichts von seinem Tun erzählen. Er musste sie nicht auf dumme

Gedanken bringen. Die Gemeinschaft bröckelte ohnehin schon seit Werners Tod. Oder war der Zerfallsprozess bereits vorher eingetreten? Alles sprach dafür, denn einer von ihnen hatte Werner getötet. Da war er sich absolut sicher!

Professor Markus Tiech griff gleich zum Telefon. Rothenstolz war erwacht, das mussten Sylvia und Stephan erfahren. Sie sollten sich treffen und besprechen, wie sie weiter vorgingen. Am besten, sie luden den Mann ein und sprachen Tacheles mit ihm. Rothenstolz musste verstehen, dass er Werners Unterlagen nicht auf Dauer zurückhalten konnte. Die Gruppe brauchte dringend die Papiere. Sie mussten unbedingt wissen, was Werner mit seinen Aktionen bezweckt hatte. Diese Landkäufe waren nicht erklärlich und machten keinen Sinn. Franz Harth sah das durchaus richtig.

Bei Stephan meldete sich niemand, und bei Sylvia war besetzt. Er würde es später versuchen. Markus Tiech holte aus einem Schubfach seines Schreibtischs eine Cognacflasche und ein Glas hervor. Er schenkte sich ein großzügiges Glas ein und trank. Gern wüsste er, inwieweit Sylvia in Werners Planungen eingeweiht worden war. Manchmal hatte er den Eindruck, die Frau wisse mehr, als sie den anderen mitteilte. Immerhin war sie mit einem großen Areal an den Bodengeschäften beteiligt. Jedenfalls hatte Sylvia sowohl Werner als auch diesem windigen Piloten Grundstücke überlassen. Johann Wehner hatte ihm davon berichtet und Wehners Informationen stimmen. Er war seitens der Geldgeber mit der Grundabsicherung der Gelder beauftragt und hatte aufgrund dieser Tatsache weitgehende Einblicke. Aber von Werners weiterführenden Plänen wusste auch er nichts. Dass Werner diesem Schleicher irgendetwas anvertraut hätte, konnte sich Tiech nicht vorstellen. Wehner wurde zurzeit gebraucht, das war alles. Wenn das Geschäft lief, würden sie den Mann auszahlen und verabschieden. Sylvia hatte Entsprechendes angedeutet. Mit Leuten ohne Klasse wolle sie nicht zusammenarbeiten. Sylvia konnte mitunter ziemlich arrogant sein. Dennoch, alle tanzten nach ihrer Pfeife. Tiech bezog sich da mit ein. Selten, dass einer ihr Spiel nicht mitspielte. Wie dieser Pilot. Was zwischen den beiden vorgefallen war, wusste Tiech nicht. Er verstand auch nicht, warum sie dem Mann ein Grundstück übertragen hatte. Gut, jetzt war er tot. Obwohl Tiech nicht glaubte, dass ein Zusammenhang bestand. Aber Sylvia verärgerte man besser nicht.

Er griff erneut zum Hörer. Diesmal meldete sich Sylvia, und Tiech erzählte von Rothenstolz' Erwachen.

Jörg Melcher kam am Montagmittag von Stuttgart zurück. Er hatte Labrenz einen ersten Artikel zum *Sudhausmord*, wie er geschrieben hatte, verkauft und weitere versprochen. 1000 Euro Vorschuss waren eine nette Summe, da konnte Melcher schlecht nein sagen. Ein erfolgreiches Wochenende, auch aus anderem Grund. Melcher traf zufällig Dr. Frobes, den Gerichtsmediziner, den er voriges Jahr im Zusammengang mit den Rotlichtmorden kennen gelernt hatte. Außerhalb polizeilicher Ermittlungsarbeit konnte Frobes durchaus umgänglich sein. Sie begegneten sich in Melchers neuer Lieblingskneipe *O'reilly's* in der Reuchlinstraße in Stuttgart West. Beide tranken Guinness und begannen bald ein Gespräch. Frobes erzählte von früheren Fällen und kam plötzlich auf Mimi.

„Ihre Freundin, Frau Köppen, habe ich kürzlich auf einer Tagung in Baden-Baden getroffen. Eine nette Frau und ihr Aussehen, sagenhaft, ich gratuliere Ihnen zu dieser Verbindung."

Jörg Melcher lächelte süßsauer, von einer *Verbindung* konnte nicht mehr die Rede sein. Frobes achtete nicht auf Melchers Mimik und berichtete weiter von seinen Tagungserlebnissen.

„Sie lernen auf einer solchen Tagung die interessantesten Leute kennen. Ich habe zum Beispiel nicht gewusst, wie viel gut aussehende Medizinerinnen es gibt. Am zweiten Abend kam ich mit einer Frau von Barnem ins Gespräch. Eine sehr attraktive und hochintelligente Frau. Sie werden es kaum glauben, worüber wir zuerst gesprochen haben: über Aktienkurse und Bodenspekulationen! Die Kollegin kannte sich besser aus als mancher Anlagenberater, alle Achtung!"

„Frau von Barnem war auch auf der Tagung?", fragte Melcher nach.

„Natürlich, sonst könnte ich Ihnen nicht von ihr erzählen. Kennen Sie die Dame?"

„Flüchtig", antwortete Melcher. Sylvia von Barnem war in Baden-Baden gewesen, nicht nur auf dem Papier, sondern direkt bestätigt. Sie konnte also mit dem Abschuss der Cessna nichts zu tun haben. Bauers Partner Preskow war in Ungarn und Markus Tiech hatte Dienst im Ostalb-Klinikum gehabt; alles deutete auf das Duo Ganzel/Harth hin.

„Sie sind aber ein Schwerenöter, erst flirten Sie mit Mimi und dann mit Frau von Barnem. Was haben Sie noch alles in Baden-Baden angestellt?", lenkte Melcher das Gespräch auf andere Bahnen.

„Lieber Freund, mit Kollegin Köppen habe ich mich nur kurz unterhalten. Mehr war auch kaum möglich, so umschwärmt wie sie war. Aber keine Sorge, Ihre Freundin gab sich eisern. Mit Frau von Barnem ging es später hauptsächlich um den kollegialen Austausch. Sie hat mich sogar noch einmal angerufen und um Rat gefragt."

Melcher wurde hellhörig. „Um was handelte es sich bei dem Anruf, wenn ich fragen darf?"

„Sie dürfen. Um die Wirkung eines bestimmten Herzmittels auf Fingerhutbasis, Digitalis. Trotz seiner starken Giftigkeit werden die Wirkstoffe des Fingerhutes gegen Herzschwäche verordnet, denn die Digitalisglykoside gelten als die besten herzstärkenden Mittel. Sie wollte wissen, ab welcher Dosierung meiner Erfahrung nach die heilende durch die toxische Wirkung abgelöst wird."

„Wissen Sie, warum Frau von Barnem das wissen wollte?", hakte Melcher nach.

„Es scheint in ihrem beruflichen Umfeld einen aktuellen Fall gegeben zu haben", antwortete Frobes, mehr könne er Melcher nicht sagen.

Mit diesen Informationen im Gepäck fuhr Jörg Melcher zurück nach Aalen. Frau von Barnem konnte nicht auf die Cessna geschossen haben. Frau von Barnem hatte sich für die Wirkung von Herzmitteln interessiert und sich dabei auf einen aktuellen Fall bezogen – auf Werner Bauers Tod? Hatte sie einen Verdacht, den sie der Polizei nicht mitgeteilt hatte? Wen konnte sie verdächtigen? Markus Tiech, Stephan Preskow oder Franz Harth? Wie sollte der letzte Kandidat an die Arznei gekommen sein? Nun, das war vermutlich das kleinste Problem.

Die Durchsuchung der Wohnung Peter Stromskys hatte nur wenig Erfolg gebracht. Hinweise auf den oder die Mörder waren nicht gefunden worden. Von den Teeflecken waren Proben gezogen und der Inhalt des Mülleimers sowie der Staubsaugerbeutel mitgenommen worden. Das

Labor würde sich damit ausführlich beschäftigen. Des Weiteren waren zwei Sorten von Fingerabdrücken entdeckt worden. Die einen gehörten dem Toten, die anderen wahrscheinlich seiner Schwester. Inspektor Gödel würde dies überprüfen.

Er war mit dem Spurensicherungsteam gefahren und Claudia Nöhler allein zurückgeblieben. Sie saß auf dem Sofa und betrachtete sinnend einen Zettel, den sie aus Stromskys Papierkorb gefischt hatte.

C. hat jeden zweiten Mittwoch Spätdienst. Gegen Mitternacht wird C. zum Andruck gehen, um mit dem Kollegen dort einen Kaffee zu trinken. Das ist C.s persönliches Ritual. Stromsky ist dies bekannt und er plant, die Situation für seine Zwecke zu nutzen. Er wird handeln ...

Was konnten diese kryptischen Sätze bedeuteten? Ihr fielen die Begriffe *Spätdienst* und *Andruck* auf. Hatte diese Botschaft etwas mit Peter Stromskys Berufssituation zu tun? Vielleicht sollte sie nochmals diese Journalistin von der *Schwäbischen Post* anrufen, Frau Setlinger? Die Kommissarin griff zum Telefon des Toten. Hatte Frau Setlinger nicht erzählt, Peter Stromsky habe sie mehrfach anzurufen versucht? Sie drückte den Wahlspeicher. Die letzte Nummer war die des Notarztes, davor zeigte sich die Folge 594171-162. Die Kommissarin drückte auf Wahlwiederholung und wartete. Nach einem kurzen Moment meldete sich Frau Setlinger. Ohne große Vorreden fragte Claudia Nöhler sie nach dem Zettel und ob sie wisse, was der Text bedeuten könne.

Die Journalistin verneinte, meinte aber, sie wolle darüber nachdenken. Vielleicht falle ihr eine Lösung ein. Die Kommissarin dankte und beendete das Gespräch. Irgendwie hatte sie den Eindruck gehabt, dass Frau

Setlinger einen Moment zu lange mit ihrer Antwort gezögert hatte. Für ihr Gefühl spielte die Frau nicht mit offenen Karten – und Jörg Melcher steckte irgendwie dahinter. Sie erhob sich seufzend. Der nächste auf ihrer Liste war der Brauer Franz Harth. Ein anonymer Brief und ein Anruf, sie musste der Sache nachgehen, auch wenn sie nicht an diese „Lösung" glaubte; Franz Harth als Mörder Ludwig Ganzels und dieses Fotografen, irgendwie zu einfach – aber erstaunlich plausibel.

Jörg Melcher fuhr direkt zu Carolin in die Redaktion der *Schwäbischen Post*.

„Sieht ganz danach aus, als wäre Franz Harth der Mörder", meinte Carolin, nachdem ihr Jörg Melcher seine neusten Informationen berichtet hatte. „Nach dem Ausschlussverfahren bleibt nur noch er übrig. Meinst du, er hat auch den armen Peter umgebracht?"

„Peter? Wen meinst du", fragte Jörg überrascht. Carolin erzählte ihm vom Tod Peter Stromskys und den Anrufen der Kommissarin.

„Das heißt, Frau Nöhler glaubt, Peter Stromsky habe bei eurem Besuch in der Brauerei irgendetwas entdeckt und sei deshalb von Franz Harth getötet worden? Wie kam Peter denn ums Leben?"

„Ich habe Sonja angerufen. Sie erzählt, sie habe Peter am Samstag leblos aufgefunden. Der Notarzt habe von einem Herzstillstand gesprochen. Sie war völlig perplex, als die Kommissarin sie heute anrief und darüber informierte, dass die Polizei aktuell von einem Verbrechen ausgehe", berichtete Carolin.

„Genaues ist also nicht bekannt", überlegte Jörg. „Franz Harth im Zentrum der Ermittlungen ..." Er schlug sich an die Stirn. „Meine Güte, ich Esel. Harth führt als Jagdwaffe eine Winchester. Ich habe das Gewehr selbst gesehen. Und wir haben eine Patronenhülse der Sorte .308 Winchester gefunden!"

„Dann hat er auf dich geschossen! Und er hat Ludwig Ganzel grausam ertränkt." Carolin schüttelte den Kopf. „Du hast ihn für einen Unschuldsengel gehalten. Jörg Melcher, du bist mir ein Traumtänzer!"

„Das spielt keine Rolle, für was du mich hältst", brummte Melcher. „Aber ich denke, es ist an der Zeit, die Patronenhülse ins Spiel zu bringen. Ich rufe gleich die Nöhler an und gebe ihr die Infos. Franz Harth muss gestoppt werden, bevor der Mann weitere Morde begeht." Er griff zum Telefon.

Im Kommissariat wurde er mit Inspektor Gödel verbunden, der bedauerte, aber die Kommissarin sei nicht im Hause. Nein, er dürfe ihm keine Auskunft geben, wo sie sich befinde. Eine polizeiliche Ermittlung, Herr Melcher verstehe das sicher. Wütend beendete Jörg das Gespräch.

„Komm, lass uns zur Brauerei fahren. Ich bin ziemlich sicher, dass Frau Nöhler dort ist. Mal sehen, ob sich der Verdacht gegen Harth erhärtet."

Franz Harth war gerade dabei, das Jungbier in die Lagertanks zu schlauchen; die Störung durch die Kommissarin passte ihm überhaupt nicht. Claudia Nöhler beruhigte ihn, sie habe nur ein paar Fragen und es würde nicht lange dauern.

„Kennen Sie einen gewissen Peter Stromsky?"

„Nein, wer soll das sein?"

„Ein Pressefotograf und er war vor einer Woche bei Ihnen!"

„Ach, den meinen Sie. Seinen Namen habe ich vergessen. Was ist mit dem Mann?"

„Herr Stromsky ist tot", antwortete die Kommissarin

knapp und beobachtete Harths Reaktion. Der schien unberührt.

„Tut mit leid, aber, wie gesagt, ich kannte den Mann nicht. Außer, dass er vor einer Woche hier war. Seine Kollegin, die habe ich mir gemerkt. Die stellte jede Menge Fragen, eine engagierte junge Frau. Dazu gut aussehend …"

„Wo waren Sie am Samstag zwischen halb zwei und halb drei?", unterbrach die Kommissarin Franz Harth.

„Na, hier", antwortete der Brauer überrascht.

„Nicht in der Wiener Straße?", fragte Frau Nöhler nach.

„Doch, warten Sie, das stimmt. Das hätte ich fast vergessen. Ich habe eine Bestellung bekommen, Wiener Straße 5. Ich bin hingefahren und hoch in den III. Stock. Aber keiner hat mir aufgemacht. Das muss so gegen 14:15 Uhr gewesen sein. Einer dieser blöden Scherze."

„Das war kein Scherz, Herr Harth. In der Wiener Straße 5 wohnte Peter Stromsky – und in dem gleichen Zeitraum, zu dem Sie vor Ort waren, wurde Herr Stromsky ermordet!"

„Das ist ja schrecklich! Da bin ich sozusagen Zeuge eines Mordes geworden, ohne es zu wissen."

„So kann man es ausdrücken", meinte die Kommissarin. Merkte der Mann nicht, dass er verdächtig war? „Haben Sie etwas gehört oder gesehen?", forschte sie weiter. Franz Harth überlegte.

„In der Wohnung war es still. Wie gesagt, auf mein Klingeln hat niemand reagiert. Gehört habe ich nichts. Ich bin dann mit dem Aufzug wieder runtergefahren. Unten stieß ich an der Tür mit einer jungen Frau zusammen. Aber, wenn Herr Stromsky schon tot war, kann sie nichts mit dem Mord zu tun haben", endete Franz Harth seine Darstellung.

„Wann waren Sie wieder in der Brauerei?"

„Gegen halb drei. Stephan kann das bezeugen, wenn es wichtig ist, Stephan Preskow. Er wollte mir etwas vorbeibringen."

„Danke, das wäre es fürs Erste. Aber halten Sie sich für uns zur Verfügung, falls noch Fragen auftauchen."

Die Beamtin stieg in ihren Wagen und fuhr ins Kommissariat. Sie bemerkte den Wagen Jörg Melchers nicht, der gerade in die Brauerei einbiegen wollte, ihr dann kurzerhand folgte.

Was Franz Harth erzählt hatte, klang plausibel. Mit dem Namen Stromsky schien er nichts zu verbinden. Der Anruf war allerdings seltsam und die Begegnung mit der jungen Frau- Claudia Nöhler glaubte, dass es Sonja Landauer gewesen war- schien ein weiterer seltsamer Zufall zu sein. Dazu der Anruf und letzte Woche das anonyme Schreiben. Irgendwie hatte sie das Gefühl, als wolle jemand unbedingt Franz Harth als Mörder sehen. Was dieser Preskow wohl bei Harth gewollt hatte? Ob der vielleicht hinter allem steckte?

Die Kommissarin erreichte ihre Dienststelle und parkte. Sie stieg aus und ging zum Eingang. Da rief jemand ihren Namen. Es war Jörg Melcher.

Friedrich Rothenstolz fuhr mit einem Taxi nach Hause. Bis auf das Bein war er soweit hergestellt. Zum Glück handelte es sich lediglich um eine Stauchung und keinen Bruch. In einer Woche, spätestens vierzehn Tagen, würde er wieder vollständig einsatzbereit sein. Der Taxifahrer brachte ihm das Gepäck zu Haustür, Rothenstolz folgte auf einen Stock gestützt. Er schloss die Haustür auf. Die Luft im Flur war abgestanden, er hinkte ins Wohnzimmer. Überrascht hielt er an der Schwelle. Drinnen bot sich ihm ein einziges Chaos. Sämtliche Schubladen waren herausgezogen und ihr Inhalt im Raum verteilt. Überall lagen Papiere herum, alles war durchwühlt und durcheinandergeworfen. Auch die übrigen Räume boten das gleiche Bild. Ein Einbruch, während seiner Abwesenheit hatten Diebe die Gelegenheit genutzt und waren in seine Wohnung gedrungen. Rothenstolz überlegte, ob er die Polizei rufen sollte. Aber zuvor wollte er sehen, was konkret fehlte. Mühsam machte er sich daran, das Chaos zu sichten. Nach zwei Stunden kam er zu dem überraschenden Ergebnis, dass die Einbrecher ohne Beute abgezogen waren. Die goldene Uhr, die ihm sein Großvater, Bergmann in Duisburg, zur Konfirmation geschenkt hatte, war genauso an Ort und Stelle wie seine kleine Bargeldreserve von dreihundert Euro. Seltsam, was die Eindringlinge wohl gesucht hatten? Einbruchspuren waren ebenfalls nicht zu entdecken. Also kein Fall für die Polizei, Friedrich Rothenstolz machte sich ans Aufräumen. Er war mitten in der Arbeit, da klingelte das Telefon. Rothenstolz nahm den Hörer ab, am Apparat war Sylvia von Barnem.

„Herr Rothenstolz, ich höre, Sie sind wieder zu Hause. Wie geht es Ihnen?"

Rothenstolz antwortete, „so weit gut" und dass er gerade dabei sei, aufzuräumen; er habe ungebetene Gäste gehabt.

„Das ist ja schrecklich. Ein Einbruch – und vermissen Sie etwas?"

„Nein, das nicht. Aber mit bandagiertem Bein und am Stock ist das Aufräumen ziemlich mühselig."

„Herr Rothenstolz, Sie brauchen Hilfe. Ich komme gleich vorbei."

Ehe er antworten konnte, hatte Frau von Barnem aufgelegt. Rothenstolz schüttelte den Kopf. Dass ihm die Barnem einmal helfen würde, hätte er nie gedacht. Sie schien ihm unnahbar zu sein, eine unerreichbare

Schönheit. Jetzt kam sie zu ihm. Wie leicht man sich doch in den Menschen irren konnte.

„Herr Melcher, Ihre Geschichte ist unglaublich. Erst halten Sie die Fotos zurück, dann eignen Sie sich widerrechtlich ein Beweisstück an und bringen mir dieses zu einem Zeitpunkt, als bereits zwei weitere Morde geschehen sind. Mann, Sie haben sich indirekt mitschuldig gemacht. Ich möchte nicht in Ihrer Haut stecken, das wird Folgen haben, wenn die Staatsanwaltschaft davon erfährt!" Die Kommissarin holte Luft.

„Es ist Ihnen hoffentlich klar, dass ich das weitergeben werde? So, und jetzt erzählen Sie mir den Rest. Ich will alles wissen – und wenn ich alles sage, dann meine ich alles!"

Jörg Melcher saß im Zimmer von Claudia Nöhler und lauschte ihren Tiraden. Natürlich hatte die Kommissarin Recht mit ihren Vorwürfen. Ob aber Franz Harth durch die Patronenhülse vor den anderen Morden überführt worden wäre, da hatte er seine Zweifel. Kurz berichtete er von den Schüssen bei der Jagd und der Winchester, die er bei Franz Harth gesehen hatte. Sofort griff Frau Nöhler zum Telefon.

„Ich hätte gern Oberstaatsanwalt Clausnitz ... In Urlaub? Auf Kur! Gut, wer vertritt ihn? ... Dann verbinden Sie mich eben mit dieser Dame."

Kurze Zeit später hatte die Kommissarin Clausnitz' Vertreterin am Apparat und berichtete ihr von den neuen Verdachtsmomenten gegenüber Franz Harth.

„Ich brauche eine Anordnung zur Hausdurchsuchung. Jetzt gleich! Der Mann ist durch meinen Besuch heute Früh vorgewarnt, ich sehe akute Verdunklungsgefahr. ... Gut, ich warte ... Mache ich, den schicke ich Ihnen gleich rüber."

Sie legte den Hörer auf und wandte sich grinsend an Jörg Melcher.

„Der Beamte, der mir den Hausdurchsuchungsbeschluss bringt, wird Sie in Empfang nehmen und der leitenden Oberstaatsanwältin überstellen. Die wird Ihnen mitteilen, was mit Ihnen passiert, Herr Melcher! Sie warten so lange!" Die Aktivitäten der Kommissarin gingen weiter. Nun rief sie Inspektor Gödel ins Zimmer und ordnete an, er solle ein Team für die Durchsuchung der Brauerei zusammenstellen. Gödel ging und Claudia Nöhler widmete sich demonstrativ ihren Akten.

Fünf Minuten später klopfte es und ein jüngerer, diensteifrig wirkender Polizist brachte den Durchsuchungsbeschluss. Die Kommissarin wies auf Jörg Melcher. „Führen Sie den Herrn zur Oberstaatsanwältin. Nein, Handschellen brauchen Sie nicht", sagte Frau Nöhler, als der Beamte zwei Metallringe aus der Tasche zog. „Oder, Herr Melcher?"

Jörg machte gute Miene zum bösen Spiel. So schnell ließ er sich nicht einschüchtern, immerhin waren seine Informationen sehr hilfreich gewesen. Das würde er auch gegenüber der Staatsanwaltschaft vertreten.

Sie liefen durch mehrere Gänge, schließlich klopfte der Polizist an einer mit dunklem Holz getäfelten Tür. Er öffnete, eine Frauenstimme dankte dem Beamten und beschied ihm, sie brauche ihn nicht mehr. Jörg Melcher wurde hineingeführt, die Tür schloss sich – und aus einem breiten Ledersessel vor dem Schreibtisch erhob sich eine schlanke, attraktive Frau um die vierzig.

Vor ihm stand Rita Lindner, Jörgs staatsanwaltliche Bekannte aus Stuttgart, die er im letzten Jahr vor einem hässlichen Herztod bewahrt hatte!

„Mein lieber Jörg Melcher, was machen Sie für Sachen?", begrüßte ihn die Oberstaatsanwältin lächelnd.

„Nehmen Sie Platz und erzählen Sie mir alles."

Sie wies auf einen einladenden Polstersessel.

„Wollen Sie etwas trinken? Ein Whiskysoda zum Nachmittag kann nur gut tun." Rita Lindner goss beiden einen guten Schluck ein und ließ zwei Spritzer Soda aus einem Siphon folgen. Sie setzte sich ihm gegenüber, schlug ihre langen Beine übereinander und lächelte erneut.

„Berichten Sie, ich bin verdammt neugierig, was Sie wieder ausgegraben haben." Jörg Melcher nahm einen tiefen Schluck und fing mit dem Absturz der Cessna an.

Kommissarin Nöhler, Inspektor Gödel und das Team erreichten die Löwenbräu Brauerei um 15.30 Uhr. Auf der Kegelbahn vergnügte sich gerade eine Seniorengruppe und im Gastraum herrschte Hochbetrieb. Einige Transporter wurden mit Kisten beladen und mehrere Privatleute waren ebenfalls dabei, einige Dutzend Flaschen *Zwickel* und *Germania* einzupacken. Die Durchsuchung gestaltete sich entsprechend schwierig. Bis alle fremden Fahrzeuge vom Hof waren, die Rentner gespeist hatten und reisefertig waren und alle übrigen Nichtbetriebsangehörigen das Gelände verlassen hatten, verging fast eine Stunde. Genügend Zeit, um Verdächtiges selbst zu entsorgen oder durch einen Dritten verschwinden zu lassen. Um so erstaunter war die Kommissarin, als ihre Leute sehr schnell fündig wurden. Im Büro der Brauerei, direkt hinter der Aktenablage, fand sich eine Flasche einer braunen Flüssigkeit, die leicht bitter roch. Franz Harth behauptete, das Fläschchen nie gesehen zu haben und natürlich wusste er auch nicht, wofür sein Inhalt verwendet wurde. Ansonsten fand sich nichts, allerdings standen in einem verschlossenen Gewehrschrank im Wohnbereich drei Jagdgewehre, darunter eine Winchester, die Claudia Nöhler inklusive der Patronen einpacken ließ.

Mitsamt ihrer Beute und Franz Harth zog die Truppe ab. Zurück blieb völliges Chaos.

Am Abend bestätigte das Labor die Identität des gefundenen Mittels mit den Überresten im Wohnzimmerteppich und im Magen Peter Stromskys. Es handelte sich mit hoher Wahrscheinlichkeit um das gleiche Mittel, welches Dr. Werner Bauer zugeführt worden war. Die Serie der Mordfälle schien an diesem Montagabend einer Aufklärung sehr nahe zu sein. Inspektor Gödel ließ die bei Franz Harth beschlagnahmten Jagdwaffen in die KTU bringen, um zu prüfen, ob die von Melcher gefundene Hülse zu einem der Gewehre passte. Er kehrte zurück und assistierte Kommissarin Nöhler bei ihrer ersten Vernehmung des vermutlichen Mehrfachmörders. Es würde ein langer Abend werden.

Friedrich Rothenstolz' Wohnung war mit der tatkräftigen Hilfe Sylvia von Barnems aufgeräumt und geordnet. Jetzt saßen beide am Tisch und tranken Kaffee. Frau von Barnem hatte es sich nicht nehmen lassen, diesen für ihn zu kochen. Rothenstolz erzählte aus seinem Bergmannsalltag und sein Gast lächelte ihn bewundernd an. Er fühlte sich wohl wie schon lange nicht mehr. Ein netter Besuch und aufmerksame Zuhörerin in einer Person, attraktiv und – wenn er die Situation richtig deutete – einem Flirt nicht abgeneigt. Sylvia von Barnem ihrerseits spürte, dass Rothenstolz' Freude am Erzählen zunahm und lenkte das Gespräch langsam in Richtung Werner Bauer. Sie erzählte von der Karibik und dem Mittelmeer und kam dann auf die Segelverhältnisse auf dem Bodensee zu sprechen. Rothenstolz reagierte und berichtete seinerseits von Segeltörns, die er und Werner Bauer allein auf dem See unternommen hatten.

„Werner scheint Sie sehr gemocht zu haben, Herr

Rothenstolz, wenn er mit Ihnen allein unterwegs war. Und er muss Ihnen vertraut haben. Ich kannte Werner gut", einen Moment blickte Sylvia von Barnem zu Boden, hob dann das schöne Gesicht und blickte Friedrich Rothenstolz direkt in die Augen. „Ich kannte ihn gut, besser als jeder andere Mensch, glaube ich und", sie griff zur Handtasche und holte hastig ein Taschentuch hervor, mit dem sie ihre Augen betupfte, „ich vermisse Werner unbeschreiblich. Wir waren Freunde …"

Frau von Barnems Stimme wurde brüchig und sie schwieg. Friedrich Rothenstolz fühlte sich berührt. Frau von Barnem trauerte um Werner Bauer, das hatte er nicht erwartet. Er stand auf, trat zu ihr und legte ihr tröstend die Hand auf die Schulter. Sylvia ergriff die Hand und schmiegte sich an sie. Dann senkte sie den Kopf und begann hemmungslos zu weinen. Friedrich Rothenstolz stand neben der weinenden Frau, fühlte ihre warme Nähe und wusste immer weniger, was er tun oder wie er sich verhalten sollte. Da klingelte es an der Haustür.

Sylvia von Barnem ließ Rothenstolz' Hand los und fuhr auf.

„Wer ist das? Mich darf niemand so sehen." Sie wandte sich wie panisch an ihren Gastgeber. „Wo ist das Bad?"

Rothenstolz war von der neuerlichen Wendung überrascht. Er zeigte Frau von Barnem stumm den Weg ins Bad und ging zur Haustür. Wieder klingelte es und er öffnete. Draußen stand Stephan Preskow.

Franz Harth war von Natur aus ein ruhiger Mensch, aber langsam verlor er die Geduld. „Ich war nicht in Herrn Stromskys Wohnung. Ich kenne den Mann kaum. Ich habe ihn nicht umgebracht! Wie das Medikament hinter meine Akten gekommen ist, weiß ich nicht. Und mehr, Frau Nöhler, kann ich Ihnen nicht sagen."

Die Kommissarin hörte Harths Erklärung mit starrer Miene an.

„Gut, Herr Harth. Jetzt erzählen Sie mir noch einmal, was Sie am Abend der Ermordung von Ludwig Ganzel getan haben."

Bevor Harth irgendetwas sagen konnte, ging die Tür zum Vernehmungsraum auf und Inspektor Gödel beugte sich zu Frau Nöhler und flüsterte:

„Die KTU braucht noch etwas Zeit." Er legte ihr eine Berichtsmappe vor. „Das kam eben aus dem Labor."

Die Kommissarin öffnete den grünen Ordner und überflog den Inhalt. Sie las ein zweites Mal und richtete ihren Blick wieder auf Franz Harth.

„Warum sagen Sie nicht einfach die Wahrheit, Herr Harth? Spuren Ihrer DNA sind in der Wohnung des Toten gefunden worden. Wie erklären Sie das, Herr Harth?"

Franz Harth zuckte die Schultern. „Da gibt es nichts zu erklären, Frau Nöhler. Ich war nicht in der Wohnung. Ihre Analysen sind falsch!"

Am Abend gingen Carolin Setlinger und Jörg Melcher in das *Magazine* in der Gartenstraße. Auf dem Weg berichtete Jörg von seinen Gesprächen mit Rita Lindner und der Kommissarin.

„Du und dein Verhältnis zu Frauen", kommentierte Carolin. „Dieses ständige Geplänkel mit anderen Weibern, also ich kann deine Mimi gut verstehen."

Melcher betonte, er werde ständig verkannt, aber Carolin schüttelte nur den Kopf. Sie erreichten das Restaurant und traten ein. Hinten, direkt vor dem Apothekeninterieur, saß Joachim Geissler und winkte ihnen, sie sollten sich doch zu ihm setzen. Jörg steuerte auf Geisslers Tisch zu.

„Muss das sein?", flüsterte ihm Carolin zu. „Heute habe ich kein Lust auf die Konkurrenz."

„Ach, du hast schon anders gesprochen. Nichts gegen Joachim. Er ist immer gut für eine Information", widersprach Jörg. Er begrüßte den Redakteur und setzte sich zu ihm. Carolin blieb nichts übrig, als ebenfalls Platz zu nehmen.

„Hallo Jörg und guten Abend, Frau Setlinger. Ich grüße die schöne Vertreterin der *Schwäbischen Post* . Wie läuft es in Ihrem Laden?"

„Wer keine Hundert ist, braucht sich über Laufbeschwerden nicht zu beklagen", entgegnete Carolin spitz.

„Leute, lasst mal die Zeitungsgeschichten sein und uns einfach wie normale Menschen unterhalten – und etwas essen", schlug Melcher vor.

Carolin und ihr Konkurrent nahmen Melchers Vorschlag an. Der Kellner kam, sie bestellten und sprachen dann über das aktuelle Geschehen, vor allem über den Mord an Peter Stromsky. Melcher erzählte von der Verhaftung Franz Harths, was Joachim Geissler kaum glauben wollte.

„Ich kann mir Harth einfach nicht als Mörder vorstellen", meinte er. „Wenn das stimmt, was ihr erzählt, spricht natürlich alles gegen ihn. Aber, welche Motive soll der Mann gehabt haben, Werner Bauer und den Piloten umzubringen?"

„Vielleicht liegt die Lösung in der Vergangenheit der Opfer?", wandte Carolin ein.

„Da müssten sich die Vergangenheit der Toten und die von Franz Harth irgendwo überschneiden. Tun sie das?", fragte Geissler zurück.

„Das sollte die Polizei eigentlich klären können", antwortete Jörg Melcher.

Joachim Geissler nickte. „Sicher, die werden ihre

Arbeit schon ordentlich erledigen. Aber vielleicht gibt es Fakten, von denen Beamte nichts wissen."

„Und die wären?", hakte Carolin nach.

„Zum Beispiel weiß ich, dass Werner Bauer zwei- oder dreimal das Kloster Neresheim aufgesucht hat. Warum und wieso kann ich nicht sagen, aber das Faktum ist ganz interessant, oder?" Joachim Geissler blickte zu Jörg Melcher. „Woher haben Sie das, Joachim?", fragte dieser. „Ich werde meine Quellen nicht offenlegen, das versteht ihr. Aber die Information ist glaubwürdig, dafür möchte ich mich verbürgen."

„Was kann Werner Bauer im Kloster Neresheim gewollt haben?", überlegte Carolin Setlinger. „Wegen des barocken Ambientes wird er das Kloster bestimmt nicht besucht haben."

„Vielleicht sollte ich mir das Kloster selbst einmal anschauen?", meinte Jörg Melcher.

„Das würde sich auf jeden Fall lohnen", erwiderte Geissler. „Die Abteikirche ist eine echte Sehenswürdigkeit. Der Bau wurde 1750 nach Plänen von Balthasar Neumann begonnen. Das Kircheninnere zeigt leuchtende Fresken und eine herrliche Orgel von Johann Nepomuk Holzhay. Und", er wurde vom Kellner unterbrochen, der die Getränke brachte. Geissler trank einen Schluck und sprach weiter, „ich kenne Abt Norbert und könnte ihn anrufen, wenn Ihnen das recht ist, Jörg."

Melcher stimmte zu und Joachim Geissler versprach, den Abt gleich morgen anzurufen und einen möglichst zeitnahen Termin auszumachen. Dann kam das Essen.

Die Situation war unmöglich gewesen. Fast hätte sie Rothenstolz so weit gehabt, dass er ihr alles, notfalls auch das gesamte Bergwerk mit allen Stollen und Gängen zu Füßen gelegt hätte und dann musste Stephan auftauchen.

Wie ein Elefant im Porzellanladen hatte er die feinsinnig aufgebaute Situation zertrampelt. Direkt und völlig undiplomatisch fragte er Rothenstolz, wo er denn die Unterlagen von Werner Bauer habe. Als Rothenstolz antwortete, er wisse von keinen Unterlagen, behauptete Stephan, Rothenstolz lüge und hätte diese gewiss längst an sie abgegeben.

„Sie wären nicht der erste, mein Bester, der auf Sylvias schöne Augen hereinfiele!"

Es war ihr nichts weiter übrig geblieben, als zu gehen. Kurz darauf folgte Stephan. Er war unglaublich wütend, denn Rothenstolz hatte ihn hinausgeworfen. Wie hätte der Mann auch sonst handeln sollen?

Stephan schien keine Einsicht zu haben. Er holte Sylvia an ihrem Wagen ein und machte ihr auf offener Straße eine Szene. Was sie erschüttert hatte, war weniger die Lautstärke gewesen, auch nicht der brutale Griff, mit dem er ihre Hand gepackt hatte. Nein, es waren seinen Augen, die Sylvia voller Wut und Hass anstarrten. Diese Augen machten ihr Angst. Dieses düstere Dunkel, das sie aussandten, die unverhohlene Drohung mit Tod und Gewalt. Mit einem jähen Ruck befreite sie sich aus seinem Zugriff, sprang in ihr Auto und fuhr los. Sie steuerte den Wagen zu Markus Tiech. Markus hatte ihr immer geholfen. Er würde ihr auch jetzt helfen und sie vor der Gewalt Stephan Preskows schützen.

Schon drei Stunden verhörten sie Franz Harth im Wechsel. Doch der Mann beharrte darauf, er habe mit dem Tod Peter Stromskys und mit allen anderen Morden nichts tun. Gegen 21 Uhr hatte Claudia Nöhler genug von dem Spiel und ließ den Mann abführen. Vielleicht würde ihn eine in der Zelle verbrachte Nacht geständiger werden lassen.

Die Kommissarin wollte gerade nach Hause gehen, da wurde ihr der Bericht der KTU zugestellt. Sie las die wenigen Seiten und ließ dann die Blätter fallen. Die gefundene Patronenhülse schien auf den ersten Blick denen aus Probeschüssen mit Franz Harths Winchester zu entsprechen, zeigte aber im Detail winzige Unterschiede auf. Wenn die am Absturzort der Cessna gefundene Hülse wirklich zur Tatwaffe gehörte, hatte Franz Harth nicht auf das Flugzeug geschossen. Jedenfalls nicht mit einem seiner Gewehre.

Es klopfte, ein älterer Polizist trat ein und meldete, Franz Harth wolle sofort mit Frau Nöhler sprechen. Die Kommissarin straffte sich. Endlich, der Mann war weich geworden und wollte endlich gestehen. Den Mord an Peter Stromsky, vielleicht auch an Ludwig Ganzel. Und, warum sollte er nicht eine andere Waffe zum Abschuss des Flugzeugs benutzt haben?

Sie ließ Franz Harth ins Vernehmungszimmer bringen.

„Nun, Herr Harth, haben Sie sich schließlich besonnen?"

„Ja", antwortete Franz Harth mit fester Stimme. „Sie wissen, dass ich die Wiener Straße etwa 14:17 Uhr verlassen habe. Diese Frau, Sie sagten, sie sei die Schwester des Toten, kann das bezeugen."

Die Kommissarin nickte, worauf wollte Harth hinaus?

„Um 14:30 war ich wieder in der Brauerei, Zeuge ist Stephan Preskow."

„Es geht um die Zeit davor, Herr Harth", versuchte die Kommissarin ihn aufs Thema zurückzubringen.

„Das ist mir klar. Und jetzt passen Sie auf, Frau Kommissarin Nöhler!" Harths Stimme wurde lauter und die Beamtin warf einen raschen Blick zu dem Polizisten, der mit im Zimmer war. Der Mann trat zu Franz Harth.

„Schön ruhig bleiben, Mann!"

Harth lachte höhnisch auf. „Sie möchte ich sehen, wenn Sie völlig grundlos verhaftet und beschuldigt werden. Denn, Frau Nöhler, ich habe ein Alibi. Bei der Hinfahrt – ich habe es ganz vergessen, aber vorhin ist es mir wieder eingefallen – bei der Hinfahrt wurde ich in der Ulmer Straße geblitzt! Der Blitzer stand Ecke Walkstraße in Richtung Unterkochen. Die Zeit müsste festzustellen sein und beweisen, dass ich unmöglich der Täter sein kann!"

Die Kommissarin saß wie versteinert. Wenn das stimmte, war Harth nicht der Mörder und … Halt, rief sie sich zur Ordnung. Die Aussage Franz Harths musste erst überprüft werden und er war am Tatort gesehen worden. Täter logen oft das Blaue vom Himmel.

„Nun, hat es Ihnen die Stimme verschlagen? Was ist, Frau Kommissarin?"

„Ich werde das überprüfen lassen", antwortete Claudia Nöhler langsam, und wenn Ihre Angaben stimmen – aber, Herr Harth, es gibt weitere Tatsachen, die Sie belasten: Ihre DNA am Tatort und der Fund des tödlichen Giftes in Ihrem Büro!"

„Reden Sie keinen Quatsch. Das Gift kann jeder Beliebige irgendwann in meinem Büro deponiert haben. Und DNA-Spuren zu erzeugen, ist heute ein Kinderspiel. Dazu muss man nicht einmal der Phantommörder von Heilbronn sein. Also, komme ich jetzt frei oder nicht?"

„Ich sagte Ihnen bereits, Herr Harth. Wir werden Ihre Angaben überprüfen und bis dahin …"

Mit einer Schnelligkeit, die sie nicht erwartet hätte, sprang Harth vom Stuhl hoch und auf sie zu.

„Du blöde Beamtenkuh", brüllte er. „Kapier endlich, ich war's nicht! Such deinen Mörder sonst wo. Ich will hier raus!"

Er packte Frau Nöhler an den Schultern und schüttelte sie wild. Der wachhabende Polizist warf sich dazwischen. Harth schlug um sich und traf den Mann am Kinn. Zwei weitere Polizisten von außerhalb eilten in den Raum und kamen der Kommissarin und ihrem Kollegen zu Hilfe. Sie konnten den Tobenden nur mit Mühe bändigen und schleppten Franz Harth schließlich in eine Zelle.

Claudia Nöhler, die bei Harths Angriff zu Boden gegangen war, erhob sich. Sie lehnte jede Hilfe der besorgten Kollegen ab und verschwand rasch in ihrem Büro.

Meine Güte, war der Mann ausgerastet! Und wenn er wirklich unschuldig war ... Daran wollte die Kommissarin lieber nicht denken. Aber pflichtgemäß beauftragte sie einen Beamten vom Kriminaldauerdienst, die Aussage Franz Harths, er sei geblitzt worden, zu überprüfen.

Am Dienstagvormittag um elf rief Joachim Geissler Melcher an und teilte ihm mit, Abt Norbert habe morgen Vormittag Zeit und würde sich freuen, Jörg bei seinen Recherchen behilflich sein zu können.

Am Mittag wurde Franz Harth gegen die Zahlung einer Kaution auf freien Fuß gesetzt. Das Blitzfoto, aufgenommen um 14:10 Uhr, bestätigte sein Alibi. Um 14:45 Uhr lag der Kommissarin ein Faxschreiben des Harth'schen Anwalts Dr. Schlifkert vor, der ihr übermittelte, Franz Harth sei zum Zeitpunkt der Ermordung Dr. Werner Bauers mit seiner Frau auf einem Familienfest gewesen, habe also auch mit dieser Tat unter keinen Umständen etwas zu tun. Des Weiteren drohte Dr. Schlifkert mit einer Unterlassungsklage und Dienstaufsichtsbeschwerde, wenn die Kommissarin seinen Mandanten Franz Harth weiter behelligen würde. Um drei Uhr rief Polizeidirektor Volkard Schelder Rita Lindner an. Sie kannten sich aus der Zeit Schelders bei der Landespolizeidirektion

Stuttgart II. Schelder informierte seine „geschätzte Kollegin" darüber, dass Polizeipräsident Gelden allmählich Ergebnisse zu sehen wünsche. Wie sie sich das weitere Vorgehen vorstelle? Er habe da einiges gehört, was ihn, gelinde gesagt, verwundere. Sie ließe dieser neuen Kommissarin, auch eine Stuttgarterin, zuviel freie Hand. Ihre Methoden seien vielleicht in Stuttgart angebracht, aber hier in Aalen … Um 15:15 Uhr wurde Claudia Nöhler zur leitenden Oberstaatsanwältin zitiert. Rita Lindner forderte sie auf, Bericht zu erstatten. In dürren Worten informierte Frau Nöhler ihre Vorgesetzte über die Abläufe im Fall Franz Harth. Frau Oberstaatsanwalt zeigte sich sehr unzufrieden und äußerte dies auch.

„Die Indizienlage scheint mir sehr dünn gewesen zu sein. Franz Harth ist eindeutig zu Unrecht verhaftet worden. Wie kommen Sie dazu, Herrn Harth, einen unbescholtenen Bürger, aufgrund derart schwacher Fakten festzunehmen? Ihre Aufklärungsarbeiten sind absolut ungenügend betrieben worden."

Claudia Nöhler wollte antworten, doch die Oberstaatanwältin unterbrach sie sofort. „Bevor Sie etwas sagen, hören Sie mir erst einmal zu. Erstens: Ehe Sie sich weiter in Ihren so genannten Ermittlungen verrennen; Herr Harth hat mit dem Mord und den anderen Morden nichts zu tun! Das Schreiben Dr. Schlifkerts haben Sie sicher gelesen. Zweitens: Ich erwarte, dass künftig durchdachter vorgegangen wird. So eine Panne darf sich nicht mehr wiederholen! Ich möchte Sie nicht ein weiteres Mal belehren müssen! Drittens: Ein Rat zum Schluss, Frau Nöhler, und verstehen Sie diesen durchaus als Anweisung. Der Empörung Franz Harths in seiner letzten Vernehmung, die Sie als Widerstand gegen die Staatsgewalt bezeichnen, wird nicht weiter nachgegangen! Ich hoffe, Sie haben mich verstanden!"

Claudia Nöhler nickte schweigend und verließ das Zimmer.

Sie kochte vor Wut. Sie hatte ihre Arbeit getan und dann dieser Rüffel. Alles hatte auf Franz Harth als Täter hingedeutet. Konnte sie wissen, dass die vorliegenden Indizien nicht stimmten? Das war ungerecht! Das ganze Theater hatte ihr Jörg Melcher eingebrockt. Vielleicht stammten auch die anonymen Hinweise von ihm? Nein, sie verwarf den Gedanken wieder. So etwas war nicht Melchers Stil. Trotzdem, Melcher war ihr einige Erklärungen schuldig. Und die würde er ihr, ob die Lindner ihn schützte oder nicht, bald geben müssen!

16 Uhr, Jörg Melchers Handy klingelte, es war die Oberstaatsanwältin, was ihn überraschte.

„Tag Melcher", begrüßte sie ihn. „Hör mal, mein Lieber. Das war gequirlter Mist, den du mir da erzählt hast. Franz Harth ist der falsche Mann! Er hat ein Alibi. Was ist los? Lässt du nach? Ist es das Alter oder was? Ich habe die Nöhler angepfiffen, aber die hat eigentlich nur ihre Arbeit gemacht."

„Moment mal", protestierte Jörg Melcher, „ich habe die Patronenhülse abgeliefert und erzählt, dass auf mich geschossen wurde. Und Franz Harth besitzt eine Winchester, das war alles!"

„Du hast ein wenig mehr erzählt, wenn ich mich richtig erinnere. Also, Jörg Melcher, entweder du klärst die Sache – oder du lässt die Finger davon. Dann allerdings lasse ich die Nöhler schalten und walten, ganz wie sie will. Keine Recherchen mehr, keine Infos. Such es dir aus!"

„Wie viel Zeit habe ich?"

„Keine, also maximal bis Sonntag!"

Die Oberstaatsanwältin beendete das Gespräch. Rita

Lindners Methoden waren schon immer eigen gewesen. Aber das schlug dem Fass den Boden aus. Jetzt sollte er fehlende Polizeiarbeit ersetzen und diesen absolut verqueren Fall lösen! Und wenn er nicht mitspielte, würde er völlig außen vor sein.

Während er sich das Gespräch noch durch den Kopf gehen ließ, rief Mimi an, die zweite Überraschung. Sie wolle ihn treffen, teilte sie ihm kurz mit, am besten morgen. In Stuttgart, wo sonst? Oben, in der Markthalle auf der Empore, 12 Uhr. „Bis dann, mein Lieber!"

Wenn Mimi ihn so nannte, lag Ärger in der Luft. Morgen um 12 Uhr in Stuttgart – und morgen Vormittag wollte Melcher ins Kloster Neresheim und Abt Norbert aufsuchen. Jörg Melcher seufzte. Diese Frauen, Probleme über Probleme.

Sein Handy klingelte erneut. Diesmal meldete sich Carolin Setlinger.

Am Mittwochmorgen fuhr Carolin Setlinger anstelle von Jörg Melcher zum Kloster Neresheim. Punkt elf wurde sie zum Abt des Klosters geführt. Abt Norbert Staffel war ein älterer Herr mit schütterem, ergrautem Haarkranz, Brille und leicht fülligen Backen. Verwunderung darüber, dass anstatt Melcher Carolin Setlinger erschien, ließ er sich nicht anmerken.

„Sie kommen von den *Aalener Nachrichten*, Frau Setlinger", begrüßte er sie. „Herr Geissler hat jemand aus seinem Hause angekündigt. Was kann ich für sie tun?" „Ich komme von der *Schwäbischen Post* und in Vertretung eines Kollegen", korrigierte Carolin, „aber Herr Geissler hat uns angekündigt, das stimmt. Es geht um Dr. Werner Bauer, der vor einiger Zeit im Kloster Urkunden eingesehen hat. Wir würden gerne erfahren, um welche Urkunden es sich dabei gehandelt hat."

„Urkunden?", Abt Norbert lächelte. „Liebe Frau Setlinger, was glauben Sie, wie viele Urkunden sich in unserem Kloster befinden? Das Kloster wurde 1095 von Graf Hartmann von Dillingen und seiner Gemahlin Adelheid von Kyburg als Augustiner-Chorherrenstift gegründet. 1106 wird es in eine Benediktinerabtei umgewandelt, die sich der Hirsauer Reform anschloss. 1764 erlangte die Abtei die Reichsstandschaft. Im Jahre 1802 wurde das Kloster durch die Säkularisation aufgehoben und fiel an die Fürsten von Thurn und Taxis. Das heißt, wir haben hier Urkunden seit über 900 Jahren. Da kommt einiges zusammen. Ich denke, ich werde Sie am besten von Bruder Emaus betreuen lassen. Er wird Ihnen, soweit es geht, bei Ihren Nachforschungen zur Seite stehen."

Der Abt betätigte eine Klingel, ein wenig später klopfte es an die Tür seines Büros und ein rundlicher Mönch trat ein. Es war Bruder Emaus, der Carolin Setlinger in das Klosterarchiv führte.

Melcher hatte erzählt, bei der Jagd sei auf ihn geschossen worden. Die Kommissarin nahm sich vor, dieser Geschichte nachzugehen. Sie beschloss, den Teufel bei den Hörnern zu packen und rief Melcher an. Der entschuldigte sich dafür, dass er sie in Ungelegenheiten gebracht habe. Frau Nöhler ging nicht weiter darauf ein, sondern fragte Melcher, wo genau auf ihn geschossen worden sei. Der Reporter bemühte sich um eine exakte Ortsbeschreibung. Zusätzlich riet er, Franz Harth anzusprechen, der sich in dem Jagdrevier wohl am besten auskenne. Er selbst sei auf dem Sprung nach Stuttgart und könne allenfalls morgen bei der Suche helfen. Die Kommissarin dankte knapp und rief Franz Harth an. Der Brauer war über den Anruf überrascht und reagierte zunächst ablehnend. Als er hörte, worum es ging, zeigte sich Franz Harth allerdings kooperativ. Er entschuldigte sich sogar für seinen Wutausbruch und akzeptierte seinerseits Frau Nöhlers Bedauern über die irrtümliche Verhaftung. Als Zeichen seines guten Willens war er bereit, mit der Kommissarin und einem Team zum Jagdgebiet zu fahren, um ihnen vor Ort bei der Suche nach Hinweisen auf den unbekannten Schützen zu helfen. Sie trafen sich gegen 14 Uhr und fuhren los.

Das Treffen auf der Empore in der Markthalle war kurz und schmerzhaft. Als Jörg Melcher kam, saß Mimi bereits oben und erwartete ihn. Ihr Anblick im luftigen Sommerkleid ließ Melchers Puls schneller schlagen.

„Tag Jörg", begrüßte sie ihn distanziert. „Setz dich, ich habe mit dir zu reden."

Jörg Melcher nahm Platz. Aus den Augenwinkeln sah er drei Tische weiter einen jüngeren Mann, der aufmerksam zu ihnen rüberblickte. Es schien Melcher, als habe er ihn bereits einmal vorher gesehen, wo und wann fiel ihm aber nicht ein. Melcher konzentrierte sich auf Mimi. Mimi musterte ihn kühl. Ein Kellner kam und er bestellte etwas zu trinken. Mimi wartete, bis das Bestellte gebracht wurde, dann begann sie.

„Jörg, ich denke, es geht so nicht mehr weiter mit uns. Du bist ständig unterwegs und arbeitest mehr oder minder eng mit anderen Frauen zusammen. Und ich, nun", Mimi zögerte kurz, sprach dann rasch und bestimmt weiter.

„Ich habe jemanden anderes kennen gelernt, der mir viel bedeutet. Deswegen sollten wir unsere Beziehung beenden."

Schon ein paar Mal hatten sie sich zerstritten und für eine gewisse Zeit getrennt. Zuletzt in der Nacht, als

Jörgs Aalener Abenteuer begann. Doch diesmal schien es Mimi ernst zu meinen. Melcher fühlte, wie sein Herz sich schmerzhaft zusammenzog. Aber er zwang sich zur Ruhe und fragte im sachlichen Ton, seit wann Mimi die neue Beziehung habe.

„Das spielt keine Rolle. Aber wenn du es unbedingt wissen willst. Ich habe Klaus auf der Tagung in Baden-Baden kennen gelernt."

Klaus aus Baden-Baden … Jetzt wusste Jörg wieder, wer der jüngere Mann war. Er war Mimis Begleiter im *Fässle* gewesen …

Mimi wartete auf Jörgs Reaktion. Melcher verzog keine Miene.

„Soll ich weiter erzählen oder interessiert dich das alles nicht mehr?", fragte Mimi irritiert.

„Doch, doch, ich hör dir zu, bringen wir' s hinter uns!"

„Also, jedenfalls bin ich mit einer Kollegin, die ich ebenfalls dort getroffen habe, einen Tag früher zurückgefahren und habe die Zeit genutzt …"

Mimi brach ab und schaute Melcher erwartungsvoll an.

Dieser versank in melancholische Nachdenklichkeit. Eine Zeitlang schwiegen beide. Mimi dauerte das Ganze schließlich zu lang und sie ergriff ungeduldig wieder das Wort, fest entschlossen, ihre Beichte zu Ende zu bringen.

„Ich bin am Freitagnachmittag von Sylvia aus zu Klaus an den Bodensee gefahren."

„Sylvia?", fuhr Melcher hoch. „Welche Sylvia?"

„Sylvia, ich sagte doch, ich habe sie in Baden-Baden kennen gelernt. Dr. Frobes war übrigens auch da und wir haben uns zu viert prächtig …"

„Sylvia von Barnem?", unterbrach Melcher Mimis Redefluss.

„Genau, kennst du die etwa auch?", fragte Mimi misstrauisch.

Jörg Melcher lachte laut auf. Die Situation war zu verrückt. Mimi erzählte ihm von einem Jüngelchen namens Klaus, der drei Tische weiter saß und das Geschehen bewachte. Sie hatte mit dem Knaben sonst etwas am Bodensee veranstaltet. Jetzt sprach sie von Trennung, dabei hatten sie sich eine Woche, bevor Mimi nach Baden-Baden fuhr, bereits getrennt. Angeblich endgültig und unwiderruflich! Von Baden-Baden aus startete sie direkt zur Tour d'Amour – was Mimi nicht davon abgehalten hatte, nach ihrer Rückkehr mitten in der Nacht bei ihm zu erscheinen und wegen Carolin eine Riesenszene hinzulegen. Zwei Wochen später folgte ihr Auftritt im *Fässle,* und jetzt war Mimi, trotz Klaus, offenbar auf Sylvia von Barnem eifersüchtig. Moment, Mimi hatte erzählt, sie hätten gemeinsam die Tagung früher verlassen.

„Wann bist du mit Sylvia abgereist?"

„Du meinst von der Tagung? Am Freitagmorgen."

„Und wie lange warst du am Freitag mit Sylvia von Barnem zusammen?"

„Bis gegen ein Uhr mittags. Warum fragst du?"

„In Aalen?"

„Nein, Sylvia hat ein Wochenendhaus an einem See in der Nähe von Heidenheim. Warum willst du das alles wissen, Jörg?"

„Tja, meine Liebe, wenn du noch im Team wärst …"

Jörg Melcher hatte es auf einmal sehr eilig. Er legte einen Zehner für die Getränke auf den Tisch, stand auf, grinste seinen jugendlichen Nachfolger an und lief rasch davon. Mimi starrte ihm nach und wusste nicht, was sie von der Situation halten sollte. Konnte es sein, dass sie einen Fehler gemacht hatte? Ihr Blick glitt hinüber zu Klaus, der ihr zulächelte. Ein netter Kerl, verständnisvoll, ein guter Zuhörer, Theaterfreund und Opernliebhaber; stets gut rasiert und perfekt gekleidet. Verlässlich, seriös und im Begriff, eine steile Karriere zu machen. Das glatte Gegenteil von Jörg Melcher!

Mimi sprang auf und rannte zur Treppe. „Jörg", rief sie. „Warte auf mich!" Doch Jörg Melcher war bereits in der Menge verschwunden.

8. Kapitel – Düsteres Dunkel

Sie rannte in Panik um ihr Leben. Durch dumpfes Dunkel und schmale Gänge. Hinter ihr die anderen. Ein grinsender Franz Harth, Stephan Preskow in seiner Wut, voller Begierde Markus Tiech und dieser widerliche Mensch, der sie schon die ganze Zeit verfolgt hatte. Alle wollten sie haben, doch der, den sie gewollt hatte, war tot. Die Düsternis kam näher und näher. Angst machte sich in ihr breit. Da tauchte Rothenstolz auf, er war erwacht!

Oben auf dem Hügel das Kloster. Im Hof auf einem Sockel mit goldenen Flügeln der Engel der Gerechtigkeit. Vor ihm die hohen Mauern der barocken Kirche. Über allem eine sommerliche Ruhe und Zeitlosigkeit.

Carolin Setlinger saß im ehemaligen Skriptorium und blätterte in den vor ihr liegenden Akten. Genau genommen waren es Abschriften und Transkriptionen, denn die Originale bekamen nur ausgesuchte Fachleute vorgelegt, wie ihr Bruder Emaus erklärte. Er hatte alle Unterlagen zusammengetragen, die seinen Eintragungen nach von Dr. Bauer eingesehen worden waren. Darunter auch Darstellungen späterer Zeit und historische Abhandlungen. Carolin arbeitete sich durch die Papiere:

Gottfried von Neuffen und seine Miterben überlassen alles, was das Kloster Heiligkreuztal von ihrer Habe und ihren Besitzungen erkauft, um ihres Seelenheils willen demselben zu bleibendem Besitz. Dem Kloster Neresheim wird eine Figur aus schwarzem Stein gestiftet zum ewigen Gedenken...

15. März 1258 zu Dillingen. Dem Ort Auernheim wird ein herrschaftlicher Schultheiß vorgesetzt und die Ortsangelegenheiten sollen künftig nicht mehr im Städtchen Neresheim, sondern im Reichsstift ausgemacht werden ... Gemeinde Schweindorf: Baulastenabfindungs-Urkunde zwischen der Fürstlichen Standesherrschaft Oettingen-Wallerstein vom Kloster Neresheim gehafteten Pechstein betreffend ...

Abtes Michaels alchemistische Experimente vor allem mit Schwarzstein führen zur Überschuldung des Klosters Fultenbach und 1773 zur Übernahme durch die Niederschwäbische Benediktinerkongregation. Fultenbach kommt unter die Verwaltung des Klosters Neresheim ...

1778 Im Bergwerk derer von Barnem häufen sich die Funde der Blendmetalle (Schwarzblende), so dass der Silberabbau eingestellt wird ...

Reichsstift Neresheim – 1792. Das Kloster konnte nach seiner zweyten Stiftung etliche Bücher und Urkunden retten. Die oben in der Note erwähnte auswärtige Urkunde über den Fund vielbunter Steine wird (unlesbar) ...

Carolin stockte und griff nochmals zum Urkundenband von 1778. Ein Bergwerk der Familie von Barnem stand dort erwähnt. Dort wurde offenbar Silberbergbau betrieben, doch schien der Fundort erschöpft gewesen zu sein. Hatte Werner Bauer gehofft, auf Hinweise zu möglichen Silberfundstätten zu stoßen? Fundstätten, die sich mit heutigen Abbaumethoden eventuell wieder lohnen würden? Und was sollten die Hinweise auf *Schwarzstein* und im letzten Auszug auf *bunte Steine*? Um Silber konnte es sich nicht handeln. Sie hatte von der Materie zu wenig Ahnung, das war etwas für einen Fachmann, überlegte Carolin. Ihr fiel Friedrich Rothenstolz ein. Wenn einer in Bergbau- und Gesteinsfragen weiterhelfen konnte, dann der Bergmann.

Sylvia von Barnem wachte nach unruhigem Schlaf in einer kleinen Kammer auf. Sie rieb sich die Augen und erhob sich langsam. Vorsichtig öffnete sie die Tür und trat auf einen dunklen Flur. Sie bewegte sich nach links und kam in einen großen Salon. Mit einem Ruck zog sie die weißen Schutzbezüge von den Polstersesseln, heute Nacht war dazu keine Zeit mehr gewesen. Dann öffnete sie ein Fenster und schaute hinaus. Direkt gegenüber erstreckte sich die alte Stadtmauer. Eine breite Mauer mit Türmen, die die ganze Stadt Nördlingen umgab. Sylvia hatte Aalen verlassen und sich in das vierzig Kilometer entfernte Städtchen zurückgezogen. Ihre Flucht am Montag zu Markus Tiech war vergeblich gewesen, Markus hatte im Klinikum Dienst gehabt. Schlimmer noch, Stephan Preskow war ihr gefolgt. Sein blauer Porsche war eisern an ihrem Mercedes drangeblieben. Erst durch ein tollkühnes Überholmanöver und in einer wilden Zickzacktour durch die Dörfer gelang es ihr, Preskow endlich abzuschütteln. Jetzt saß sie hier im ersten Stock des alten Münzhauses, das irgendeiner aus der Barnem'schen Sippschaft vor Jahrhunderten einem reichen Nördlinger Pfeffersack abgekauft hatte, und dachte über ihre Lage nach. Das gelbliche Fachwerkhaus lag direkt am Reimlinger Tor. Die Fenster des ersten Stockes schauten auf gepflasterte Gassen und den bunten Blumenschmuck biedermeierlicher Hinterhofgärten. Sylvia von Barnem hatte für diese Bürgeridylle keinen Blick. Alles schien ihr verfahren, die Aktionen der letzten Woche waren durchweg schiefgegangen. Von den so genannten Freunden rührte niemand nur einen Finger für sie und das Projekt, welches Werner Bauer initiiert und in das sie viel Geld gesteckt hatte, stand kurz vor dem Scheitern. Dabei brauchte sie dringend Kapital. Die Tagung in Baden-Baden war sehr kostspielig gewesen, zu kostspielig. Ihre Zahl, die 13, war beim Roulette kein einziges Mal gefallen. Siebzehn Mal hintereinander. Eine echte Katastrophe. Und als sie zurückkehrte, erreichte sie der Brief von Felix, in dem er schrieb, er könne und er wolle nicht mehr. Es sei vorbei.

Sie hatte sich um Fassung bemüht, um Ruhe und Gelassenheit. Es war ihr beinahe gelungen. Doch das Gespräch, das Werner in ihrer Gegenwart mit Stephan geführt hatte, brachte das Fass endgültig zum Überlaufen. Es gab Grenzen dessen, was ein Mensch aushalten konnte. Sie konnte nicht mehr.

Was dann geschah, war wie in graue Nebel gehüllt. Obwohl ihr Denken und Handeln während der ganzen Zeit klar und logisch gewesen war. Trotzdem, die Dinge waren geschehen. Felix war tot, dann starb Werner. Sie hatte ihren Tod nicht gewollt. Aber das Schicksal ließ sich nicht verändern. Beide waren tot und hatten sie allein zurückgelassen. Ob sie für den Tod der beiden Männer verantwortlich war oder nicht, schien ihr heute völlig gleichgültig zu sein. In der Gegenwart ging es um anderes. Sie musste wissen, was Werner wirklich vorgehabt hatte. Was seine große Spekulation gewesen war. Um die sich alles gedreht hatte und alle drehten. Stephan und Markus, Franz Harth und Johann Wehner, alle! Ihre letzte Hoffnung war Rothenstolz. Das andere würde sich irgendwie klären, wozu hatte sie ihre Beziehungen und kannte Gott und die Welt? Rothenstolz verwahrte die Unterlagen von Werner und hatte ihr diese schon einmal angeboten. Doch neulich war es zu gefährlich gewesen, die Papiere anzunehmen. Auch Markus und Stephan waren hinter dem Material her – und Stephan, das wusste sie, war zu allem bereit, um die Dokumente an sich zu bringen. Heute jedoch musste sie es riskieren. Sylvia griff in ihre Handtasche und zog das Handy hervor. Sie konnte nicht mehr länger warten. Sie tippte die Nummer von Friedrich Rothenstolz. Der Bergmann meldete sich sofort.

„Rothenstolz, hallo?"

„Hier Sylvia, Sylvia von Barnem!"

„Frau von Barnem, wunderbar, dass Sie sich melden. Ich kann mich wieder erinnern, wo die Unterlagen von Dr. Bauer sind. Und ich möchte Ihnen die Papiere geben. Sie scheinen mir die einzige zu sein, die wirklich etwas für Werner empfunden hat."

Sylvia stieß einen unhörbaren Seufzer aus.

„Wo wollen wir uns treffen?"

„Kommen Sie doch zu mir ins Bergwerk. Ich habe die Unterlagen dort."

„Sie sind wieder im Einsatz, trotz des Beins?"

„Das geht schon. Ich habe es zu Hause nicht mehr ausgehalten. Wenn Sie kommen, führe ich Sie persönlich herum, Frau von Barnem. Natürlich nur, wenn Sie Interesse haben."

„Liebend gern, wann passt es Ihnen? Heute Mittag?"

„Ich bin bis zum Spätnachmittag leider schon ausgebucht. Wie wäre es mit heute Abend, eine Sonderführung, um siebzehn Uhr?"

Noch bis zum Abend warten! Sylvia gelang es kaum, die Ungeduld in ihrer Stimme zu dämpfen.

„Wenn es nicht eher geht, dann heute um fünf. Bis zum Abend, Herr Rothenstolz. Ich freue mich darauf!"

Die paar Stunden würde sie noch durchhalten, rief sie sich selbst zu Geduld auf. Sylvia von Barnem begab sich in das schmale Bad. Sie blickte in den Spiegel. Der Blick enthüllte Bekanntes. Heute schien alles wie immer und diese kleine Linie, die fast unmerkliche Falte auf der Stirn, fiel nicht ins Gewicht. Sie konnte, wenn es sein musste, noch immer einen Mann um den Finger wickeln.

Sylvia ging unter die Dusche und drehte den Hahn weit auf.

„Von hier sind wir gemeinsam losgelaufen", berichtete Franz Harth. Die Kommissarin, Inspektor Gödel und ein Team von sieben Polizisten standen mit ihm an der Jagdhütte, von der sie in der Nacht von Freitag auf Samstag zur Jagd aufgebrochen waren. Sie marschierten los, etwa eine halbe Stunde in Richtung *Sautränke*.

„Kurt, Bernd und ich sind links rüber zum Hochsitz, Herr Melcher müsste sich seiner Beschreibung nach mehr in die westliche Richtung, also nach rechts gewandt haben."

Schweigend stapften sie weiter durch den Wald. Auf einmal kreuzte ein Wasserlauf ihren Weg und zwang die Gruppe, einen Bogen zu schlagen. Dann kam ein weiterer Bach.

„Vorsicht", warnte Franz Harth, „das ist der Fällerbach, der ist stellenweise ziemlich tief."

Sie liefen ein Stück am Ufer entlang, bis sie eine Übergangsmöglichkeit fanden. Auf der anderen Seite blieb Harth stehen und schaute sich prüfend um. Es ging ein Stück die Wiese hoch, rechts gegenüber lag eine dunkle Schonung.

„Warten Sie einen Augenblick", sagte Harth zur Kommissarin und lief zum Waldrand in die Höhe. Wieder prüfte er die Umgebung, dann nickte er und kam zurück zur Gruppe.

„Das müsste die Lichtung sein, von der Herr Melcher gesprochen hat."

Franz Harth zeigte in ostwärtige Richtung.

„Unsere beiden Böcke haben wir dort drüben erlegt."

„Wo, glauben Sie, befand sich der Schütze?", fragte die Kommissarin.

260

„Ich denke, in der Schonung. Da drüben, ziemlich verdeckt im Baum, befindet sich ein Hochsitz. Dort finden Sie bestimmt die Hülsen. Die Geschosse müssten irgendwo in der Wiese stecken."

„Danke", meinte Inspektor Gödel, „dann wollen wir uns mal auf die Suche machen."

Gödel bestieg den Hochsitz und die anderen Männer begannen, die Wiese systematisch abzuschreiten.

Jörg Melcher fuhr direkt zu Dr. Markus Tiech. Der Mediziner wohnte in Aalen Zochental in einem Haus in der Brünner Straße. Er klingelte und der Arzt öffnete die Tür. Melchers plötzliches Erscheinen überraschte ihn deutlich.

„Guten Tag, Herr Professor Tiech, ich bin eigentlich auf der Suche nach Sylvia von Barnem. Ich habe ein paar Fragen. Aber vielleicht können Sie mir auch weiterhelfen." Der Arzt zögerte. Melchers Stellung war ihm nicht ganz deutlich. Der Mann war mit auf der Jagd gewesen – und Sylvia hatte vor ihm gewarnt! Das gab den Ausschlag, es war gut zu wissen, was der Mann wollte. Er bat Melcher ins Haus.

„Ehrlich gesagt, weiß ich nicht, wie ich Ihnen bei Fragen, die Frau von Barnem betreffen, helfen könnte", eröffnete Professor Tiech seinem Besucher.

Melcher beschloss, direkt aufs Ziel zuzugehen. „Sie hatten am 14. Juni Nachtdienst im Klinikum, waren Sie mit Sylvia von Barnem dort verabredet?"

Markus Tiech zuckte zusammen.

„Ich wüsste nicht, was Sie das angeht, Herr Melcher!"

„Hören Sie, wenn Sie mir darauf keine Antwort geben wollen, verstehe ich das. Der Polizei jedoch werden Sie antworten müssen. Bei mir wäre das Ganze sicher leichter."

Markus Tiech überlegte kurz, dann wies er auf eine Sitzecke.

„Setzen wir uns erst einmal. Wollen Sie etwas trinken? Nicht? Ich schon."

Professor Tiech goss sich einen Martini dry ein. Er setzte sich Jörg gegenüber.

„Es stimmt, Sylvia und ich wollten uns an diesem Sonntag treffen. Wir hatten uns für elf verabredet. Aber Sylvia kam nicht."

„Haben Sie dafür eine Erklärung?"

„Eine ganz einfache. Ich war am Sonntag nicht in der Klinik. Ich hatte meinen Nachtdienst kurzfristig getauscht und nicht mehr an die Verabredung gedacht. Mir ist erst gegen dreiviertel elf eingefallen, dass wir verabredet waren. Ich konnte aber Sylvia nicht erreichen und bin deshalb schnell zur Klinik gefahren. Sylvia war nicht da."

„Gab es häufig solche Verabredungen?"

„Früher schon. Wenn ich Dienst hatte, tauchte manchmal Sylvia auf und wir ... nun ja, Sie wissen schon, Herr Melcher."

„Wie kam Frau von Barnem in Ihre Abteilung?"

„Ich habe ihr einen Hauptschlüssel gegeben. So konnte sie mich jederzeit überraschen."

„Aber am 14. Juni haben Sie Frau von Barnem nicht gesehen?"

„Ich sagte es Ihnen doch. Entweder kam ich zu spät oder sie ist überhaupt nicht erschienen. In der Hinsicht kann Sylvia sehr eigen sein. Termine lässt sie häufig sausen, weil sie sich nicht binden will." Er trank einen Schluck. „Warum fragen Sie mich das alles, Herr Melcher? Sie glauben doch nicht etwa, dass Sylvia von Barnem Werner Bauer getötet hat?"

„Was ich glaube, ist uninteressant. Beweise zählen,

sonst nichts. Und es gibt einiges, was auf Frau von Barnem als Täterin hinweist."

Jörg Melcher stand auf.

„Ich muss weiter. Besser, wenn Sie Frau von Barnem nichts von meinem Besuch und den Fragen erzählten. Schon im eigenen Interesse. Wenn Frau von Barnem wirklich eine Mörderin ist, dann schreckt die Frau vor nichts zurück. Auch nicht davor, einen lästigen Zeugen zu beseitigen. Es könnte ja sein, dass Sie mehr wissen, als Sie bislang erzählt haben."

Jörg Melcher wandte sich zum Flur. An der Haustür drehte er sich kurz um.

„Einen guten Tag noch, Herr Professor Tiech!"

Dann verließ er das Haus und fuhr davon. Markus Tiech trat ans Fenster und starrte seinem seltsamen Gast nach. Dann griff er zum Telefon.

Carolin Setlinger wählte 970249, die Nummer des Besuchsbergwerks. Wie vor vierzehn Tagen meldete sich Frau Müller, und Carolin fragte nach Friedrich Rothenstolz. Sie hatte Glück, der Bergmann war gerade von einer Führung zurückgekehrt und hatte eine knappe Viertelstunde Zeit. Rothenstolz kam an den Apparat. Carolin meldete sich:

„Carolin Setlinger. Guten Tag, Herr Rothenstolz."

„Frau Setlinger von der *Schwäbischen Post*? Ihr Artikel neulich hat mir gut gefallen. Was kann ich heute für Sie tun?"

„Ich hätte eine Fachfrage an Sie."

„Schießen Sie los!"

„Was ist Schwarzstein oder Schwarzblende?"

„Sie meinen wahrscheinlich Pechblende. Der Begriff stammt aus dem Erzgebirge. Die dort im Silberbergbau tätigen Bergleute hatten keine Verwendung für die pechschwarzen Steine und verwarfen diese. Als *Blende* wurden Mineralien bezeichnet, die aufgrund ihres spezifischen Gewichts einen Metallinhalt vermuten ließen, der aber mit den damaligen Verhüttungstechniken nicht gewinnbar war. Wo sind Sie auf den Begriff gestoßen?"

„Ich habe davon im Kloster Neresheim gelesen. Das heißt, Blendemineralien sind an sich wertlos?"

„Das kommt darauf an, ob ihr Gehalt heute ausgeschöpft werden kann. Pechblende ist eigentlich ein Uranit. Die Bezeichnungen Pechblende und Uranpecherz werden für Aggregate verwendet, die eine chemische Zusammensetzung entsprechend U3O8, seltener auch U3O7 besitzen und die aufgrund der schwarzen Farbe und des fettigen Glanzes dem Pech sehr ähnlich sehen. Durch seinen Urangehalt ist Uranit stark radioaktiv. Die Oxidationsprodukte auf den weggeworfenen Uranerzen wurden früher zur Gewinnung von Farben abgebaut. Zeitweise wurden die Farben auch aus Pechblende hergestellt. Daher sind einige alte Kunstwerke radioaktiv belastet."

„Wurde *Pechblende* auch im *Tiefen Stollen* oder hier in der Region gefunden?"

„Nicht dass ich wüsste. Pechblenden traten vor allem im Erzgebirge auf. Im süddeutschen Raum lediglich in Menzenschwand im Südschwarzwald."

Friedrich Rothenstolz legte eine kurze Pause ein.

„Seltsam, Werner hat mich das vor einem Jahr ebenfalls gefragt."

„Werner?", fragte Carolin nach. „Meinen Sie Dr. Werner Bauer?"

„Genau, wie kommen Sie darauf, Frau Setlinger?"

„Die Urkunden, die den Pechstein erwähnen, wurden von Dr. Bauer eingesehen", erklärte sie.

„Das ist wirklich interessant. Vielleicht sollten wir uns

treffen, Frau Setlinger, ich glaube, ich kann Ihnen einiges über Werners Nachforschungen erzählen."

„Hätten Sie heute Zeit?"

„Eigentlich nicht, um 17 Uhr habe ich eine Sonderführung. Obwohl, Frau von Barnem könnte das Thema ebenfalls interessieren. Kommen Sie doch am Ende der Führung einfach mit dazu. Sagen wir um 18 Uhr, ich kann das entsprechend einrichten."

Sylvia von Barnem bekam eine Sonderführung! Sicher kein Zufall, und die Begegnung mit ihr würde sicher aufschlussreich sein. Carolin Setlinger sagte Rothenstolz zu.

Jetzt suchten sie schon über eine Stunde das Gebiet ab. Die Wiese, ohnehin sehr feucht, wurde immer schlammiger und ähnelte mehr und mehr einem Wildschweinparadies. Überhaupt, vielleicht hatte sich Melcher mit seiner Ortsbeschreibung geirrt. Claudia Nöhler war kurz davor, die Suche abzubrechen. Aber Franz Harth wollte nicht lockerlassen.

„Frau Nöhler, wenn wir hier die Projektile oder die Hülsen entdecken, dann ist endgültig der Beweis erbracht, dass ich mit dem Geschehen nichts zu tun habe."

Die DNA-Spuren waren damit nicht erklärt, aber sonst hatte der Mann recht. Die Kommissarin ließ weiter suchen. Es war Inspektor Gödel, der eines der Geschosse entdeckte. Oben am Waldrand, direkt in das Stämmchen einer Birke hatte sich das Projektil hineingebohrt. Gödel war bei der Suche der schwarze Fleck auf hellem Hintergrund aufgefallen. Melchers Geschichte schien zu stimmen. Trotzdem, mehr fanden sie nicht. Die Patronenhülsen blieben verschwunden, wahrscheinlich hatte der Schütze sie mitgenommen.

„Wir werden den Lauf bestimmen können und damit

die Waffe, aus der der Schuss abgegeben wurde", meinte die Kommissarin. „Dann dürfte für die Ballistik eine weitere Identifikation nicht mehr schwer sein."

„Wenn wir die Waffe haben und Vergleichsschüsse abgeben können", sagte der Inspektor.

„Notfalls müssen wir sämtliche Jagdwaffen einziehen und überprüfen lassen. Sozusagen eine ballistische DNA-Probe durchführen", antwortete Frau Nöhler. „Ich werde Frau Lindner noch heute informieren. Ich hoffe, die Oberstaatsanwältin zieht bei der geplanten Aktion mit."

„Warum sollte sie sich dagegen sträuben?", wunderte sich Gödel. Die Kommissarin zuckte mit den Achseln, sagte aber weiter nichts. Dann marschierte die Crew zur Hütte und fuhr von dort nach Aalen zurück.

„Hallo Sylvia. Dieser Journalist war eben bei mir."

„Und? Was wollte er von dir?"

„Er ließ durchblicken, dass du mit den Morden zu tun hast."

„Die üblichen Verdächtigungen, der Mann versucht schon die ganze Zeit, mir etwas anzuhängen."

„Diesmal wirkte er sehr von seiner Sache überzeugt. Er warnte mich sogar, du würdest einen unliebsamen Zeugen wie mich notfalls aus dem Weg räumen."

„Dich aus dem Weg räumen, der Mann hat Fantasie!"

„Du sagst es, aber wer weiß, wie die Polizei auf seine Anschuldigungen reagiert. Ich wollte dich jedenfalls vorwarnen."

„Ich danke dir, Markus. Hat Melcher gesagt, was er als nächstes vorhat?"

„Nein, ich denke, er wird weiterschnüffeln."

„Ich werde es überleben. Etwas anderes macht mir

mehr Sorgen. Stephan wird immer aggressiver. Gestern kam er überraschend zu Friedrich Rothenstolz und ist fast durchgedreht."

„Du warst bei Friedrich Rothenstolz? Was wolltest du von dem Mann?", fragte Markus Tiech misstrauisch.

„Bei Rothenstolz ist eingebrochen worden und ich habe mich ein wenig um ihn gekümmert", suchte Sylvia von Barnem ihn zu beruhigen.

„Wir sollten darüber sprechen", antwortete Tiech.

„Bei Gelegenheit", versprach Frau von Barnem. „Ich muss Schluss machen. Danke für deine Warnung. Bis bald!"

Das Gespräch war zu Ende. Markus Tiech legte den Hörer auf und starrte nachdenklich zu Boden. Ob er Sylvia besser nicht angerufen hätte? Ach was, Sylvia hatte mit den Morden nichts zu tun. Da war er sich sicher. Dieser Melcher musste sich irren.

Jörg Melcher passierte den Eingang des Redaktionsgebäudes der *SchwäPo*. Er winkte der Dame am Empfang zu und fuhr mit dem Aufzug hoch zu Carolins Büro. Er musste warten, Carolin war gerade im Gespräch mit dem Chefredakteur Pankowski und dem Verleger Theissen. Melcher trat ans Fenster und blickte hinaus. Wohnhäuser und viele Bäume, hinten die Stadtkirche, links das Kino, unten der Fluss.

Was Carolin mit Theissen zu besprechen hatte? Wie hieß es so schön: der *Verleger ist immer der Mörder!* Wenn die Lösung derart einfach wäre. Jörg setzte sich in den Besuchersessel und dachte über den aktuellen Stand in ihren „Ermittlungen" nach.

Die Indizien deuteten mehr und mehr auf Sylvia von Barnem hin. Ihre Beziehung mit den beiden ersten Opfern. Ihre medizinischen Kenntnisse und die Jagderfahrungen, die fehlenden Alibis, ihre Anwesenheit am Abend des Todes von Ludwig Ganzel, all dies wies auf Frau von Barnem als mögliche Täterin, bewiesen war dadurch aber nichts. Vielleicht irrte er sich erneut, wie es ihm mit Franz Harth passiert war. Ein Bild ließ Jörg Melcher jedoch nicht los. Die Szene, als Sylvia von Barnem aus dem Wald trat, genau aus der Richtung kommend, in der die Lichtung lag, auf der nach ihm geschossen worden war.

Carolin erschien und riss ihn aus seinen Gedanken.

„Hallo Jörg", begrüßte sie ihn, „wie war dein Stuttgarter Termin?"

„Ich habe einige überraschende Informationen über Sylvia von Barnem aufgetan. Ansonsten gab es Ärger, aber nichts, worüber ich aktuell sprechen möchte. Was hat dein Besuch im Kloster gebracht?", fragte er zurück.

„Ein strahlendes Ergebnis. Werner Bauer hat sich mit möglichen Uranitlagerstätten beschäftigt."

„Uranit?"

„Im Volksmund Pechblende genannt", erklärte Carolin. Sie blickte auf ihre Uhr. „Oh, entschuldige. Gleich zwanzig nach fünf, ich muss los. Ich habe einen Termin mit Friedrich Rothenstolz und Frau von Barnem."

„Mit wem?", fragte Melcher ungläubig.

„Ich bin mit Herrn Rothenstolz verabredet, der mir Informationen über Werner Bauers Geschäftsaktivitäten geben will. Frau von Barnem wird ebenfalls dabei sein", erläuterte Carolin. Sie erhob sich. „Ich muss los, wir sehen uns später. Sagen wir um acht bei mir? Dann erzähle ich dir alles!"

Das Suchteam kehrte gegen 16:30 Uhr von seiner Jagd zurück. Das gefundene Projektil wurde sofort in die KTU gebracht und die übertraf sich selbst: Um 17:20 Uhr hatte Kommissarin Nöhler den Bericht auf ihrem Schreibtisch.

Das gefundene Projektil und die Patronenhülse vom Absturzort der Cessna waren zu 99% aus der gleichen Waffe, einem Winchesterjagdgewehr, abgefeuert worden. Nur einer der Teilnehmer des Jagdausfluges konnte geschossen haben und der Schütze musste der gesuchte Mörder zumindest von Felix Menckhoff sein. Die Schlinge begann sich langsam um seinen Hals zu ziehen.

Um 17:40 Uhr erreichte Carolin Setlinger den Eingang zum Besuchsbergwerk *Tiefer Stollen*. Ein Zug fuhr soeben heraus und die letzten Besucher verließen die Loren. Aus der letzten stiegen Friedrich Rothenstolz und Sylvia von Barnem. Sie ließen die anderen Mitfahrer vorangehen und kamen langsam zum Ausgang. Direkt vor Frau von Barnem bückte sich ein Mann und band seinen Schuh. Sie lief an ihm vorbei.

Der Mann richtete sich auf und zog verblüfft die Luft ein. Dieser Duft. Er warf einen prüfenden Blick auf Sylvia von Barnem. Das Parfum hatte er schon einmal gerochen. Neulich, an diesem merkwürdigen Abend im Löwenbräu. Helmut Maier, Vizetrainer beim glücklosen VFR Aalen, atmete tief durch. Das musste die Frau sein, auf die er im Dunkeln gestoßen war, als er Sandra gesucht hatte. Es war am Eingang zum Sudhaus gewesen. Aus dem Innern war eine Gestalt auf ihn zugeeilt, direkt in seine Arme. Er hatte sofort erspürt, dass ihm ein besonders schöner Vogel ins Netz geflattert war und legte seine Arme um sie. Seltsamer Weise hatte die Frau gezittert, obwohl es eine warme Nacht gewesen war. Maier nutzte die Situation, so gut er konnte. Aber schließlich riss sie sich von ihm los und entschwand. Zufälle gab es, jetzt war er mit Heike hier und traf diese Frau. Sie musste es sein, diesen Duft würde er unter hunderten von Düften wiedererkennen. Eine schöne Frau, wie sie vor ihm stand und ihn irritiert betrachtete. Der Trainer grinste, ein kurzes Erkennen flackerte in den Augen der Frau auf. Sie wandte sich abrupt ab und hielt mitten in der Bewegung inne. Am Ausgang, dort wo die Besucher die Helme und die orangefarbenen Überjacken abgaben, erschien ein großer, stämmiger Mann. Er erblickte die Blonde und drängte sich durch die Menge auf sie zu.

Carolin sah die Vorgänge wie in Zeitlupe. Sie sah den untersetzten Mann mit Glatze, der direkt neben Sylvia von Barnem stand und sie anstarrte. Sie sah ihr Zurückweichen und wie sie im Umdrehen erneut innehielt. Carolin folgte ihrem Blick. Er galt offenbar dem großen Mann dort drüben. Der stieß die Leute zur Seite, um rasch zu ihr zu kommen. Frau von Barnem drehte sich um und rannte wie in Panik die Schienen entlang auf den Tunnel zu. Jetzt erst bemerkte Carolin, dass die Frau in ihrer linken Hand ein braunes Papierbündel hielt.

Friedrich Rothenstolz stand, gestützt auf seinen Stock, am Rande der Gleise und schaute überrascht der Davoneilenden nach. Der große Mann erreichte jetzt den Schienenrand und setzte dazu an, Frau von Barnem zu folgen. Rothenstolz zögerte keinen Augenblick, sich dem Verfolger in den Weg zu stellen. Es war Stephan Preskow.
„Halt, wo wollen Sie hin?"
Der Mann antwortete nicht. Er hob die Faust und schlug hart und präzise zu. Rothenstolz kippte nach hinten und ging zu Boden.

Jörg Melcher blickte einen kurzen Moment Carolin nach, dann folgte er ihr. Was fiel der jungen Kollegin ein? Einfach auf eigene Faust und ohne ihn loszuziehen? So ohne weiteres ließ er sich nicht ausboten. Bei der

Begegnung mit Rothenstolz und Sylvia von Barnem musste er dabei sein. Allein schon aus dem Grund, dass die Dame unter Umständen eine Mörderin und damit äußerst gefährlich war. Er fuhr also Carolin im gebührenden Abstand hinterher. Zehn Minuten später erreichten sie das Besuchsbergwerk. Melcher wartete, bis Carolin geparkt hatte und ausgestiegen war. Dann stellte er seinen Wagen ab. Er wollte gerade selbst aussteigen, da hielt neben Melcher ein blauer Porsche. *AA-SP-1970*, das Auto gehörte Stephan Preskow. Preskow schien Melcher nicht bemerkt zu haben und stieg ebenfalls aus. Was wollte der beim Besuchsbergwerk? Kam es etwa zu einem „Großtreffen" aller Beteiligten? Langsam folgte Melcher dem Businessmann.

Eben verschwand Sylvia von Barnem im Tunnel und Stephan Preskow rannte hinter ihr her. Carolin lief zu Friedrich Rothenstolz, um ihm zu helfen. Da stürmte eine weitere Person an ihr vorüber, Jörg Melcher! Wo kam der so plötzlich her? Carolin hatte keine Zeit, darüber nachzudenken. Sie kniete sich neben Rothenstolz nieder. Aus der Tasche holte sie ein Feuchtigkeitstuch und tupfte damit seine Stirn. Rothenstolz öffnete stöhnend die Augen. Der dickliche Mann, Helmut Maier, kam jetzt hinzu. Mit seiner Hilfe gelang es Carolin, den Bergmann aufzurichten. Rothenstolz erhob sich schwankend.

„Wir müssen hinterher. Wer weiß, was Preskow Sylvia antut!"

„Sie können kaum stehen, geschweige laufen!", wandte Maier ein.

„Ich nehme die Grubenlok", erwiderte Rothenstolz und drehte sich zur Lok.

„Ich komme mit!", verkündete Carolin. Sie wandte sich an den Trainer:

„Rufen Sie die Polizei und schicken Sie die uns hinterher!"

Carolin und Rothenstolz stiegen auf die Lok. Mit einem Knopfdruck koppelte er die Anhänger ab und fuhr los.

Vor Melchers Augen erreichte Stephan Preskow den Eingang und verschwand im Innern. Eine halbe Minute später erreichte er ebenfalls die Tunnelöffnung und folgte dem Mann.

Ihm öffnete sich eine gespenstisch anmutende Welt. Im Licht der Grubenlampen schimmerten prächtig weiße Kalkablagerungen mit rötlichen Eisenvitroleinschlüssen, als ob die Wände aus Marmor beständen. Der Boden glänzte feucht, überall tropfte es. Tapp, Tapp, Tapp, das Geräusch der Laufenden drang wie ein drohendes Klopfen an sein Ohr. Etwa hundertfünfzig bis zweihundert Meter vor sich sah er einen dunklen Schatten, Stephan Preskow! Wo Sylvia von Barnem war, konnte Melcher nur vermuten. Langsam ging ihm die Luft aus. Sportliche Aktivitäten dieser Art war Melcher nicht mehr gewohnt. Zum Glück hatte er sich im letzten halben Jahr so ziemlich das Rauchen abgewöhnt. Dennoch, Jörg Melcher machte einen kurzen Moment Halt. Sein Atem ging pfeifend. Die beiden vorne liefen noch immer. Jörg erinnerte sich, Uli hatte berichtet, Sylvia von Barnem sei eine gute Leichtathletin gewesen. Und dieser Preskow war ebenfalls ziemlich in Form. Melcher setzte sich wieder in Trab, um den Anschluss nicht völlig zu verlieren.

Sylvia rannte um ihr Leben. Es war wie in ihren Träumen, den Alpträumen, die sie seit Wochen Nacht um Nacht heimsuchten. Sie rannte und rannte. Hinter ihr der Verfolger. Seine Schritte blieben konstant; manchmal weiter entfernt, was sie hoffen ließ. Dann dichter ran, angstvoll laut und schrecklich nah. Stephan Preskow in seiner Wut und seinem Hass ließ sich nicht abschütteln. Mitunter glitt sie auf dem feuchten Boden aus, doch immer gelang es Sylvia, sich zu fangen und weiter zu hasten. Vorn war die große Halle, der Bahnhofsbereich, von dem die Stollen wie fünf Finger in alle Richtungen abgingen. Auf der Hauptstrecke kam der *Tiefe Stollen* und parallel die Überhaustrecke. Links die *Tiefe Strecke,* und irgendwo war die breite Treppe, die hinauf in die höhere Etage zur *Tagstrecke Nr.1* führte. Rothenstolz hatte ihr alles gezeigt und erklärt. Oben würde sie den Notausgang erreichen, durch den sie vor Preskow ins Freie flüchten konnte. Irgendwann merkte sie, dass sie die Unterlagen, die ihr Friedrich Rothenstolz gegeben hatte, nicht mehr in der Hand hielt. Sie musste sie unterwegs verloren haben. Aber das war jetzt ohne Belang.

Sylvia lief und lief, durch schmale Gänge unter Stalaktiten und wulstigen Kalkablagerungen hindurch. An rötlich schimmernden Wänden vorbei und immer tiefer ins Innere des Berges. Plötzlich merkte sie, dass die Schritte hinter ihr verstummten. Dann erlosch das Licht und düsteres Dunkel hüllte sie ein. Angstvoll blieb sie stehen. Alles schien still, nirgends ein Laut, nur das stete Tropfen des Wassers. Das ewige Plink, Plink. Dann von weiter hinten ein Rumpeln und Stimmen, die ihren Namen riefen. Rothenstolz kam. Rothenstolz, ihr Retter und Held.

Und plötzlich legten sich zwei Hände von hinten um ihren Hals. Sylvias Schrei erstickte im schrecklichen Druck der fremden Finger. Mit letzter Kraft warf sie sich nach vorne und merkte voller Entsetzen, dass die Hände sie weiterhin hielten, nicht locker ließen und mit ihr in die Tiefe stürzten. Ein schwerer Fall, rasch und schnell.

Ein Aufprall auf dunkles Wasser, unter dessen glatter Oberfläche hartes Gestein lag. Ein letzter Schrei voller Pein und Schmerz. Dann brach die Nacht über sie herein, endgültig, düster und von ewiger Schwärze.

Kommissarin Claudia Nöhler tippte die letzten Sätze ihres Berichts in die Tasten. Aus ihrer Sicht waren die Mordfälle Bauer und Co. nahezu abgeschlossen. Stephan Preskow und Sylvia von Barnem waren die Täter. Warum und wieso, das stand alles in ihrem Bericht, den sie heute Mittag der Staatsanwaltschaft vorlegte. Ihr erster großer Fall als Kommissarin war beendet. Dass Jörg Melcher sich in das Verfahren gedrängt hatte, war ein kleiner Schönheitsfehler, tat aber ihrem Erfolg keinen Abbruch. Ein Sachverhalt war allerdings noch offen. Die Frage, inwieweit Markus Tiech in das Geschehen verstrickt gewesen war. Eine Frage, der sie weiter nachgehen und die sie beantworten würde. Ganz gleich, was ihr wohlmeinende Stimmen aus den höheren Etagen raten mochten. Markus Tiech – vielleicht sollte sie dem Herrn Professor bald einen Besuch abstatten? Vielleicht heute Abend oder spätestens morgen?

Am 10. Juli verabschiedeten Polizeipräsident Gelden und Polizeidirektor Schelders Rita Lindner. Am Montag kehrte der Oberstaatsanwalt Clausnitz aus seiner Kur zurück, und ihre Vertretung in Aalen war beendet.

„Schade, dass Sie uns verlassen, Frau Kollegin, mit Ihrem weiblichen Temperament haben Sie uns richtig in Schwung gebracht", bekannte Gelden. Die Oberstaatsanwältin lächelte süffisant.

„Wenn Sie das sagen. Kurzzeitig hatte ich den Eindruck, Sie wären mit meinen Methoden etwas überfordert!"

„Ganz im Gegenteil, liebe Frau Lindner, ganz im

Gegenteil", beeilte sich der Polizeipräsident zu versichern. „Sie hinterlassen dem Kollegen Clausnitz einen aufgeräumten Schreibtisch. Der Mordfall Bauer ist geklärt, was will man mehr?"

„Kommissarin Nöhler hat gute Arbeit geleistet, ihr Bericht ist klar und einleuchtend", bestätigte Rita Lindner und nickte versonnen. Alles sah danach aus, als seien Sylvia von Barnem und Stephan Preskow die Täter gewesen. Die Projektilsanalyse war eindeutig und Frau von Barnem im Besitz einer Winchester gewesen. Ihr Alibi für die Tatzeit hatte sich in Luft aufgelöst. Sie war früher von ihrer Tagung in Baden-Baden zurückgekehrt und hatte genügend Zeit gehabt, nach Elchingen zu fahren und dort auf die Cessna zu schießen. Frau Nöhlers Recherchen hatten zudem ergeben, dass Frau von Barnem vor Jahren selbst geflogen war. Sie kannte sich also mit Flugzeugen aus und sie war eine gute Schützin gewesen. Als Ärztin hatte sie außerdem einen leichten Zugang zu dem verwendeten Fingerhutpräparat gehabt. Für den Mord an Ludwig Ganzel war Linders Meinung nach allerdings Stephan Preskow verantwortlich. Frau von Barnem hatte Ganzel in eine Falle gelockt und während sie Schmiere stand, ertränkte Preskow den Mann im Braufass. Peter Stromsky, das letzte Opfer, hatte wahrscheinlich etwas gewusst, was die Täter gefährdet hätte. Vielleicht hatte er Frau von Barnem zur falschen Zeit am falschen Ort gesehen, vielleicht ihren Mittäter Stephan Preskow. Stromsky war Flugzeugnarr gewesen. Vielleicht kannte er auch Frau von Barnem persönlich und wusste von ihren fliegerischen Erfahrungen. Was exakt zutraf, würde man nie erfahren. Kurz und gut, der lästige Zeuge musste zum Schweigen gebracht werden, und das erledigte Sylvia von Barnem selbst. Gleichzeitig versuchte sie, der Polizei Franz Harth als Täter zu präsentieren. Der Lockanruf, der ihn zum Tatort holte, die Verteilung der DNA-Spuren und die Deponierung des Gifts in den Räumen der Brauerei sollten die nötigen Beweise liefern. Beinahe wäre das böse Spiel gelungen, nur ein Zufall bewies Franz Harths Unschuld. Und warum das alles? Die vier Morde und das ganze Geschehen hingen offenbar mit gewissen Bodenspekulationen zusammen. Zumindest wiesen die in den Häusern Stephan Preskows und Frau von Barnems gefundenen Papiere in diese Richtung. Obwohl die Angaben insgesamt vage waren. Wahrscheinlich hatte Werner Bauer in der vermuteten Zweitwohnung weitere Unterlagen aufbewahrt. Die Wohnung war bisher jedoch nicht entdeckt worden. Allerdings gab es noch die Aussage Friedrich Rothenstolz', er habe einen Umschlag mit Dokumenten aus dem Nachlass Werner Bauers Frau von Barnem übergeben. Doch die Unterlagen schienen irgendwo in den Tiefen der Bergwerksunterwelt verschwunden zu sein. Es blieb also alles im Ungefähren. Inwieweit örtliche Prominente in die Geschichte verwickelt waren, Markus Tiech und Johann Wehner als auch ein Abgeordneter tauchten als Mitanleger in verschiedenen Papieren auf, durfte Kollege Clausnitz nach Rückkehr aus der Kur klären. In Wahlkampfzeiten war dies ein heißes Eisen, das sie Clausnitz von Herzen gönnte. Professor Tiech würde jedenfalls einiges zu erklären haben, Claudia Nöhler schien ihm weiter auf den Fersen zu sein. Vielleicht war er mehr in das Mordgeschehen verwickelt, als es bislang den Anschein gehabt hatte.

Und sonst? Eine freundliche Stadt, ein nettes Ambiente, gute Lokale. Aber ihre Zeit in Aalen war vorbei, die Vertretung beendet. Rita Lindner freute sich auf ihren Urlaub. Diesmal flog sie in den Norden zur Mitternachtssonne.

Jörg Melcher und Carolin Setlinger saßen am Abend des gleichen Tages in Carolins Redaktionszimmer im Haus der *SchwäPo*. Jörg war am Mittag von Stuttgart gekommen, um sein Aalener Gastspiel abzuschließen. Vor ihnen lagen verschiedene Papiere und ein Stapel Fotos. Alles Material zum Geschehen der letzten Wochen.

„Sylvia von Barnem und Stephan Preskow sind tot und der Fall geklärt. In der Tiefe eines Sintersees auf Felsen gespießt; was für ein grässliches Ende!" Carolin Setlinger schüttelte sich. „Und wir wissen nicht hundertprozentig, ob sie oder er die Morde begangen haben."

„Oder auch Markus Tiech. Oder ob alle Drei jeweils für eine oder zwei Taten verantwortlich waren", sagte Jörg Melcher.

„Was meint deine Oberstaatsanwältin?"

„Rita Lindner hat sämtliche Winchesterjagdgewehre der Region einziehen lassen. Vergeblich, mit keinem wurden die tödlichen Schüsse abgefeuert. Sylvia von Barnems Waffen scheinen allerdings verschwunden zu sein. Die Projektilsanalyse war jedenfalls eindeutig. Frau Lindner geht von einem Täterduo aus. Markus Tiech ist für sie aus dem Spiel."

„Aus meiner Sicht spricht vieles für Sylvia von Barnem. Besonders das verschwundene Gewehr!", meinte Carolin.

„Das ist nur ein Indiz, kein Beweis", widersprach Melcher. „Obwohl ich sie auch für die Flugzeugschützin halte. Ihr Alibi für die Abschusszeit ist jedenfalls – dank Mimi – geknackt. Aber sonst? Dass Frau von Barnem in der Nacht, als Werner Bauer ermordet wurde, in der Klinik war, ist eine Behauptung, die lediglich auf der Aussage von Markus Tiech beruht. Wobei der Chefarzt eingesteht, sie nicht gesehen zu haben."

„Meinst du, dass Tiech Bauer umgebracht hat?"

„Dafür spräche, dass er zugibt, in der Klinik gewesen zu sein. Wahrscheinlich hat man ihn dort gesehen, so dass zu leugnen zwecklos wäre. Motiv seiner Tat wäre die Eifersucht auf Werner Bauer."

„Bauer wurde mit dem gleichen Mittel wie mein Kollege Peter Stromsky vergiftet. Demnach wäre Tiech auch sein Mörder! Aber welchen Grund hätte er gehabt, Peter umzubringen?", fragte Carolin.

„Vielleicht hat Peter Stromsky etwas entdeckt, was auf Tiech als Täter hindeutete? Vielleicht gab es von früher eine Verbindung der beiden?"

„Das könnte sein", überlegte Carolin nachdenklich. „Sonja Landauer hat mir erzählt, Peter habe vor Jahren einen Autounfall gehabt. Professor Tiech sei sein behandelnder Arzt gewesen."

„Siehst du, es gibt eine Verbindung. Aber sei unbesorgt. Wenn Tiech in das Mordgeschehen verstrickt ist, wird Claudia Nöhler das herausfinden. Die lässt so schnell nicht locker. Frau Lindner, die Oberstaatsanwältin, hat mir erzählt, die Kommissarin sei von Professor Tiechs Mitschuld fest überzeugt und würde alles tun, um den Mann hinter Gitter zu bringen."

„Ich weiß nicht, ob mich das beruhigt", meinte Carolin skeptisch. „Jedenfalls fehlt uns noch der Täter beim Sudhausmord. Wer von unseren drei Kandidaten hat deiner Meinung nach Ludwig Ganzel ermordet?"

„Stephan Preskow. Am Abend des Festes war er, wie Tiech und Frau von Barnem, für etwa eine Viertelstunde nicht im Festsaal. Helmut Maier, der Trainer, hat erzählt, wie er am Eingang zum Sudhaus auf Sylvia von Barnem stieß. Er ist sicher, dass sich im Dunkeln eine weitere Person aufhielt. Ein Mensch, vor dem sich die Frau von Barnem derart fürchtete, dass sie lieber Maiers Aktivitäten über sich ergehen ließ, als sich der Gestalt im Dunkeln zu zeigen. Maier wusste übrigens nicht, welchen Schmetterling er sich eingefangen hatte. Erst als er am Besuchsbergwerk Sylvia von Barnems Parfum roch, erkannte er seine Amour Fou wieder", erklärte Jörg.

„Angenommen, du hast recht. Sylvia von Barnem schießt aus Eifersucht, weil Felix Menckhoff ein Verhältnis mit Dorothea Ganzel begonnen hat, beim Anflug der Cessna auf das Flugzeug. Die Maschine stürzt ab. Frau von Barnem bekommt mit, dass du das Geschehen fotografiert hast und beauftragt Stephan Preskow, dir die Bilder abzunehmen. Der Überfall gelingt nur bedingt. Zwei Tage später verabreicht Markus Tiech, ebenfalls aus Eifersucht, dem überlebenden Werner Bauer das falsche Herzmittel. Am Freitag darauf ertränkt Stephan Preskow Ludwig Ganzel im Braukessel." Carolin hielt inne und blickte Jörg Melcher fragend an.

„Warum? Warum sollte Stephan Preskow Ludwig Ganzel umbringen?"

„Weil Ganzel von Dr. Bauer wichtige Informationen bekommen hat oder von Bauers sonstigen Aktivitäten wusste. Der Mann wollte eine eigene Jagd pachten. Der hat mit Kapital gerechnet", schlug Melcher vor. „Jedenfalls muss es bei Bauers Spekulationen um eine Menge Geld gegangen sein."

„Meinst du, die Urangeschichte hat dabei eine Rolle gespielt?"

„Dein Freund Rothenstolz versichert mit Nachdruck, dass es weder im Bergwerk noch in der Region Pechstein und damit Uranit gegeben habe oder gebe", entgegnete Jörg Melcher.

„Wer weiß?", meinte Carolin Setlinger, „Vielleicht hat Werner Bauer eine bis dahin völlig unbekannte Lagerstätte entdeckt und auf das ganz große Geld gehofft? Deswegen auch die Landkäufe, von denen dir mein Kollege von den

Nachrichten erzählte. Stephan Preskow war offenbar am Ende der Meinung, Sylvia von Barnem wolle ihn aus dem Geschäft hebeln und ist deshalb ausgerastet. Aber gebracht hat es ihm nichts. Das Opfer hat den Täter mit in den Tod gerissen."

„Damit hätten wir alles geklärt", meinte Jörg Melcher.

„Alles oder nichts", entgegnete Carolin. „Ich hätte zu gern gewusst, wer die Frau in Schwarz gewesen ist."

„Vielleicht war es Sylvia von Barnem, die heimlich um den toten Geliebten trauerte. Vielleicht eine völlig Unbekannte."

„Gut, glauben wir das, was wir wissen. Alles ist letztlich eine Geschichte, eine Folge von emotionalen Ereignissen, ob wahr oder nicht, wie Carlos Ruiz Zafón in *Das Spiel des Engels* schreibt", sagte Carolin nachdenklich.

„Endgültiges werden wir nie erfahren", meinte Jörg Melcher trocken. „Was hältst du davon, wenn wir die Akte Aalenmorde schließen und zum Essen gehen?"

„Aber heute nicht in den Italiener", erwiderte Carolin.

„Einverstanden, ich dachte auch eher an ein kleines, schummriges Altstadtlokal, das ich neulich entdeckt habe", sagte Melcher. „Lass dich überraschen, und wenn es gut ist, schreib darüber in deiner Zeitung. Ich lade dich ein. Die *Stuttgarter Nachrichten* haben mir für den Mordbericht einen angemessenen Vorschuss überwiesen."

„Gut, verspeisen wir das Geld der Konkurrenz!", meinte Carolin und lächelte.

Jörg Melcher nickte. Es konnte ein angenehmer Abend werden.

Markus Tiech saß im ersten Stock seines Hauses und starrte hinaus in die aufziehende Nacht. Vor ihm stand eine halbleere Flasche Rotwein, daneben lag ein Röhrchen Tabletten. Er trank aus dem Glas, unachtsam und hastig, der Wein lief ihm am Kinn hinab. Tiech achtete nicht darauf.

Sylvia war tot, Stephan und Werner waren tot, ihre Gruppe gab es nicht mehr, alles war vorbei. Die Spekulationen hatten sich in Luft aufgelöst, ihre Pläne waren zu Makulatur geworden. Doch was auch immer passiert sein mochte und wie die Folgen sein würden, es war ihm ungeheuer gleichgültig. Er hatte Sylvia geliebt, hatte sie zu schützen versucht. Er hatte für sie gelogen, betrogen, hatte auch sonst alles für sie getan. Nur, als sie verlangte, er solle ihr die Bilder des Fotografen besorgen, hatte er abgelehnt. Der Mann hätte ihn bestimmt wiedererkannt. Hut und Mantel wären eine zu lächerliche Verkleidung gewesen. Ob Stephan für ihn eingesprungen war? Oder ein anderer? Markus Tiech schüttelte den Kopf. Das war jetzt alles bedeutungslos geworden, genau wie seine ganzes Tun und Mühen um Sylvia umsonst gewesen war. Ein einziges Mal hatte sie ihn beachtet und sich ihm zugewandt. Eine wunderbare Nacht lang, und am Morgen war Sylvia fort gewesen. Die Nacht hatte sich nie wiederholt. In all den Jahren ein einziges Mal!

Warum hatte sie damals Hartwig von Barnem geheiratet, den adligen Windhund? War es ihr wirklich nur ums Geld gegangen? Was hatte Werner Bauer gehabt, das er, Markus Tiech, nicht auch gehabt hatte? Was fand Sylvia an diesem Jungspund Felix Menckhoff? Der Kerl hatte Sylvia nur ausgenutzt und betrogen! Tiech leerte ein weiteres Glas. Sylvia betrügen! Aber die Strafe hatte alle ereilt. Werner und Menckhoff und Ludwig Ganzel. Geopfert für Sylvia! Tot, tot, so viele Tote! Zuletzt dieser

Peter Stromsky. Völlig ohne Grund, der Mann hatte nie etwas getan, die Unfallgeschichte war eine Erfindung gewesen, um den wirklichen Fahrer, Hartwig von Barnem zu schützen. Egal, auf einen mehr oder weniger war es nicht mehr angekommen.

Doch am Ende lebte Sylvia nicht mehr. Stephan hatte sie ermordet, genau wie er Menckhoff und Ganzel getötet hatte. Preskow war der Mörder, nicht Sylvia, ganz gleich, was die Kommissarin und die Staatsanwaltschaft behaupten mochten. Nur er konnte auf das Flugzeug geschossen haben, nicht Sylvia. Obwohl, Preskow gab an, in Ungarn gewesen zu sein. Auch in der Nacht, als Werner starb. Wenn Stephans Alibi stimmte? Wenn er auch am Tod Ganzels und am Mord an Peter Stromsky unschuldig war? Wer hatte dann die Morde begangen – Sylvia?

„Nein!" Tiech brüllte die Worte fast. „Nicht Sylvia!"

Er sah ihr Gesicht vor sich, meinte, ihr Parfum zu riechen und ihre Stimme zu hören. Blickte ihr in die Augen, fühlte ihr warmes Lächeln, ihr ganzes wunderbares Sein.

Sylvia – sie hatte ihm einmal ein Buch geschenkt, damals, als er noch hoffte. Mit dreiundzwanzig Liebesgeschichten. Darin eine Geschichte, von ihr selbst geschrieben: *Du bist min*. Am Ende hatte der Liebende die Geliebte getötet, damit sie ihm auf immer treu bliebe.

Er, Markus Tiech, hatte immer Sylvia gehört, in jenen Jahren und später und heute. Er würde sich nie mehr von Sylvia lösen wollen. Ihr treu bleiben – bis in den Tod.

Mit zittrigen Fingern öffnete er das Tablettenröhrchen und ließ den Inhalt in sein Glas gleiten. Er goss das Glas voll, rührte mit einem Stift um und leerte es mit einem

Zug. Tiech füllte nach, rührte erneut und trank auch dieses Glas bis zur bitteren Neige. Dann schaute er regungslos hinaus in das Dunkel.

In der Ferne blitzten blaue Lichter.

„Sylvia!" Markus Tiech schloss die Augen, sein Kopf fiel nach vorn und er sackte in sich zusammen.

Jörg Melcher und Carolin Setlinger brachen auf. Sie fuhren mit dem Aufzug nach unten. Carolin betrachtete während der Fahrt nachdenklich ihr Gegenüber. Ihre gemeinsamen Ermittlungen waren beendet. Morgen fuhr Jörg Melcher zurück nach Stuttgart. Das war ihr letzter Abend.

Stuttgart war nicht aus der Welt, gerade 110 Kilometer entfernt. Aber konnte sie wissen, was oder wer in Stuttgart auf Jörg wartete? Diese Blonde oder eine andere oder …

Carolin musste über sich selbst lachen. Derartige Spekulationen waren Unsinn. Sie war eine Frau, die wusste, was sie wollte. Von dem Was-sein-könnte oder auch nicht, würde sie sich den Abend nicht verderben lassen.

Der Aufzug hielt, sie verließen das Redaktionsgebäude und traten auf die Straße. Draußen dunkelte es. In der Ferne verklang ein Martinshorn. Sie liefen durch den Stadtpark zum Reichsstädter Markt. Eine sternklare Nacht. Wärme lag in den Gassen. Die Häuser reflektierten die Hitze des Tages. Die Straßen waren voller Menschen und fröhlichem Lärmen. Carolin hakte sich bei Jörg ein. Bekannte grüßten, sie lächelte zurück. Eine warme Sommernacht, eine Nacht in Aalen.

Danksagung

Der SWB-Verlag und der Autor bedanken sich für die freundliche Hilfe und Unterstützung bei der Stadt Aalen, insbesondere bei Herrn Karl Trossbach und Frau Tanja Reiff vom Touristikamt, bei Frau Anja Rettenmaier und Frau Désirée Wiedemann von der Schwäbischen Post, bei Herrn Claus Liesegang von der Aalener Zeitung, bei Herrn Albrecht Barth von der Löwenbräu Brauerei Aalen sowie bei Herrn Fritz Rosenstock vom Besucherbergwerk Tiefer Stollen und bei der Jägerin Gudrun Bohnenberger.

Ein Dank auch an Jürgen S., der bereits in **Rot ist tot** für Jörg Melcher Pate gestanden und uns vielfältig beraten hat. Einen ganz großen Dank an die wahre Carolin Setlinger sowie an Angelika Murolo, die sich um das Ambiente und die Lokationen gekümmert hat. Das Autorenfoto auf der Buchrückseite stammt aus dem Bildband **Gesichter in Stuttgart, Rotraits** von Silvie Brucklacher.

Vom Autor ebenfalls beim SWB-Verlag erschienen:

- **Rot ist tot.** Stuttgart 2009, 235 Seiten.
  ISBN: 978-3-938719-16-9

- **Ein tiefes Blau – Berlin.** Stuttgart 2008, 241 Seiten.
  ISBN: 978-3-938719-71-8

- **Fließende Nebel.** Stuttgart 2007, 206 Seiten.
  ISBN: 978-3-938719-04-04

- **Fliehende Zeit.** Stuttgart 2006, 266 Seiten.
  ISBN 3-938719-08-7

- **Fallender Schatten.** Stuttgart 2005. 272 Seiten.
  ISBN 3-938719-02-8